Anonymous

Die Faber'sche Buchdruckerei

Anonymous

Die Faber'sche Buchdruckerei

ISBN/EAN: 9783337320249

Hergestellt in Europa, USA, Kanada, Australien, Japan

Cover: Foto ©Thomas Meinert / pixelio.de

Weitere Bücher finden Sie auf **www.hansebooks.com**

DIE
FABER'SCHE BUCHDRUCKEREI.

EINE SKIZZE

VON

ALEXANDER FABER.

MAGDEBURG.

DRUCK UND VERLAG DER FABER'SCHEN BUCHDRUCKEREI.

1897.

M N

VORWORT DES VERFASSERS.

Das erste, was der Verfasser hier auszusprechen hat, ist die Bitte, nachstehende Zeilen mit Nachsicht beurtheilen zu wollen. Die Arbeit hat, da der Entschluss, aus Anlass des 250jährigen Bestehens der Faber'schen Buchdruckerei einen Abriss ihrer Geschichte herzustellen, erst spät und plötzlich gefasst worden ist, in grösster Eile, in einem Zeitraum von etwa sechs Wochen fertig gestellt werden müssen. In der genannten Zeit hat auch noch der grösste Theil der nothwendigen Vorarbeiten in dem Königl. Provinzial-Archiv, im eigenen Archiv der Faber'schen Buchdruckerei und die Sichtung und Durcharbeitung der aus anderen Archiven erhaltenen Auszüge stattfinden müssen.

Benutzt sind für die nachstehende Arbeit die betreffenden Acten

des Consistoriums zu Dresden,

des Rathes und der Kirche zu Radeberg,

der Kirchen zu Schönborn und Apollensdorf,

des Rathes und der Kirchen zu Braunschweig,

des Rathes und der Kirche zu Helmstedt und,

sehr flüchtig freilich nur, die der dortigen Universitäts-Bibliothek.

III

Weiter die betreffenden Acten

des Magistrats der Stadt Magdeburg und der
Heiligen Geist-Kirche daselbst,
der Stadt Zerbst, sowie die des Königlichen
Provinzial-Archivs zu Magdeburg.

endlich die Acten des eigenen Archivs der Faber'schen Buchdruckerei und die Mittheilungen unseres Vetters, des
Herrn *Richard Faber.*

Was sonst benutzt wurde ist im Text selbst angegeben.

Ich möchte an dieser Stelle allen den Herren, die für
mich Archiv-Auszüge gemacht, oder solche für mich haben
fertigen lassen, nochmals herzlichen Dank sagen. Es sind
dies die Herren: Professor Dr. *Hänselmann,* Archivar der
Stadt Braunschweig, Dr. *Max Dittmar,* Archivar der Stadt
Magdeburg, Bürgermeister *Guerike* und Oberlehrer *Grobleben*
zu Helmstedt und Dr. *Neubauer,* Archivar der Stadt Zerbst.
Dankbare Erinnerung bewahre ich auch dem leider zu früh verstorbenen jungen Gelehrten Dr. *Naumann,* der für mich vor
Jahren eine längere Studienreise zur Erforschung unserer Familiengeschichte unternommen hat. Bei meinen Arbeiten im hiesigen
Königl. Provinzial-Archiv bin ich von dem Herrn Geheimen
Archiv-Rath *v. Mülverstedt,* den Archivaren Herren Dr. *Ausfeld*
und Dr. *Liebe,* in so liebenswürdiger Weise aufgenommen worden,
dass ich auch diesen Herren hier nochmals meinen ergebensten
Dank dafür aussprechen will.

Dreihundert und vierundfunfzig Jahre habe ich zu überblicken gehabt. Möchte es mir gelungen sein, ein einigermassen
klares Bild von dem Leben und Wirken unserer Vorfahren zu
geben. Möchte meine Darstellung auf diejenigen, die etwa noch
nach uns kommen, anspornend wirken, möchten sie festhalten am
Glauben ihrer Väter und wie diese der Liebe und Gnade Gottes

IV

vertrauen. Möchten sie Treue halten Kaiser und Reich, festhalten an ihrem Recht wie ihre Vorfahren, aber wie diese auch das Recht anderer achten, möchten sie pflichtgetreu sein in allen Dingen, arbeitsam und sparsam. Möchten sie vorwärts streben, ihr höchster Ehrgeiz aber der sein, ihren und des alten Geschäftes Namen frei von Makel zu erhalten alle Zeit!

Magdeburg, den 1. Mai 1897.

Alexander Faber.

Nach Abschluss der vorliegenden Arbeit habe ich heute von Herrn Archivar Dr. *Dittmar* noch eine Auskunft erhalten, die geeignet ist, das von mir nachstehend Gesagte in einzelnen Punkten zu modificiren. Es erscheint daher angezeigt, die neuesten Resultate der Forschung in unserer Angelegenheit in irgend einer Form dem Buche noch anzufügen.

Nach den Mittheilungen des genannten Gelehrten steht es jetzt actenmässig fest, dass *Johann Müller d. Ä.* die Buchdruckerei *Betzels* hier übernommen hat. Daher hat dann auch *Betzel* in Zerbst nöthig gehabt, die dortige Universitäts-Buchdruckerei zu erstehen. Weiter steht heute fest, dass *Johann Müller d. Ä.*, als er in Magdeburg zu drucken begann, zunächst im Augustiner-Kloster Wohnung und Arbeitsstätte gefunden hat. Im Jahre 1683 aber besitzt *Johann Daniel Müller* bereits — und nicht erst seit diesem Jahre — in dem Heiligen Geist-Viertel drei Stätten, von denen zwei bereits bebaut, darunter ein Brauhaus, eine aber noch wüst lag.

Magdeburg, den 5. Mai 1897.

Alexander Faber.

Bemerkung.

Es wird für manchen Leser von Interesse sein, zu hören, dass mit Ausnahme der Anfangs- und der Schlussvignette und der Müller-Faber'schen Insignien alle Zierleisten und Schlussstücke dem Bestande alter Holzschnitte unseres Geschäfts-Archivs entnommen sind. Bei der Verwendung sind wir im allgemeinen dem Alter der einzelnen Holzschnitte gefolgt, deren älteste Stücke spätestens in den ersten Jahren der Geschäftsführung Johann Daniel Müllers geschnitten sind, also etwa 225 Jahre alt sein dürften. Die jüngsten dieser alten Zierleisten lassen die Zeit ihrer Entstehung leicht erkennen, wenn man den in der Zeichnung zur Anwendung gebrachten Stil betrachtet.

Berichtigung:

Seite 27, 2. Zeile des letzten Absatzes und Seite 34 vorletzter Absatz letzte Zeile lies: Kurfürst Friedrich III, statt Kurfürst Friedrich Wilhelm.

EINLEITUNG.

Ein Vierteljahrtausend ist mit dem Jahre 1896 verstrichen, seit — 15 Jahre nach der Zerstörung Magdeburgs — auf den Trümmern dieser alten, tapfern Stadt von den Vorfahren der heutigen Besitzer der Grund zu dem Geschäfte gelegt wurde, das seit 165 Jahren unter dem Namen „Faber'sche Buchdruckerei" bekannt ist. Ein Vierteljahrtausend, eine kurze Spanne Zeit, wenn man den langen Weg der Entwicklung des Menschengeschlechts ins Auge fasst, aber eine unendliche Zeit, wenn man nur denkt an die Entwicklung eines so vergänglichen, allen Wechselfällen ausgesetzten Gebildes menschlichen Schaffens, wie es ein gewerbliches Unternehmen darstellt.

Es ist bisher in der Faber'schen Buchdruckerei nicht Sitte gewesen, die einzelnen Abschnitte des Bestehens festlich zu begehen. Die Unterzeichneten hatten ursprünglich die Absicht, auch in dieser Beziehung dem Beispiel ihrer Voreltern zu folgen. Wenn sie nun doch nachträglich den aus der Mitte des Geschäftspersonals gemachten Vorstellungen Gehör geschenkt und den Versuch gemacht haben, wenn auch verspätet, dem Abschluss dieses Vierteljahrtausends durch die nachfolgende anspruchslose Skizze der Entwicklungsgeschichte der Faber'schen Buchdruckerei ein, auch weiteren Kreisen bemerkbares, das Heute überdauerndes Denkmal zu setzen, so werden Wohlmeinende darin keine Ueberhebung erblicken. Auch wenn in der Darstellung selbst eine gewisse stolze Freude hie und da Ausdruck finden sollte, wird dies vielleicht als berechtigt angesehen werden von Denen, die bedenken, dass es neun Generationen einer Familie gelungen ist, durch Fleiss und Rechtlichkeit das 1646 begründete Geschäft in steigender Entwicklung bis zum heutigen Tage fortzuführen.

Die heutigen Inhaber der Faber'schen Buchdruckerei wissen sich dabei frei von thörichter Ueberhebung. Das Gefühl stolzer Freude ist bei ihnen verbunden mit dem Gefühl demuthvollen Dankes gegen den Leiter menschlicher Geschicke, sowie des Dankes gegen alle treuen Mitarbeiter, durch deren Hülfe, unter dem Segen Gottes, es ihnen und ihren Vorfahren allein möglich war, das zu erreichen, was erreicht wurde. Möchte der Segen Gottes auch ferner mit dem Geschäfte und der Familie sein, möchte rechtschaffene Arbeit und treue Pflichterfüllung die Ehre sein, nach der Leiter und Mitarbeiter im Geschäft gleichmässig streben und möchte, zum Segen aller Betheiligten, das Gefühl der Zusammengehörigkeit, das vollste gegenseitige Vertrauen und gegenseitige Achtung unter allen Gliedern des Geschäfts lebendig bleiben fort und fort!

Magdeburg, am 1. Mai 1897.

Alexander Faber,   *Robert Faber,*
z. Z. Besitzer der Faber'schen Buchdruckerei.

VORGESCHICHTE.

Wer die Geschichte eines Mannes zu schreiben unternimmt, dessen Wirken von Bedeutung geworden ist auch für weitere Kreise, der wird sich nicht damit begnügen, das Leben seines Helden zurückzuverfolgen bis zu dessen Geburt. Wer es ernst meint, der wird auch trachten, dass er von den Schicksalen und den Charakteren der Eltern Kunde geben könne, ja er wird zu ergründen und darzustellen bestrebt sein, was denn etwa die Gross- und Urgrossväter für Menschen gewesen seien. Denn der Einzelne ist selten nur ein Product seiner eigenen Kraft und seiner eigenen Schicksale. Wir unserseits möchten glauben, dass wohl zutrifft, was Gustav Freytag in seinen „Ahnen" künstlerisch darzustellen versucht hat, dass nämlich im Enkel oft erst zu kraftvoller Erscheinung kommt, was das Leben als Keim dem Grossvater eingepflanzt hat, sei es Gutes oder Böses, und dass die Wege, die der Enkel wandelt, oftmals gewiesen sind durch Thaten und Schicksale des Urahns.

Uns ist die Aufgabe zugefallen, wenn auch nicht eine Geschichte, so doch den Abriss einer solchen zu schreiben, von dem Entstehen und den Schicksalen eines Geschäfts, das während eines Zeitraums von 250 Jahren seiner ganzen Bestimmung und Eigenart nach mit dem Leben unseres Volkes in engster Fühlung stand und an der Entwickelung der öffentlichen Angelegenheiten in bescheidenem Masse mitarbeitete. Da ist es wohl auch unsere Pflicht, nicht nur einfach den Zeitpunkt ins Auge zu fassen, von dem an das Geschäft und seine Inhaber in ununterbrochener Reihe der angedeuteten Aufgabe gerecht zu werden suchten; wir werden vielmehr auch hier wohl nach denen forschen und deren Leben kurz darstellen müssen, die als Vorläufer des heutigen Geschäfts gewirkt und geschafft und nach mancher Richtung schon die Wege festgelegt haben, auf denen die Nachkommen und Nachfolger am Werk dann naturgemäss gehen mussten.

Wenn wir dies thun, so finden wir, dass *Johann Müller* aus Helmstedt, der 1646 die *Müller-Faber*'sche Buchdruckerei begründete, nicht durch Zufall nach Magdeburg kam, sondern dass sein Kommen veranlasst wurde durch verwandtschaftliche Beziehungen zu einer Buchdruckerfamilie, die schon vor der Zerstörung Magdeburgs hier gedruckt hatte, nämlich zur Familie des Buchdruckers *Andreas Betzel.*

Aber *Betzel* ist nicht der erste und einzige Drucker Magdeburgs, der hier in Betracht kommt. Denn der Enkel *Johann Müllers d. Ä., Johann Daniel Müller*, sagt 1712 in der Vorrede zu einer neuen Auflage des auch von ihm und auch heute von uns noch verlegten Gesangbuches, dass dieses bereits 1596 von seinen Vorfahren zum ersten Male in Magdeburg gedruckt sei.[1]) Da nun zwar festgestellt ist, dass *Johann Müller d. Ä.* eine Tochter des *Andreas Betzel* geheirathet hatte, *Andreas Betzel* aber erst 1608 hier zu drucken begonnen zu haben scheint, so müssen auch noch andere oder ein anderer magdeburger Drucker mit den *Müllers* verwandt gewesen sein.

Wer war nun dieser magdeburger Drucker des sechzehnten Jahrhunderts, der ein Vorfahr der *Müller* war, und wie ist die Verbindung der *Müller* mit jenem entstanden?

So gut wie Alles, was Magdeburg an Documenten besass, auf die man sich bei Beantwortung dieser Frage stützen könnte, ist am 10. Mai 1631 in Flammen aufgegangen. Da aber *Johann Daniel Müller* in jener Vorrede ausdrücklich den Drucker des 1596 in Magdeburg herausgegebenen Gesangbuches als seinen Vorfahren bezeichnet, so war damit ein Fingerzeig gegeben. Das Exemplar des Gesangbuches von 1596, das *Johann Daniel Müller* noch besass, ist im Laufe der Jahre uns abhanden gekommen. Glücklicher Weise aber hat sich ein einziges Exemplar des Buches doch noch und zwar in der Bibliothek der Stadt Hamburg erhalten. Aus ihm ersehen wir, dass **Andreas Dunker** das Gesangbuch gedruckt und *Ambrosius Kirchner* es verlegt hat.

Da *Johann Daniel Müller*, wie gesagt, ausdrücklich den Drucker des Gesangbuches als seinen Vorfahren bezeichnet, muss angenommen werden, dass **Andreas Dunker** der directe Vorfahr der *Müller* gewesen ist, so zwar, dass *Andreas Betzel* eine Tochter *Andreas Dunkers* geheirathet hat.

---

[1]) Durch das freundliche Entgegenkommen der Hamburger Bibliotheksverwaltung haben wir im März 1897 feststellen können, dass das 1596 von *Dunker* gedruckte und von *Ambrosius Kirchner* verlegte Gesangbuch bereits vorher von *Wolfgang Kirchner* verlegt und gedruckt worden ist. Die beiden uns vorliegenden Ausgaben desselben von 1584 und 1589 stimmen Seite für Seite mit der Ausgabe von 1596 überein. Hiervon hat *Johann Daniel Müller* offenbar keine Kenntniss gehabt.

3

Andreas Dunker seinerseits scheint wieder mit der Drucker- und Verlegerfamilie *Kirchner* in verwandtschaftlicher Beziehung gestanden zu haben, denn noch in der dritten Generation kommen *Kirchners* als Taufpathen von *Dunker*'schen Kindern vor, wie denn *Kirchners* dem *Andreas Dunker* nach Braunschweig gefolgt sind.

Wir hätten also als Verwandte und Vorgänger der *Fabers* und *Müllers: Andreas Betzel, Andreas Dunker* und die *Wolfgang Kirchner*'sche Familie.

Andreas Dunker begann etwa um 1597 in Magdeburg zu drucken. Seine Lettern stimmen in vielen charakteristischen Zeichen genau mit den *Kirchner*'schen und nach unten hin den *Betzel*'schen Schriften überein. *Dunker* hat nicht lange in Magdeburg gedruckt, denn nachdem er schon von Magdeburg aus verschiedentlich für den Rath der Stadt Braunschweig Arbeiten geliefert hatte, folgte er einem Rufe dieses Raths und siedelte 1604 mit seiner Buchdruckerei nach Braunschweig über.[1] Durch den Vertrag, den er am 18. August 1603 auf der Münzschmiede zu Braunschweig mit dem Rathe der Stadt abschloss, verpflichtete er sich und bekam Genehmigung, zunächst auf drei Jahre in Braunschweig zu drucken. Er und seine Gesellen mussten dem Rathe der Stadt Braunschweig den Buchdruckereid leisten, eine Einrichtung, durch die in jener Zeit vielfach die Behörden Sicherheit dafür zu erlangen suchten, damit das, was sie namentlich an geheimen Verträgen, Streitschriften etc.

---

[1] Nach von uns veranlassten neueren Untersuchungen ist *Andreas Dunker* in Folge von schwerer Bedrängniss, ja von Gefahr Leibes und Lebens, in die er in Magdeburg gerathen, weil er für den Rath in Braunschweig gewisse Druckarbeiten geliefert, nach Braunschweig verzogen. In dem betreffenden Druckvertrage wird dies schon vorausgesehen und sagt ihm der Rath der Stadt Braunschweig Schutz und Schirm für solchen Fall zu. Diesen Schutz nahm dann *Dunker* in Anspruch und zog nach Braunschweig. Acten des Raths der Stadt Braunschweig.

4

drucken liessen, nicht in unrechte Hände käme. Im Jahre 1606, am 4. December, leistete *Andreas Dunker* den Bürgereid und erhielt Bürgerrecht im Weichbild „Im Hagen" zu Braunschweig. In diesem Weichbild der Stadt wurde er dann später auch Gerichtsvoigt. Gestorben ist *Andreas Dunker d. Ä.* im Jahre 1629 am 10. September.

Für Braunschweig sind die *Dunker*, die noch eine ganze Reihe von tüchtigen Buchdruckern und Schriftgiessern theils in Braunschweig, theils in Goslar gestellt haben, in sofern noch von besonderer Bedeutung, als sie die ersten Drucker waren, die in jener Stadt eine Zeitung im heutigen Sinne des Wortes herausgaben. Diese Zeitung muss mit zu den frühesten Erscheinungen ihrer Art gerechnet werden. *Andreas Dunker d. J.* sagt darüber am 12. November 1645 in einem Schreiben, durch das er vom Rath zu Braunschweig ein Privileg für Druck und Verlag der „Wöchentlichen Zeitungen" zu erlangen suchte, das Folgende:

„Sein Vater habe mit Bewilligung des Rathes die „Avisen" oder wöchentlichen Zeitungen gedruckt — mit erheblichen Kosten so er dero behueff, die Wahrheit zu erforschen und an Tag zu geben, spendiret — darmit auch bey seinen Lebzeiten Gemeiner dieser Stadt und den benachbarten Örtern zu gute vnd lobe, weil die Relatio Historica nicht vnbillig als eine Schulmeisterin dess Menschlichen Geschlechts von bösen lästerhafften zu gutten Exemplarischen tugendlichen Leben, vnd ein reiner klarer Spiegel weltlicher Weissheit, wie vnd welcher Gestalt alle Ding in der Welt blühen und vergehen, in hohen Ehren und Werth zu halten, biss an seinen Todht fleissig continuiret." Sein Vater habe, so fährt er an anderer Stelle fort, „wegen vielen

5

Ungemachs, Widerwärtigkeit und Verfolgung, die er erlitten, ein ausschliessl. Drucker-Privileg in der Stadt erhalten", das er nun ebenfalls begehrt.

Da *Andreas Dunker d. Ä.* bereits 1629 gestorben ist, muss er die wöchentlichen Zeitungen — um die er viel Ungemach, Widerwärtigkeit und Verfolgung erlitten — eine ganze Reihe von Jahren vor seinem Tode begründet haben, woraus dann folgt, dass er mit zu den ersten Druckern gehört, die Zeitungen in modernem Sinne herausgegeben haben.

Für uns hat diese ganze Sache in sofern noch ein besonderes Interesse, als wir nach vielfachen und eingehenden Untersuchungen und Vergleichung der Schriftcharaktere, im Gegensatz zu Archivar *Dr. Götze,* der *Johann Franke* als Drucker der in Magdeburg herausgegebenen „Wochentlichen Zeitungen" ansieht, *Wolfgang* bezw. *Emeran Kirchner,* also einen Verwandten *Dunkers,* als Drucker und Verleger dieser ansehen müssen.

Hat nun *Andreas Dunker* die Anregung zur Herausgabe seiner Avisen von seinem Verwandten *Kirchner,* oder dieser sie von jenem erhalten? Die älteste Nummer der magdeburger „Wochentlichen Zeitungen", die sich in unserem Besitz erhalten hat, ist die No. XXVIII, also die zweite Wochennummer des Juli 1626. Wann ist nun die erste Nummer dieser Zeitung überhaupt erschienen? Das sind Fragen, die, wie die Dinge liegen, nur ein Zufall vielleicht einmal wird beantworten lassen. Eine systematische Erforschung, davon sind wir nach allen Versuchen, die wir und befreundete Fachgelehrte bisher angestellt haben, überzeugt, ist ganz aussichtslos. So muss bis auf Weiteres unentschieden bleiben, wann die Vorgängerin der heutigen „Magdeburgischen Zeitung" begründet worden ist, unentschieden bleiben, ob Magdeburg oder Braunschweig der Ruhm gebührt, in unserer Gegend die erste politische Zeitung besessen zu haben.

6

Annehmen möchten wir allerdings, dass Magdeburg früher als Braunschweig eine politische Zeitung hervorgebracht habe. Diese Annahme gründet sich auf die Thatsache, dass das politische und das geistige Leben Magdeburgs überhaupt in jener Zeit dem Braunschweigs bei Weitem überlegen war. Hierfür spricht allein schon die Zahl und Bedeutung der in Magdeburg vorhandenen Buchdruckereien, die Menge und Bedeutung der in Magdeburg erschienenen Werke und Flugschriften, welch' letztere ja als Vorläufer der periodisch erscheinenden Zeitungen anzusehen sind.

Was die Familie *Kirchner* anbetrifft, von denen, wie bereits vorstehend gesagt, ein *Wolfgang* bezw. *Emeran Kirchner* von uns als Drucker und Verleger der magdeburger „Wochentlichen Zeitungen" angesehen wird, so hat über sie bisher eine gewisse Unklarheit geherrscht. *Ambrosius Kirchner,* jedenfalls der bedeutendste Verleger nicht nur dieser Familie, sondern der ganzen Zeit, hat nach der bisherigen Annahme gegen 1559 in Magdeburg zu drucken begonnen.

Rector *Samuel Walther,* der gegen die Mitte des vorigen Jahrhunderts sich eingehender mit der Geschichte der magdeburger Buchdrucker beschäftigte, ist es, dem wir die Angabe obiger Jahreszahl verdanken. *Walther* hat für diese Feststellung aber keine andere Unterlage gehabt, als die ihm bekannt gewordenen, mit Jahreszahl versehenen Drucke der einzelnen Buchdrucker. Ihm ist von den *Kirchners* als erster Druck ein solcher des *Ambrosius Kirchner* aus dem Jahre 1559 bekannt gewesen, daher hat er dieses Jahr als das Anfangsjahr der Thätigkeit *Kirchners* in Magdeburg angenommen. Uns ist aber in diesen Tagen erst ein Actenstück zu Gesicht gekommen, das diese Angabe doch zweifelhaft erscheinen lässt. In diesem Actenstücke — Kgl. Prov. Archiv, Magdb. Landesregierung Tit. X B

Bd. 55 — bittet *J. D. Müller* um ein Königl. Privileg für den Druck und Verlag von *Spangenbergs* Postille. Zur Unterstützung seines Gesuchs führt er aus, dass dieses Werk schon von seinem Erscheinen an ein Verlag seiner Vorfahren gewesen sei, es hätten diese bereits 1543 und in späteren Jahren *Spangenbergs* Postille aufgelegt. Da er durch diese Angaben Se. Majestät zu bestimmen wünscht, ihm das erbetene Privileg allergnädigst zu ertheilen, darf wohl angenommen werden, dass er die Beläge für seine Behauptung noch besass. Nun hat aber im sechzehnten Jahrhundert — soweit wir ermitteln konnten — nur *Wolfgang Kirchner Spangenbergs* Postille gedruckt und verlegt. Es würde daraus folgen, dass *Wolfgang Kirchner*, und damit auch wohl sein älterer Bruder *Ambrosius*, beträchtlich früher als bisher angenommen wurde, in Magdeburg zu drucken angefangen haben. Weiter aber würde jene Mittheilung eine neue Unterstützung unserer Annahme sein, dass *Wolfgang Kirchner* ein Vorfahr der *Müller*'schen und damit auch der *Faber*-schen Familie gewesen ist. *Ambrosius Kirchner* und *Wolfgang Kirchner* werden auch von den früheren Forschern als fast gleichzeitig angesehen, während *Emeran Kirchner* erst weit später als Drucker in Magdeburg genannt wird.

Man hat nun *Wolfgang* und *Emeran Kirchner* zum Theil als Brüder, theils auch als Söhne des *Ambrosius Kirchner* angesprochen. Nach den Untersuchungen, die Herr Professor *Dr. L. Hänselmann* in Braunschweig in den dortigen Kirchen-büchern und Magistrats-Acten für uns liebenswürdiger Weise angestellt hat, müssen wir uns der folgenden Ansicht zuneigen: *Ambrosius Kirchner* hat einen Sohn gleichen Namens gehabt, der Druck und namentlich Verlag des Vaters in Magdeburg fort-gesetzt hat. *Ambrosius Kirchner I.* mag gegen 1608, *Ambrosius Kirchner II.* 1624 in Magdeburg gestorben sein. Ein Sohn dieses, *Ambrosius Kirchner III.*, ruft 1652 die Hülfe des Rathes der Stadt

8

Braunschweig an, wohin er zu einer bis jetzt nicht festzustellenden Zeit verzogen war, um von den Erben des Braunschweigischen Buchführers *Andreas Kram* eine Forderung ausgezahlt zu erhalten, die ihm für Bücherlieferungen seines Vaters *Ambrosius Kirchner* an jenen noch zustand.

Ambrosius Kirchner III., das ist wohl zu beachten, war damals noch in einem Alter, in dem er Kinder taufen und in der Pestzeit 1657[1]) zwei Knaben und eine Tochter begraben lassen konnte. Auch heirathet — nach dem 1650 erfolgten Tode seiner ersten Frau, mit der er nur einige Jahre verheirathet war — 1658 den 13. Juli „der ehrbare und wohlgelahrte *Ambrosius Kirchner* die tugendsame Jungfrau *Ilse Osenbrügges*".

Wolfgang Kirchner I. war ein Bruder des *Ambrosius Kirchner I.* Sein Sohn war *Emeran Kirchner.* Der Sohn dieses, nach dem Grossvater wieder *Wolfgang Kirchner* genannt, wird 1632 den 25. Juli Neubürger in Braunschweig, wobei ausdrücklich gesagt wird: *Wolfgang Kirchner* aus Magdeburg. Er gab, wie es in der Bürgerrolle dort heisst, 50 $\frac{1}{2}$ Rthlr. (Bürgergeld), soll zum bürgerlichen Gewehr halten Harnisch und Langspiess, damit er sich nach der Hochzeit sistiren soll. Seine Bürgen waren *Andreas Kram* (der vorerwähnte Buchführer) und *Hans Hoffmann.* Die Hochzeit *Wolfgang Kirchners II.* fand dann am 14. August 1632 mit *Margarethe Avemann* statt. Am 28. Juni 1633 wurde *Wolfgang Kirchners* Tochter *Katharina* getauft und war unter Andern auch **Emmeranus Kirchner** aus Magdeburg Gevatter. Wir wollen hier gleich noch bemerken, dass die **Wolfgang** Kirchner'sche Familie noch längere

---

[1]) Die Pest 1657 hat den *Kirchner* und *Dunker* in Braunschweig schwere Verluste beigebracht. So starben in *Andreas Dunker d. J.* Haus von Mitte August bis 12. September 1657: drei Kinder, zwei Gesellen und am 12. September *Andreas Dunker d. J.* selber.

Zeit mit der *Dunker'schen* Familie zusammenhielt, sowie dass von 1640 an bei beiden Familien auch der Buchführer **Gottfried Müller** in Braunschweig, wie wir vielleicht anzunehmen berechtigt sind, ein Bruder des *Johann Müller*, Buchdruckers in Magdeburg, als Pathe und auch in geschäftlicher Beziehung genannt wird. Wir bemerken dies Alles, weil aus ihm auf die Verwandtschaft der *Kirchner*, *Dunker (Betzel)*, *Müller*, die wir auch aus anderen Gründen als vorhanden ansehen, ebenfalls geschlossen werden darf.

Emeran Kirchner, als Nachfolger seines Vaters *Wolfgang*, den wir für den Drucker und Verleger der „Wochentlichen Zeitungen" halten, ist nach der Zerstörung Magdeburgs, wie wir aus der braunschweiger Kirchenbuch-Notiz ersehen, wieder in seine Vaterstadt zurückgekehrt. Seine Druckerei aber ist in den Flammen der brennenden Stadt untergegangen, und eine neue einzurichten, dazu ist er, vermuthlich aus Mangel an Unternehmungslust, nicht mehr geschritten. Nach dem 1651 aufgenommenen „Stettebuch" der Stadt Magdeburg wohnte *Emeran Kirchner*, der nach den aus 1630 oder 1631 stammenden Aufzeichnungen (Magdeb. Raths-Archiv) zu jener Zeit zur 1. Rotte des 2. Viertels am Breitenweg gehört hatte, wieder im eigenen Hause am Breitenwege, etwa da, wo jetzt das Haus No. 57 des Breitenweges steht. 1679 gehörte dieses Haus einem gewissen *Schröder*. *Emeran Kirchner* dürfte also zwischen 1651 und 1679 verstorben sein.

10

D̲er erste, der in Magdeburg nach der Zerstörung wieder gedruckt hat, war

ANDREAS BETZEL
(1608—1645).

Seine frühesten magdeburger Drucke stammen aus dem Jahre 1608. Woher er kam, ist nicht bekannt, wir vermuthen aus Zerbst. Dort hat im Jahre 1611 ein *Christophorus Betzel* ein Tractätlein „De coena" verfasst.[1]) Da *Andreas Betzel* sofort nach der Zerstörung Magdeburgs nach Zerbst hat zurückkehren wollen, später thatsächlich dort auch dauernd sich niedergelassen hat, ist die Vermuthung vielleicht nicht zu gewagt. *Betzel* ist, wie Rector *Walther* in der Magdeburger Jubelschrift von 1740 und *C. F. Gessner* im vierten Theil seiner „Der so nöthigen wie nützlichen Buchdruckerkunst" sagen, zu jener Zeit ein angesehener Mann gewesen, der viel druckte und zugleich verlegte. Sein Druckerzeichen geben wir am Schlusse der Vorgeschichte. Aus den Gräueln der Eroberung Magdeburgs im Jahre 1631 wurde er und seine Familie gemeinsam mit seinem Schwiegersohn *Thodaenus*, Prediger an St. Catharinen, errettet. *Thodaenus* hat hierüber einen höchst interessanten Bericht erstattet, der u. A. in *Calvisius* „Das zerstöhrete und wieder aufgerichtete Magdeburg" zu finden ist.

---

[1]) Städtisches Handbuch (über Einnahme und Ausgabe) der Stadt Zerbst von 1611, Titel „Geschenke". Mittheil. des Herrn Stadt-Archivar *Dr. Neubauer*, Zerbst.

Bisher war angenommen, dass *Andreas Betzel* zwar zu verschiedenen Zeiten nach der Zerstörung Magdeburgs den Versuch gemacht habe, in hiesiger Stadt wieder Fuss zu fassen, dass der früheste dieser Versuche aber erst 1640 von ihm unternommen worden sei. Nach neuesten Ermittelungen unseres um die Magdeburger Geschichtsforschung hochverdienten Stadtarchivars, des *Dr. Max Dittmar*, hat *Betzel* aber schon 1632 wieder in Magdeburg gedruckt. Die Stadtbibliothek hat vor wenigen Monaten erst zwei in jenem Jahre von *Betzel* hier gedruckte Schriften erworben. Der Titel der einen Schrift beginnt: Heimführung des Magdeburgischen Hochzeitters | Herrn Grav Tilly etc. Gedrucket vnd verleget zu Magdeburg durch der Braut noch hinterlassene Befreindte; Anno retributionis Divinae, 1632. Der Titel der zweiten Schrift beginnt: Unterschiedliche Passporten | dess aus Mitternacht Adelichen vnd vntadelichen eylenden in Teutschland ankommenden Post-Reuters etc. Erstlich Gedrucket in der erlöseten Magdeburg | Anno quo

Leo SeptentrIonaLIs, VerItatIs VInDeX Io trIVMphat.

Betzel ist als Drucker nicht ausdrücklich genannt, jedoch stimmen nicht nur die Initialen, sondern besonders auch die Schlussstücke, Zierleisten etc. mit solchen überein, die *Betzel* kurz vor der Zerstörung verwendet hat. Dem Anschein nach hat er nach seinen Vorlagen diese Zierate etc. nachschneiden lassen oder selbst nachgeschnitten, da einzelne in der Zeichnung vollkommen, nicht aber in der Grösse mit den früher verwendeten übereinstimmen.

Es ist von grossem Interesse, zu sehen, dass schon so kurz nach dem furchtbaren Unglücke unserer Vaterstadt, man könnte sagen, noch auf den rauchenden Trümmern der Stadt, schon wieder ein geistiges Leben pulsirte, das einen Drucker zu

12

dem Versuch ermuthigen konnte, an alter Stätte von Neuem sein Geschäft zu beginnen.

Lange hat *Betzel* sich damals in Magdeburg nicht halten können. Er ging nach Zerbst. Aus dieser Stadt sind *Betzel*'sche Drucke aus dem Jahre 1635 u. f. bekannt. Im Jahre 1640 druckt er schon wieder in Magdeburg u. A.: „Kayserliche Privilegia der Stadt Magdeburg", welche der Stadt vom Kaiser 1638 neu verliehen waren; im gleichen Jahre auch die „Magdeburgische Gerichtsordnung". 1647 aber druckte er, wie der vorerwähnte Rector *Walther* berichtet, wieder in Zerbst: Leichpredigt auf *D. Ch. Hahn*. Der Druckvermerk lautet: Gedruckt durch *Andream Betzel*, Bürger zu Magdeburg, ietzo wohnhaft in Zerbst, in seinem eignen Verlage. An seine Stelle setzte er in Magdeburg seinen Schwiegersohn **Johann Müller d. Ä.**

Mit diesem Ereigniss beginnt die Geschichte der *Müller-Faber*'schen Buchdruckerei, von der, aus Anlass der Vollendung des 250. Jahres ihres Bestehens, eine Skizze zu geben, wir unternommen haben. Bevor wir damit beginnen, nur noch folgende kurze Bemerkung.

Wir haben davon abgesehen, bei den in vorstehenden Zeilen erwähnten Vorfahren und Vorgängern der *Müller-Faber*'schen Familie anzuführen, was jeder Einzelne verlegt hat. Die ganze Anlage dieser Arbeit schien ein so eingehendes Betrachten der einzelnen Vorläufer zu verbieten. Am Schlusse dieser Vorgeschichte aber möchten wir doch nicht unterlassen zu sagen, dass der Verlag und Druck der sämmtlichen genannten Drucker und Verleger sich fast ausschliesslich zusammensetzte aus Geschichtswerken, historisch-politischen und kirchlich-religiösen Streitschriften, denen dann religiöse Erbauungs- und Gesangbücher sich anschlossen. Wohl in allen Streitsachen, die der

13

Rath der Stadt, oder deren Geistliche in den bewegten und
für Magdeburg so ernsten Zeiten von 1543—1646 mit der
Feder auszufechten hatten, haben die vorgenannten Drucker
durch Druck und Verbreitung der Streitschriften mitgeholfen
und fest auf Seiten der Stadt und der evangelischen Sache
gestanden.

Wir dürfen wohl hier schon sagen, dass diesem Beispiel
alle die Männer gefolgt sind, die die Ehre hatten, von 1646 bis
heute dem *Müller-Faber*'schen Geschäfte vorzustehen.

Treue bis in den Tod zu halten dem evangelischen
Glauben und der evangelischen Freiheit, feste Treue unserer
alten, ruhmreichen Stadt und, seit über ihr die Hohenzollernsche
Fahne weht, hingebende Treue auch dem Hohenzollern-Aar und
dem Vaterlande, welches seine mächtigen Flügel beschirmen,
dies ist der helle Leitstern, dem wir Alle gefolgt sind und
dem auch unsere Kinder und Enkel, wie wir zuversichtlich
hoffen, immerdar nachstreben werden.

Andreas Betzels Druckerzeichen.

DIE MÜLLER-FABER'SCHE BUCHDRUCKEREI
1646—1896.

I. DIE MÜLLER.

Den Ursprung der Familie *Müller* zu ergründen, ist bisher von uns noch nicht ernstlich unternommen worden. Wir wissen nur, dass der früher bekannte Professor an der Universität Helmstedt, *Georg Calixtus*, dort Ende des sechzehnten oder mit Beginn des siebzehnten Jahrhunderts auf seine Kosten eine Druckerei begründet und diese zunächst von den Buchdruckern *Henning Müller* und *Fricke*[1]) hat verwalten lassen. Diese Buchdruckerei wurde dann später Universitätsbuchdruckerei und *Henning Müller d. Ä.* als Universitätsbuchdrucker ihr Inhaber. Ihm folgten als solche *Henning Müller d. J.* und *Jacob Müller*. Ob *Henning Müller d. Ä.* ein Helmstedter Kind, oder ein zugewanderter Buchdrucker gewesen sei, haben wir nicht

---

[1]) *Gesner* nennt im dritten Band seiner Buchdruckerkunst, Leipzig 1741, als zweiten Drucker *Joh. Georg Täger*. In der in der Universitäts-Bibliothek von Helmstedt erhaltenen Leichpredigt auf *Henning Müller* wird aber neben diesem nur der Buchdrucker *Fricke* genannt.

ermittelt, die Frage hat für die vorliegende Schrift auch kaum Bedeutung.

Johann Müller wurde am 21. Juli 1611 als zweiter Sohn *Henning Müllers* getauft und einer seiner Gevattern war *M. D. Calixtus*. Während sein älterer Bruder, wie oben schon gesagt, als Universitäts-Buchdrucker seinem Vater folgte, ging **Johann Müller** in die Fremde, heirathete hier eine Tochter *Betzels* und eröffnete 1646, auf *Andreas Betzels* Veranlassung, jedenfalls aber mit seiner Unterstützung, in Magdeburg eine Buchdruckerei.

Bürger von Magdeburg wurde *Johann Müller* im Jahre 1647. Der betreffende Vermerk in der Bürgerrolle (Rolle 4 F. 45) lautet:

> 1647. *Johann Müller*, ein Buchdrucker von Helmstedt, so *Andreas Betzels* tochtermann ist, den 27. Martij vmbs Bürgermall ansuchung gethan, der Schwiegervater *Andreas Betzel* hat an seiner Forderung es abschreiben zu lassen verwilligt. Ist also gezahlet in Abkürzung den 27. Martij — 25 Thl. damit rich.

Während *Betzels* Druckerei vor der Zerstörung Magdeburgs in dem alten Theile der Stadt belegen war — er hat gedruckt: „Im weissen Lamm in der Marktstrasse", „In dreyen Thürmen bey St. Petri" und auch im Hause „Zum Iffloff"[1]) an der Ecke der Vogelgreifstrasse — dürfte *Müller*, wenn nicht sofort, so doch sehr bald nach seinem Einzug in Magdeburg in dem später „Goldenes ABC" benannten Hause oder Grundstücke seine Druckerei eingerichtet haben. Wir sagen „Hause oder Grundstücke" und haben diesen Ausdruck gewählt, weil wir zu

---

[1]) Im Stettebuch von 1651 wird dies Haus noch als *„Andreas Betzel's* Stette" aufgeführt.

16

der Ueberzeugung gelangt sind, dass das Grundstück zum ABC, wie es der beigedruckte Lageplan[1]) zeigt, nach und nach erst diese Gestalt angenommen hat, indem verschiedene *Müller*

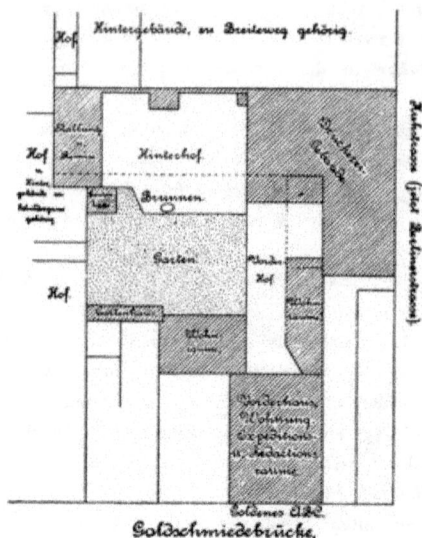

Häuser in der Goldschmiedebrücke und der Kuhstrasse — der jetzigen Berliner Strasse — kauften. In späterer Zeit sind dann die Vorderhäuser in der Goldschmiedebrücke, bis auf das schmale Haus No. 11, verkauft, die Hinterhäuser, Höfe oder Gärten jener

---

[1]) Wir verdanken diesen, sowie manche andere Nachricht, der Güte des Seniors der jetzigen Generation unserer Familie, des Herrn *Richard Faber*. An diesen sind, von seinem Grossvater *F. H. A. Faber*, neben Familien-Papieren auch ein grösserer Theil der Geschäftspapiere übergegangen.

aber abgetrennt und mit dem Grundstücke No. 11 vereinigt
worden. Auf diese Weise kam es, dass das kleine Vorderhaus
Goldschmiedebrücke 11, das Goldene ABC, mit seinen Grenzen
bis an die Häuser des Breitenweges nach Westen und nach
Süden bis an die der Schildergasse heranreichte. Goldschmiedebrücke 11 gehörte vor der Zerstörung dem Apotheker *Gregorius
von Döhren*. Es war ein mit Braugerechtigkeit ausgestattetes
Haus. 1650 baute es *Sebastian Müller jun.*, ein Goldschmied,
wieder auf. 1670 aber heisst es schon „Goldenes ABC" und
es wird berichtet, dass *Joh. Daniel Müller* darin seine Druckerei
habe. 1721 kaufte *Andreas Müller* ein diesem benachbartes Haus
der Goldschmiedebrücke, das vor der Zerstörung des Raths-
mannes *Melchior Teufel* Brauhaus gewesen und schon 1636 wieder
aufgebaut war. Das Vorderhaus dieses Grundstückes ist wohl
verkauft worden, nachdem *Andreas Müller* seines Vaters, *Johann
Daniel Müllers*, Geschäft und Haus übernommen hatte.

Aus unserm Geschäfts-Archiv entnommener Holzschnitt aus dem 17. Jahrhundert,
Einrichtung und Betrieb einer Buchdruckerei jener Zeit darstellend.

JOHANN MÜLLER D. Ä.
(1646—1659)

der, wie gesagt, 1646 zu drucken begann, scheint 1659 oder 1660 gestorben zu sein. Er war der erste Drucker, der dauernd im wiedererstehenden Magdeburg wohnen blieb und war auch zunächst der einzige Drucker der Stadt. So muss alles, was damals hier gedruckt wurde, wie Rector *Walther* richtig bemerkt, unbedingt aus seiner Officin hervorgegangen sein. Nach dem oben genannten Kenner der alten Magdeburger Druckergeschichte ist „zur selben Zeit die Nahrung sehr schlecht gewesen". Das lässt sich wohl denken, wenn man das Elend Magdeburgs und den schweren Druck, der auch nach dem Frieden zu Osnabrück auf dem verwüsteten Lande lag, in Rechnung zieht. *Walther* nennt als ersten bekannten Druck des *Johann Müller d. Ä.*, des *Tob. Cunonis* Einweihungs-Predigt der Kirche zu St. Johannis, bekanntlich die erste Kirche, die nach der Zerstörung Magdeburgs wieder in Gebrauch genommen wurde. Der Druck von Predigten und das, was der Rath der alten Stadt Magdeburg drucken liess, werden vermuthlich, neben den weiter unten zu erwähnenden laufenden Unternehmungen, die Hauptarbeiten *Müllers* gewesen sein. So druckte er 1654 die erneuerte Stadt-Ordnung, wie es auf Hochzeiten, Kindtaufen, Begräbnissen und in Kleidung solle gehalten werden.

Was alles *Johann Müller* von dem Verlag seiner Vorfahren wieder aufgenommen hat, ist zweifelhaft. Aus der früher schon angezogenen Bemerkung *Johann Daniel Müllers* in der Ausgabe des Magdeburger Gesangbuches von 1712 wissen wir, dass *Johann Müller d. Ä.* wenigstens das Magdeburger Gesangbuch wieder zu verlegen und zu drucken begonnen hat. Bekannt ist die Ausgabe in Duodez vom Jahre 1654, die um deswillen noch besonders zu bemerken ist, weil sie sich als eine durch *Johann Müller* veranlasste hochdeutsche Uebertragung bezw. Rück-übertragung des Gesangbuches von 1596, bezw. von 1584 und 1589, darstellt.

Dass *Johann Müller d. Ä.* auch die „Wochentlichen Zeitungen" wieder aufgenommen habe, ist bis jetzt nicht nach-weisbar. Es scheint uns aber damit nicht gesagt zu sein, dass er es nicht gethan habe. Wir wissen, dass in jener Zeit doch schon eine ganze Reihe periodischer Zeitungen bestand, wissen auch, dass trotz der schweren Niederlage, die Magdeburg erlitten hatte, noch immer ein reges Interesse an politischen Dingen in der Stadt vorhanden war, und man kann sich sehr wohl denken, dass damals besonders reges Verlangen bestand, regelmässig über die Vorgänge in der politischen Welt unterrichtet zu werden. Solche Kenntnisse konnten aber am leichtesten und billigsten für den Einzelnen durch eine periodische Zeitung erlangt werden. Wie heute noch vielfach, so war auch damals schon, bald nach dem Entstehen der Zeitungen, der Betrieb dieser so organisirt, dass die einzelnen Verleger, soweit ihre Mittel und ihre Verbindungen reichten, zunächst durch Berichterstatter sich

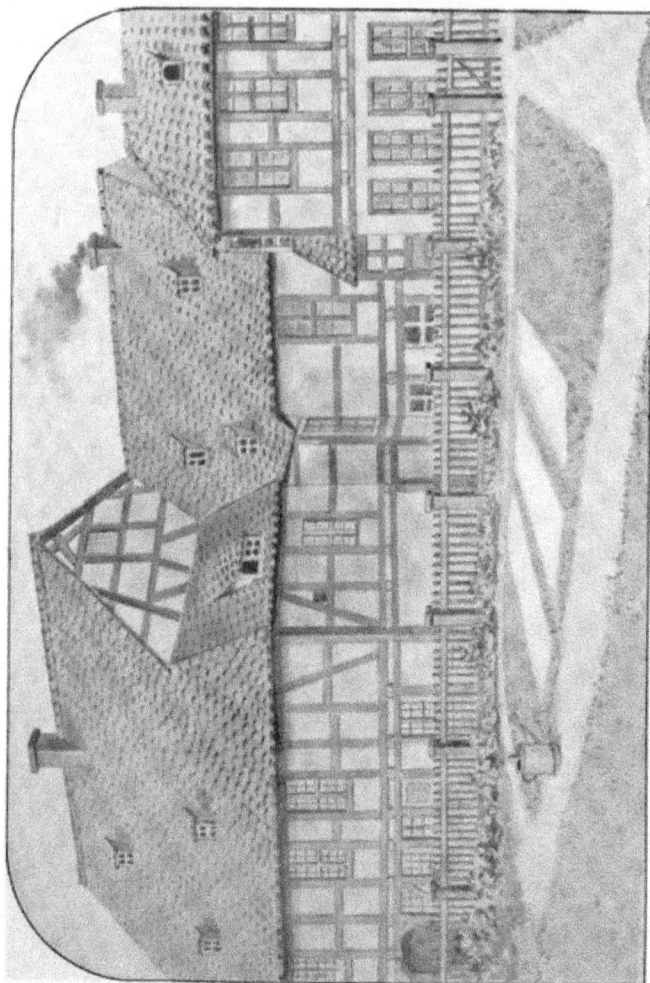

Das Druckerei · Gebäude des „Goldenen ABC."
(Plan siehe Seite 12.)

Nachrichten zu verschaffen suchten. Was der Einzelne so nicht erlangen konnte, das nahm er dann aus den Zeitungen, die sonst erschienen. Es geht dies schon aus dem geringen Material, das uns hierüber vorliegt, klar hervor. So haben wir vorstehend aus einem Briefe *Andreas Dunkers d. J.* an den Rath zu Braunschweig kennen gelernt, wie sein Vater für die Avisen oder wöchentlichen Zeitungen erhebliche Kosten gehabt habe, „so er die Wahrheit zu erforschen und an Tag zu geben spendiret". In der Antwort auf dieses Schreiben sagt 26. Nov. 1675 die Ww. *Gruber, Dunkers* Schwester, gegen die der Angriff *Dunkers* gerichtet war, dass ihr Mann und sie, nach dem Tode *Andreas Dunkers d. Ä.*, für die Avisen „viel daran gewandt hätten, indem sie für Posten, Boten und Botschaften ein Ziemliches spendiren müssen". In einem Schreiben vom Jahre 1659 an Bürgermeister und Rath zu Braunschweig bittet *Christoph Friedr. Zilliger — Zilliger* war ein Vormund der Kinder *Andreas Dunkers d. J.* und hatte nach dessen Tode den Avisendruck seinen Mündeln fortgenommen und an sich gebracht — er bittet also, da nun ein Sohn des *Andreas Dunker d. J.* wieder Anspruch auf die Avisen machte, ihm ein ausschliessliches Privileg darauf zu geben und sagt dabei: „Ich bin des erbietens, nicht allein mit allem Fleisse nach den bewahrtesten auswärtigen Zeitungen[1]) mich umbzuthun und dero behufs keine

---

[1]) *Bücher*, „Entstehung der Volkswirthschaft" sagt S. 201, dass in den zwanziger und dreissiger Jahren des 17. Jahrhunderts in Deutschland bereits etwa zwei Dutzend Zeitungen nachzuweisen seien. *Opel*, „Die Anfänge der deutschen Zeitungspresse", Archiv für Geschichte des Deutschen Buchhandels III, nennt als bekanntere Druckorte jener Zeitungen u. A. Frankfurt a. M., Berlin, Nürnberg, Hildesheim, Magdeburg, Augsburg, Leipzig. Als älteste bis jetzt bekannte Zeitung Deutschlands führt *Opel* in derselben Arbeit die „Ordinari Avisa" an, welche der Buchdrucker *Johann Carolus* zu Strassburg druckte. Die älteste erhaltene Nummer derselben stammt aus dem Jahre 1609. *Opel* sagt aber, es sei dies die Fortsetzung einer früher bereits erschienenen Zeitung gewesen, da der Herausgeber ausdrücklich erklärt, dass er die Ordinari Avisa, wie bereits etliche Jahre geschehen, continuire.

21

Unkosten zu sparen, sondern auch zur Dankbarkeit denen Herren des Engen Raths, allen und jeden, meinen Grossgünstigen Herrn und Oberen, die Avisen das gantze Jahr durch umbsonst abfolgen zu lassen." Unter Zeitungen sind hier nicht mehr Nachrichten, sondern ist das verstanden, was wir auch heute darunter verstehen.

Es gab also thatsächlich eine ganze Reihe politischer Zeitungen, bewährte und weniger bewährte, und es will uns daher sehr wohl wahrscheinlich dünken, dass *Johann Müller*, wie er mit der zunehmenden Bevölkerung und Bebauung dafür sorgte, dass seine Landsleute in den nach und nach wieder eröffneten Kirchen ihre alt gewohnten Lieder wieder singen und zu Hause an ihnen sich erbauen konnten, auch dafür gesorgt habe, dass sie in politischer Beziehung sich unterrichten konnten. Dazu kommt noch das Folgende. Von *Johann Müller d. Ä.* wird, wie wir bereits erwähnten, berichtet, dass zu seiner Zeit „die Nahrung sehr schlecht gewesen sei". Das dürfte aber gerade *Müller* dazu gedrängt haben, durch Wiederaufnahme und Herausgabe der von seinen Vorfahren begründeten Zeitung eine dauernde Beschäftigung und eine gewisse feste Einnahme sich zu verschaffen.

In einer uns soeben zugehenden, sehr interessanten Arbeit des Prof. *Dr. Wilhelm Stieda*, Rostock: „Die Anfänge der periodischen Presse in Mecklenburg", Archiv für Geschichte des Deutschen Buchhandels XIX S. 73 u. 74, berichtet dieser Forscher, es hätte 1711 ein Buchdrucker *Weppling* in Rostock wöchentlich eine „Gazette" herausgeben wollen, und fährt dann wörtlich fort: „Der Hauptgrund, der *Weppling* trieb, wird Mangel an Beschäftigung und dementsprechend ungenügendes Einkommen gewesen sein." *Weppling* habe auch später in einer Eingabe an seinen Landesherrn unum-

22

wunden erklärt, „aus Noth gezwungen zu sein, diess medium zu ergreifen". Dieselbe Noth wird auch *Johann Müller d. Ä.* getrieben haben, neben dem Gesangbuch, als zweite laufende Arbeit, die „Wochentlichen Zeitungen" wieder aufleben zu lassen.

Wenn von diesen frühesten Zeitungen nach der Zerstörung nichts sich erhalten hat, so ist das kaum zu verwundern. Bibliotheken sammelten noch nicht Zeitungen, wie heute, und im Privatbesitz halten sich auch heute Zeitungsexemplare doch nur höchst selten einmal länger als 20 oder 30 Jahre.

Wie schnell die Erinnerung an Zeitungsunternehmungen auch damals schon verloren ging, davon führt Professor *Stieda* a. a. O. folgendes Beispiel an: Der Drucker *Johann Weppling*, von dem wir vorhin schon sprachen, habe sich zur Unterstützung seines Gesuches, der Senat der Universität Rostock möge ihm den Druck einer Zeitung gestatten, darauf berufen, dass seine Vorgänger bereits ein Privileg zur Herausgabe einer solchen gehabt hätten. Bei mündlicher Vernehmung durch den Rector habe er aber nicht angeben können, wann dies gewesen sei. „Auch von den Professoren", so fährt *Stieda* fort, „obwohl mehrere erklärten, es sei ihnen bekannt, dass in Rostock bereits „Novellen" gedruckt worden seien, konnte keiner angeben, zu welcher Zeit es vorgekommen wäre. So schnell war die Erinnerung an die „Ordinari wochentlichen Postzeitung" verblasst." Diese Verhandlungen fanden 1711 statt. Die Ordinari Postzeitung scheint etwa 1642—1643 zu erscheinen aufgehört zu haben. Wenn innerhalb eines Zeitraumes von kaum 70 Jahren, selbst in einem Collegium, das so zu sagen berufsmässig die Erscheinungen und namentlich doch die Neuerungen auf literarischem Gebiete zu verfolgen hatte und das in seinem früheren Bestande die Genehmigung zur Herausgabe der Zeitung gegeben und sich mehrfach von Amts wegen mit ihr hatte befassen müssen, die Erinnerung an die Zeitung verschwunden war, dann kann es nicht Wunder nehmen, dass in einer Stadt wie Magdeburg, in der ein solches Collegium nicht bestand, schon 1740 nicht mehr festzustellen war, wann und von wem wieder begonnen worden ist, die „Wochentlichen Zeitungen" hier zu drucken.

Dass dies *Johann Müller d. Ä.* gewesen, dafür spricht, wie wir vorstehend dargelegt zu haben glauben, so gut wie alles, dagegen nichts.

Im Jahre 1660 folgte *Johann Müller dem Älteren* sein Sohn

JOHANN MÜLLER d. J.

(1660—1669)

im Besitz der Buchdruckerei und des Verlages. Von ihm ist wenig bekannt. Er muss wohl sehr jung gewesen sein, als er das Geschäft übernahm, und da er nur zehn Jahre lang ihm vorgestanden hat, auch sehr jung gestorben sein. Wie sein Vater druckte auch er das Magdeburger Gesangbuch und wahrscheinlich auch die Wochentlichen Zeitungen. Das Gesangbuch liess er durch neuere Gesänge vermehren. Er druckte von neuem die Privilegia der Stadt, im Jahre 1666 des Magistrats von Magdeburg gründliche Widerlegung des vom Ertz-Stifft Magdeburg zu Regenspurg angegebenen Edicts, dann im Jahre 1667 alle Streitschriften des D. *Bötticher* und Pastor *Sierert*. Er blieb also in den Wegen, die seine Vorfahren schon gewandert. Im Jahre 1669 sind dann die Drucke versehen mit dem Vermerk: Gedruckt durch *Johann Müllers Erben*.

JOHANN DANIEL MÜLLER
(1670—1726).

Der Vermerk: Gedruckt durch *Johann Müllers Erben* findet sich nur 1669. Im Jahre 1670 hatte der oben genannte Sohn *Joh. Müller d. J.* Druck und Verlag seines Vaters und Grossvaters allein in Händen.

Mit *Johann Daniel Müller* kommt der Brauch auf, nicht nur regelmässiger sich als Drucker einer Schrift zu bezeichnen, sondern auch öfter die Druckstätte, das goldene ABC, auf den Druckwerken zu nennen.

Johann Daniel Müller ist noch beträchtlich jünger als sein Vater in den Besitz des Geschäfts gekommen. Wir schätzen, dass er etwa 17 Jahre zählte, als er allein die Verwaltung des Geschäfts in die Hand nahm. Während 56 Jahren hat er dann dem Geschäfte vorgestanden und mit grosser Rührigkeit und einer bemerkenswerthen Zähigkeit bis an sein Ende an dessen Befestigung und Erweiterung gearbeitet. Rector *Walther* sagt in seiner mehrfach von uns angezogenen Jubiläumsschrift über ihn: „Und weil er sich ein Privilegium verschaffet, so konnte eine lange Zeit hin neben ihm keiner aufkommen. Daher hatte er viel zu drucken, so dass er auch auswärts viele Arbeit hinschicken musste."

Wie sein Vater und Grossvater, so war auch *Johann Daniel Müller* lange Zeit hindurch hier der einzige Drucker. Das Privilegium sich zu verschaffen, dazu wurde er erst durch Streitigkeiten gedrängt, in die ein Buchführer *Johann Lüderwaldt* und die Buchbinder der Stadt ihn hineinzogen.

So bittet er denn am 5. Februar 1687 den Kurfürsten *Friedrich Wilhelm*, da die Buchbinder in Magdeburg ihm das Leben schwer machten, um eine Special-Concession, auf dass er mit gebundenen und ungebundenen Büchern seines Drucks und Verlags, auch so er durch Tausch erlanget, handeln könne, wie dies auch sein Vater gethan. Die Buchbinder hätten, so führt er an, gar keinen Grund zur Klage, da er ja alle Bücher bei ihnen binden liesse.

Der Rath der Stadt, zum Bericht aufgefordert, erklärt, dass schon 1673 die Buchbinder sich über *Müller* beschwerdt, weil er Calender und Historien-Bücher einbinden lasse und verkaufe. Inzwischen sei nun noch der Buchführer *Johann Lüderwaldt* gekommen und habe sich ein Privileg für den Buchhandel verschafft. Es sei darauf *Joh. Dan. Müller* aufgefordert worden, sich des Handels mit Büchern durchaus zu enthalten. Der Rath aber meint, das Privileg *Lüderwaldts* könne Rechte Dritter nicht stören und da *Johann Daniel Müller* immer mit seinen eigenen und eingetauschten Büchern gehandelt, so sei wohl billig, ihm das erbetene Privileg zu ertheilen. Durch kurfürstliches Rescript an den Rath wird dieser aber unterm 4. August 1687 aufgefordert, *Lüderwaldt* bei seinem Privileg zu schützen und darauf zu halten, dass *Johann Daniel Müller* nicht mit Büchern handle.

Bevor aber dieses Rescript in die Hände des Raths gelangte, hatte dieser den *Johann Daniel Müller*, den Buchführer *Johann Lüderwaldt* und, als Vertreter der Buchbinder, den Meister

Gottfried Böhle (auch *Behle*) vor sich geladen und nach eingehender Verhandlung folgenden Vergleich zwischen ihnen zu Stande gebracht: Da *J. D. Müller* nicht verlangt, einen ordentlichen Buchhandel zu treiben, absonderlich keine Tractatus mit baarem Gelde kaufe, sondern nur was er vor seinen eigenen Verlag einhandelt und davor auch nicht einmal Classicos autores oder Hauptbücher, sondern nur einzelne Disputationes, Predigten, kleine umbfliegende Zeitungen oder Tractätgens, Fibeln, Catechismus und kleine Schulbücher erstehe; er sich auch Landkarten zu führen begiebt; weiter *Lüderwaldt* frei und ungehindert seinen Buchhandel treiben, seine Bücher auch bei denen hiesigen Buchbindern binden lassen will, so wird allseitig zugestimmt, dass *Joh. Dan. Müller* nach wie vor seinen Verlag und was er dagegen ersteht, gebunden und ungebunden verkaufen kann.

Damit hatte *Müller* erreicht, wonach er vorläufig strebte; wir werden aber weiter sehen, dass trotz des Vergleichs die Buchbinder nicht Frieden hielten.

Unterm 24. Mai 1691 richtet *Johann Daniel Müller* ein neues Ersuchen an den Kurfürsten *Friedrich Wilhelm* und bittet, ihm ein Privileg als Buchdrucker, zugleich mit dem Rechte seine Bücher zu verkaufen, verleihen zu wollen, weiter wünscht er ein Privileg für eine Papiermühle zu erhalten, die er bei Haldensleben anzulegen willens sei. Er, seine Eltern und Grosseltern haben hier die Druckerei allezeit allein gehabt, so bitte er denn, auch ihn und seine Nachkommen darin zu schützen. Ausserdem bittet er um das Recht, dass Niemand „ausser Landes", wie bisher geschehen, die Lumpen in diesem Lande (gemeint ist das Herzogthum Magdeburg), sondern er allein sammeln möge. „Dagegen ich des unterthänigsten erbieten bin, bey Haldenssleben auf dem Wasser, die Bower genanndt, eine Papier Mühle anzurichten, damit das Geld hin künfftig

27

also weiter auss dem Lande in frembden provincien nicht möge geführet werden."

Wie immer, wird auch hier wieder der Rath der Stadt Magdeburg zum Bericht aufgefordert. Dieser hat nun gegen die Errichtung einer Papiermühle nichts einzuwenden. Gegen das Gesuch aber, auch ferner allein hier drucken zu dürfen, führt der Rath an: *Müller* habe „sich eben keines rühmlichen Druckens seithero befleissiget, gestalt dessen gedruckte Bücher mit sehr vielen groben Druckfauten angefüllet zu seyn sich hervorgethan; Hiernechst ist seine Druckerey mit Griechischen, Hebräischen und anderen dergleichen Buchstaben so gar nicht versehen, dass wann in solcher Sprache zu drucken erfordert wird, die Schrifften an einen andern Orth versendet werden müssen, und ist also solche seine Druckerey gar schlecht conditioniret und folglich Unsers Ermessens nicht zu verwehren, wann ein anderer Buchdrucker sich hiesigen Orts niederzulassen, und eine Druckerey zu etabliren resolviren würde."

Wegen des Handels mit Büchern, ungebunden und gebunden, liege *Müller* jetzt noch in Streit mit den Buchbindern. Magistrat ist zwar für Genehmigung seines Handels, bittet aber den Ausgang des Processes abzuwarten.

Wie nicht anders zu erwarten, wendet sich *Johann Daniel Müller* gegen diesen, seine Ehre als Buchdrucker angreifenden Bericht mit aller Energie. Er bittet, kurfürstliche Gnaden möchten nicht nach des Raths Bericht, so der Wahrheit nicht gemäss, sondern nach der Beylage den Entscheid einrichten.

Er hat, so fährt *Müller* fort, „mit höchster gemüthsalteration vernommen, dass Wohlgesagter E. E. Rath zwar die Beyden in Ihre Jurisdiction nicht lauffende ersten puncte Consentiret, ratione der Beyden letzteren aber, das nemlich nebst seiner keine Buchdruckerey allhier mehr verstattet, ich

28

auch die von mir gedruckten Bücher sowohl gebunden alss ungebunden verkauffen möchte, ziemblichen ungleichen Bericht abgestattet." Der Rath der Stadt Magdeburg könne über seine Arbeiten, ob sie nicht reinlichen Drucks und voller Fehler gewesen, der Wahrheit gemäss gar kein Urtheil abgeben, auch könne er, *Müller*, durch Vorlagen diesen Vorwurf leichtlich ablehnen. Zum Beweise seiner Behauptungen fügte *Müller* seiner Angabe eine Reihe von Beilagen an; von diesen haben sich in den Acten des Provinzial-Archivs leider nur noch die beiden Schriftproben erhalten, die wir durch die Güte der Archivverwaltung, im Besonderen des Geh. Archiv-Raths *v. Mülverstedt* und des Archivars *Dr. Ausfeld*, in genauer photographischer Reproduction als Beilage diesen Zeilen anfügen. *Müller* ist der Meinung, dass, wenn früher wirklich einmal durch Schuld eines damals von ihm angestellten und theuer bezahlten Correctors, einige Fehler in einem Buche stehen geblieben seien, so beweise dies doch nichts für die Gegenwart, denn es solle doch „nicht auff die präterita, sondern präsentia reflectiret werden."

„Anreichend", schreibt *Müller*, „die hebräische Schrift muss ich zwar gestehen, dass ich vor 20 und mehr Jahren dergleichen Schriften, weilen derselben nicht mehr als ich von meinem seel. Vater ererbet auss Ursachen, weilen dergleichen allhier nicht gesuchet, noch mir zu der Zeit und eine geraume Zeit nachher dergleichen Schriften weder hier aus der Stadt, noch anderswoher zu drucken offerieret worden, nicht überflüssig und allzu proper angeschaffet und gehabt; nach dem mahlen aber mir von Halberstadt und andern Orten dergleichen zu verfertigen übersendet, habe ich mich derselben, wie die Anlagen sub C und D zeugen, dergestalt beflissen, dass ich pariren will, dass ausser Halle und die benachbarten Universitäten meiner

Buchdruckerey, absit jactantia verbis, in diesen und allen anderen nothwendigen requisitis keine Vorgehen soll."

Wegen seines Gesuchs, zum Verkauf seiner gebundenen und ungebundenen Bücher privilegirt zu werden, bemerkt er, dass ihm dies Recht immer zugestanden, da aber nun die Buchbinder „freventlich ihm geldfressende Processe deswegen aufhalsten", müsse er, wenn er nicht ruinirt werden wolle, kurfürstliche Gnaden um das Prilegium bitten, damit er dann ein für Alle Male geschützt sei.

Die Bezirksregierung, die hierauf noch Bericht zu erstatten hatte, erkennt an, die von *Müller* eingereichten Drucksachen bewiesen, dass der Vorwurf des Raths der Stadt Magdeburg gegen *J. D. Müllers* Druckerei unbegründet sei. Sie halt im Gegentheil die Druckerei für sehr wohl eingerichtet und empfiehlt, da *Müller* auch noch fortgesetzt Verbesserungen vornehme, ihm unter Berücksichtigung des am 1. August 1687 zwischen *Müller, Lüderwaldt* und den Buchbindern Magdeburgs getroffenen Vergleichs, ein persönliches Privileg zu ertheilen, so dass nur er und keiner sonst in Magdeburg drucken dürfe.

In Betreff des nachgesuchten Privilegs für eine Papiermühle, bemerkt die Regierung, sie habe mit einem Sülzer zu Halle, *Augustus Jenner* genannt, bereits dahin contraktirt, dass er im Herzogthum Magdeburg Lumpen sammeln dürfe und an Stelle seiner eingegangenen Pulvermühle, auf dem Saalstrom eine Papiermühle anlege. Regierung giebt kurfürstlichem Ermessen anheim, zwischen Beiden zu entscheiden.

Das Druckerei-Privileg wurde ertheilt, was aber aus der Papiermühle geworden, ist aus den Acten weder unseres, noch des Königlichen Provinzial-Archivs zu ersehen.

Wir haben schon mehrfach des magdeburger Gesangbuches gedacht, das bereits im sechzehnten Jahrhundert von Vorfahren der *Müllers* gedruckt, auch von diesen in vielen Auflagen seit 1646 bezw. 1654 gedruckt und verlegt worden war. Gegen Ende des siebzehnten Jahrhunderts, vermuthlich in Folge der Neuordnung der Dinge, die seit der Besitznahme Magdeburgs durch Kur-Brandenburg Platz gegriffen hatte, war in die Hände des geistlichen Ministeriums der Altstadt Magdeburg auch die Leitung und Oberaufsicht der Gesangbuchsachen gelegt worden. Das Ministerium hatte nun am 3. Juli 1696 nicht mit *Johann Daniel Müller*, sondern mit dem früher bereits von uns genannten Buchbinder **Gottfried Behle,** wegen Herausgabe eines „von neuem übersehenen und vermehrten magdeburgischen Gesang-, Gebet- und Communionbuchs" einen Vertrag abgeschlossen. Für dieses Gesangbuch hatte sich *Behle* auch ein auf zwanzig Jahre lautendes kurfürstliches Privilegium zu verschaffen gewusst. *Johann Daniel Müller* fand sich durch diesen Eingriff in seine alten, seit mehr als hundert Jahren in seiner Familie vererbten Rechte, wie wir meinen begreiflicherweise, schwer verletzt. So begann denn ein Kampf um das Gesangbuch, der 1696 beginnend, in seinen letzten Ausläufern erst 1776 beendigt wurde.

Der Superintendent Herr *A. Fischer* hat diesen interessanten Streit in einem sorgfältig ausgearbeiteten Aufsatze unter dem Titel: „Die Familien *Müller (Faber)* und *Behle* als Rivalen in der Herausgabe Magdeburgischer Gesangbücher während des achtzehnten Jahrhunderts" behandelt. Der Artikel ist in den „Geschichtsblättern für Stadt und Land Magdeburg", 9. Jahrgang, 1874, S. 267 u. f. zu finden. Die Darstellung der Thatsachen durch *Fischer* giebt uns zu Erinnerungen keine Veranlassung, wir können daher hier die Angelegenheit kurz fassen und im Uebrigen auf den angezogenen Aufsatz verweisen. *Johann Daniel Müller, Andreas Müller, Gabriel Gotthilf Faber* und *Carl Friedrich Faber*, sie alle haben, wie wir hier vorgreifend sagen wollen, mit gleicher

31

Festigkeit und Unerschrockenheit an ihrem Rechte festgehalten. Zu keiner Zeit haben sie, trotz aller Verbote und angedrohter Strafen, aufgehört, ihr Gesangbuch weiter herauszugeben. Gegen sie standen zuletzt 'vereint das geistliche Ministerium der Stadt, dann — aus Gründen, die uns nicht recht klar sind — auch der Magistrat und schliesslich auch die Bezirksregierung. Da schien es denn einmal, als sollte doch Alles verloren sein, das alte Recht der Gewalt weichen müssen. *Andreas Müller* und sein Schwiegersohn *Gabriel Gotthilf Faber* werden mit Confiscation ihrer Gesangbücher und mit 200 Thaler Strafe bedroht, wenn sie nicht des Gesangbuchdruckes sich gänzlich enthielten. Die Königliche Regierung berichtete zu Gunsten des *Behle* nach Berlin. In dieser Noth war es der gerechte Sinn des Königs *Friedrich Wilhelms I.*, an den unsere Vorfahren sich bittend gewendet hatten, der eine Entscheidung traf, mit der alle Parteien schliesslich wohl zufrieden sein konnten. Der König antwortet auf den Bericht der Regierung an diese:

„Wir haben aus eurer alleruntertänigsten Relation vom 12. dieses ersehen, was ihr wegen der von dem dortigen Buchbinder *Behle* wider die Buchdruckern *Müller* und *Faber*, zu druckenden Magdeburgischen Gesangbuchs halber, geführten Beschwerden berichtet und solcherhalb en faveur des *Behlen* umständlich angeführet. Wenn wir euch aber bereits unter dem 18. Nov. a. cr. in dieser Sache beschieden, dass nemlich der Buchbinder *Behle* sein Privilegium in Druckung eines Gesangbuchs continuiren könne, denen dortigen Buchdruckern *Müller* und *Faber* aber der Druck und Verlegung des Gesangbuchs gleichfalls accodiret sein und dieselben bey dem erhaltenen Privilegio geschützet werden sollen, Wir es auch

32

dabey lediglich bewenden lassen; Als habt ihr
euch danach zu achten und die ad instantiam
des *Behlen* wider die Buchdruckern *Müller* und
Faber ergangenen Mandata poenalia wieder
aufzuheben und den *Behlen* zur Ruhe zu
weisen. Daran geschiehet Unser Wille, und bleiben
euch übrigens mit Gnaden gewogen. Gegeben zu
Berlin den 1. Dec. 1731. *Fr. Wilhelm.*"

Hiermit war der Sieg für uns im Grossen und Ganzen
gewonnen. Was jetzt noch folgte, waren nur noch kleine
Plänkeleien. Es ist nicht das einzige Mal geblieben, dass die
Gerechtigkeit der Hohenzollern uns gegen Gewaltmassregeln
geschützt hat.

Interessant ist es, zu sehen, wie die für das Recht der
Veranstaltung neuer Auflagen des Gesangbuchs festgesetzte
Summe anfänglich in die Armenkasse, dann aber, unter
Friedrich Wilhelm I., in die Rekrutenkasse hat abgeführt
werden müssen.

Superintendent *Fischer* schreibt gegen Ende seines Auf-
satzes: „So sehen wir denn nach einem fast hundertjährigen
Kampf das Magdeburgische Gesangbuch in den vormals *Müller-*
schen Verlag, dem es ursprünglich angehörte und der sein
Anrecht daran der Familie *Behle* gegenüber mit seltener Zähigkeit und mit nicht immer ganz lauteren Mitteln festgehalten,
zurückkehren." Wenn der Verfasser hier von „unlauteren Mitteln"
spricht, so steht er, wie auch an anderen Stellen seiner Arbeit,
zu sehr auf Seiten der *Behles.* Er selbst erkennt an, dass das
Recht auf das Gesangbuch ursprünglich uns gehörte, aber er
zieht nicht den Schluss, dass es ein Unrecht und eine Gewalt-
that war, dies Recht ohne Weiteres dem *Joh. Dan. Müller* fort
zu nehmen, und dass unseren Vorfahren danach wohl zustand,

33   3

diesem schweren Unrecht gegenüber mit allen Mitteln — unlautere sind uns dabei nicht bekannt — anzukämpfen.

Auch in der zweiten Hälfte des jetzt laufenden Jahrhunderts ist uns das Gesangbuch für Magdeburg in ähnlicher Weise fortgenommen worden, und heute noch — und schon seit zwanzig Jahren — haben wir nach anderer Seite dagegen zu kämpfen, dass man uns nicht auch ausserhalb Magdeburgs den Vertrieb unseres mehr als dreihundert Jahre alten Gesangbuchs unterbindet. Wir erwähnen dies schon hier im Zusammenhang mit den alten Kämpfen, weil wir die Zeit noch nicht für gekommen erachten, eine ausführliche Darstellung dieser neuen Vorgänge zu geben. Wir sammeln das Material, damit, wenn die Zeit gekommen ist, in der man eine solche Darstellung nicht mehr mit dem Verdachte lesen wird, dass sie durch Missgunst dictirt sei, man erkennen möge, wie ähnlich in den Motiven die beiden Angriffe gegen uns sich sind, trotzdem die Concurrenz damals von einem Buchbinder, heute von einer Synode ausgeht. Doch nun zurück zu *Johann Daniel Müller.*

Er hat die Huldigung unserer Vaterstadt vor dem Grossen Kurfürsten im Jahre 1680 und auch die Erhebung Preussens zum Königreich und die Krönung des Kurfürsten *Friedrich Wilhelm* zum König *Friedrich I.* miterlebt.

So sehr er und seine Nachkommen der Wandlung der Dinge zustimmten und dem grossen Herrscherhause der Hohenzollern unbedingt ergeben waren, so klingt doch aus seinen früheren Eingaben immer noch hie und da der alte magdeburger Geist heraus, der einen machtvollen Herrscher, der auch in Einzelheiten des Verkehrs regelnd einzudringen trachtete, dicht über sich zu haben nicht gewohnt war. Superintendent *Fischer* macht in seinem oben angezogenen Aufsatz auch schon auf die „Magdeburgische Unerschrockenheit" aufmerksam, mit der *Johann*

34

Daniel Müller in seinen Repliken antwortete. So schreibt *Johann Daniel* u. A., als ihm vorgeworfen wird, dass er ohne Genehmigung des Geistlichen Ministerii aus dem *Behle*'schen Gesangbuch Lieder in das seine übernommen habe, das Folgende: „Da Herr *Böhle* aber solche (Lieder) vorhero schon unter Genehmhaltung des Ministerii seinem Gesangbuch mit einverleibet, so habe ich um so weniger nöthig gehabt, dieselbigen noch einst der Censur zu übergeben. Ob aber Rever. Minist. Erbcontracte aufstellen, gewisse Privilegia jemand verleihen, auch bei nicht erfolgtem Gehorsam an jemand anders überlassen könne, das ist mir zu hoch und kann mirs nicht einbilden, gestehe aber doch gern und frei, dass ich mir durch ihre Contracte nichts nachtheiliges aufbürden lasse, zumahlen ich sowohl als andere meine bürgerlichen onera abtragen muss."

In seinem bereits 1698 oder 1699 begonnenen, 1701 aber erst vollendeten grossen Werke: „Magnificentia Parthenopolitana: Das ist der Ur-alten Welt- und berühmten Haupt- und Handels Stadt Magdeburg sonderbare Herrlichkeit", hat er eine mehrere Bogen starke Beschreibung der Feierlichkeiten angehängt, welche zu Ehren der Krönung *Friedrich I.* Königs in Preussen, in Magdeburg veranstaltet sind. Durch zweihundert kleine Kupferstiche sind die hauptsächlichsten Transparente wiedergegeben, die der grossen Illumination damals den höchsten Glanz verliehen.

Im Jahre 1704 am 23. December erhält er ein Privilegium zur Herausgabe des Orbis picti Comeni, eines Schulbuches. Es tritt uns hier zuerst die Forderung und Verpflichtung entgegen, von den gedruckten und verlegten Büchern Exemplare (hier 8 Stück) an die Bibliothek in Berlin und an die Lehns-Canzlei zu liefern. Gleichzeitig hören wir hier — in dem

Bericht, den der Magistrat über die Angelegenheit erstatten muss — „es sei von Alters her Verfassung der Stadt gewesen, dass, was Theologica bey dem Seniore Ministerij, Juridica et Politica von dem Syndico, Philologia aber von dem Rectore Gymnasii, ehe sie zum Druck gekommen, censiret worden." Mit der Censur ist die Regierung sehr einverstanden, bittet aber, anordnen zu wollen, dass alles was *Müller* Wichtiges in Theologicis, Juridicis et politicis drucke, er nach Halle an die Regierung zur Censur einzusenden habe. Auch sein Privileg solle er nach dort einliefern. So ganz leicht und glatt sind ja alle diese Neuerungen nicht durchzuführen gewesen, denn wir stossen von Zeit zu Zeit immer wieder auf Klagen der Behörden, dass die Drucker und Verleger diesen Verpflichtungen gar nicht, oder nur lässig nachkämen.

1710 lässt *J. D. Müller* sein Privileg, wonach nur er und sein Sohn *Andreas*, neben ihnen aber keiner in Magdeburg drucken dürfe, auf fünf Jahre verlängern. 1711 bittet er, der König möge dem Mannheimer Stadtrath zu Magdeburg und ebenso dem Hofrath und Möllenvogt *Dr. Dürrfeld* verbieten, Drucker anzunehmen. Es möchte vielmehr nur ihm und seinem Sohne und dem in der Neustadt Magdeburg privilegirten Buchdrucker *(Christian Lebrecht Faber* seit 1709) gestattet sein, hier Druckarbeiten zu liefern. Dies Gesuch hat ihm nichts genützt. *Johann Daniel Müller* hatte selbst geholfen, sein Privileg zu durchlöchern, indem er 1694 seinem Stiefsohn *Johann Röber* Schriften gab und ihm gestattete, eine Druckerei anzulegen. *Röber* sollte, des Privilegiums wegen, nicht in seinem, sondern unter dem *Müller*'schen Namen drucken. Nach Rector *Walther* hat sich *Röber* aber daran nicht immer gekehrt und, trotzdem ihm *J. D. Müller* viel Arbeit zukommen liess, häufig auch unter seinem Namen gedruckt. Diese Buchdruckerei

Röbers kaufte nun 1711 ein früherer Gehülfe *J. D. Müllers*, *Johann Siegler*, und liess sich, um durch das *Müller'sche* Privileg nicht gestört zu werden, von dem Mannheimer oder Pfälzer-Colonie-Magistrat, der eine vom Magdeburger Rath unabhängige Jurisdiction besass, ein Privilegium geben.

1713 im Frühjahr erbittet und erhält *Müller* ein Königliches Privileg für den Druck und Verlag von **Johann Spangenbergs** Postille. Das diese Sache betreffende Schreiben an den damaligen Regierungs-Präsidenten, wenn es gestattet ist, diesen Titel für jene Zeit zu verwenden, ist für uns von Interesse, weshalb wir es nach den Acten des Königlichen Provinzial-Archivs hier folgen lassen:

2. Juny 1713. Euer Excellenz und Herr wollen aus dem Beischlusse des mehreren zuersehen geruhen, was Se. Königliche Majestät in Preussen, auf meine alleruntertänigste Supplicas pro impetrando privilegio über *Johann Spangenbergs* Postille, ingleichen das Neue Testament, welche Beyde Bücher ich aufzulegen und drucken zu lassen resolviret, unterm 30. Martij allergnädigst verordnet.

Wie nun es an dem, dass die *Spangenberg'sche* Postille ein Verlag von meinen Vor-Eltern gewesen, und von denenselben allschon in anno 1543, 1565 und 1606 gedrucket worden, durch den 30jährigen Krieg aber diese umb das ihrige gekommen, und daher aussertätige in Nürnberg, Lüneburg, Hamburg, Staade, Brehmen, Rinteln, Marpurg und Frankfurth diss Buch nachdrucken zu lassen Anlass genommen, Hierzu auch kommt, dass ich unter Berührte Postille in einem anderen Formatu, und ausser diesem noch dazu Seel. *Spangenbergs* Leben und Schriften, ingleichen

37

aber desselben fünfzehn Leich- und Todes-Betrachtungen, dann Bey jeder Predigt ein von *Johann Gottfried Länking* Ober Pfarrer zu Gröningen, gefertigtes Gebett Bringen lassen wil, dergleichen dann bey vorigen editionen nicht befindlich, so viel aber das Neue Testament betrifft, zu diesen eine real- und verbal-Concordanz, oder Register der wichtigsten Sachen und Wörter, ingleichen *D. Lassenii*, gewesenen Predigers in Coppenhagen Gebett- ferner ein Gesang-Buch gebracht werden soll, dergleichen edition aber noch niemahls zum Vorschein gekommen.

Also Bitte gehorsamster Ew. Excellenz und Herr geruhen hochgeneigt, Bey Sr. Königl. Majestät vermittelst dero zuerstattenden ohnmassgeblichen Gutachtens, mir dergestalt zustatten zu kommen, dass das gesuchte privilegium erhalten möge; Umb so viel mehr, da aus angezogenen Ursachen Niemand von anderen, mehrtheils auswärtige, hierdurch gekränket wird, überdem Principi privilegia zu extendiren, auch zu limitiren jederzeit frey bleiben muss; In welcher Hoffnung ich Beharre

Euer Excellenz und Herr

gehorsamster

Johann Daniel Müller.

Aus diesem Schreiben geht zunächst wieder hervor, wie schnell in jener Zeit von allerhöchster Stelle die Antworten auf Gesuche und dergl. erfolgten. Die Eingabe *J. D. Müllers* an Se. Majestät datirt vom 21. März 1713. Nach vorstehendem Briefe war darauf bereits unterm 30. März die Verordnung erfolgt. Es ist uns bei unserer Beschäftigung mit den betreffenden Actenstücken dieser schnelle Geschäftsgang in damaliger Zeit

38

häufig aufgefallen. Dass *J. D. Müller* im Laufe der Jahre gelernt hatte, etwas höfischer als anfänglich seine Gesuche abzufassen, zeigt dieser Brief recht deutlich, wie er auch erkennen lässt, dass *J. D. Müller* an Unternehmungslust und Arbeitskraft noch nichts eingebüsst hatte und fortgesetzt bestrebt blieb, seinen Verlag, namentlich in Erbauungsschriften, auszudehnen. Am meisten aber interessirt uns die Erklärung, dass die *Spangenberg*'sche Postille ursprünglich ein Verlag seiner Vorfahren gewesen und von diesen mehrfach u. a. schon 1543 aufgelegt worden sei. Wir haben diesen Theil des Briefes bereits auf Seite 8 näher betrachtet.

Wir müssen hier noch einmal kurz auf *Betzels* Zerbster Buchdruckerei zurückkommen.

Die Anhalter Fürsten hatten zunächst und bis 1580 meist in Wittenberg drucken lassen. Als sie dann mehr dem reformirten Bekenntniss zuneigten, gründeten sie in Zerbst und zwar 1582 das „Gymnasium illustre“, eine mit theologischer Facultät ausgestattete Universität und fügten dieser eine Universitäts-Buchdruckerei an.[1] Der erste Universitäts-Buchdrucker, zugleich der erste Buchdrucker Anhalts überhaupt, war *Bonaventur Faber*. In seinem Zeichen führte er die Taube mit dem Oelzweig. Als *Andreas Betzel* von Magdeburg nach Zerbst zurückkam, verkaufte ihm das Gymnasium die Universitäts-Buchdruckerei. Nach *Betzels* Tode 1655 ging sein Geschäft nicht gleich in die Hände seines Sohnes über. Mag dieser damals noch zu jung gewesen sein, oder mögen andere Verhältnisse die sofortige Uebernahme unmöglich gemacht haben, jedenfalls wurde die Buchdruckerei zunächst an *Joachim Palm* verkauft. Von diesem erstand dann erst

---

[1] Die Darstellung dieser Verhältnisse erfolgt in der Hauptsache nach Prof. *Kindscher* „Geschichte des hochfürstlich Anhalt. acad. Gesammt-Gymnasiums“ (Zerbster Gymnasialprogramm 1668) und nach Mittheilungen des Archivars *Dr. Neubauer*-Zerbst.

Johann Ernst Betzel, der Sohn von *Andreas*, 1671 das väterliche Geschäft für 250 Gulden. Im Jahre 1705 aber kaufte *Johann Daniel Müller* für 215 Thaler die Buchdruckerei von *Johann Ernst Betzel*. Zwischen dem Gymnasium und der Buchdruckerei hat noch längere Zeit eine intimere Verbindung bestanden, was schon aus dem Umstande hervorgeht, dass *Betzels* Sohn noch freie Wohnung im Gymnasium hatte.

Johann Daniel Müller wurde in Zerbst „Hofbuchdrucker", behielt aber die Druckerei nicht lange in eigener Verwaltung, sondern trat sie 1712 an *Wilhelm Andreas Meyer* ab, der eine seiner Stieftöchter, eine geborene *Röber*, geheirathet hatte.

Gegen das Ende seines Lebens tritt *J. D. Müller* weniger hervor. Er ist zwar an den Streitigkeiten, die, wie vorerwähnt, um das Gesangbuch und, wie weiter noch zu erwähnen sein wird, wegen der Buchdruckerei-Gerechtsame geführt wurden, noch betheiligt, die Führung aber, namentlich in letzterer Angelegenheit, hat hier mehr sein Sohn *Andreas Müller* und dessen Schwiegersohn *Gabriel Gotthilf Faber*. Wir werden daher die Schilderung der zuletzt erwähnten Kämpfe im nächsten Absatz behandeln.

Johann Daniel Müller starb am 8. December 1726. Einen Theil seiner Druckerei hinterliess er seiner Wittwe, die damit bis 1734 in geringem Umfange arbeitete. Von 1734—1736 ruhte diese Druckerei ganz und ging im letztgenannten Jahre durch Kauf an den Buchdrucker *Gottfried Vetter* über. Den Grundstock des Geschäfts und das alte Geschäftshaus zum Goldenen ABC erhielt aber der Sohn *Johann Daniel Müllers*, *Andreas Müller*.

Johann Daniel Müller hat, wie wir bereits erwähnten, 56 Jahre lang sein Geschäft geführt. Durch Fleiss und Umsicht scheint er es, wenn auch nicht zu Reichthum, so doch zu einer gewissen Wohlhabenheit gebracht zu haben. Ueber ihn sagt in dieser Beziehung ein anderer Buchdrucker in einer Eingabe an die Königliche Regierung[1]) zu Anfang des vorigen Jahrhunderts, dass: „1) Dieser *Müller* nicht allein so viele profitable Arbeit hat, dass sein Sohn[2]) ihm nicht einmahl hinlänglich assistiren kann, sondern er zu Wittenberg, Zerbst und anderen ausländischen Orthen, solche anfertigen lassen muss, 2) ein eigenes Brau - Hauss besitzet, 3) Brauer-Innungs-Meister, Ausschuss-Verwandter und E. E. Raths - Buchdrucker ist und überdieses alle Commissariats- und Landschaftliche Arbeiten an sich gebracht, von welcher er en particulier guten Nutzen zieht."

Dass Jemand „im Ausland", z. B. in Zerbst, arbeiten liess, das war ein Umstand, der damals vielfach von Concurrenten, die ins Geschäft wollten, gegen den schon darin Befindlichen, bei der Regierung ins Feld geführt wurde. Die erwähnten „Commissariats-Arbeiten" waren solche, die, während die Landesregierung noch in Halle ihren Sitz hatte, für deren in Magdeburg eingerichtete Unterabtheilung geliefert wurden. Diese Arbeiten umfassten namentlich Accise- und sonstige Steuersachen. Rector *Walther* führt als Hauptwerke, die *Johann Daniel Müller* gedruckt und verlegt habe, an: *Gegenbachs* Magdeburger Historie, Vulpii Magnificentia Parthenopolitana, *Büntings* Itinerarium mit *Leucfelds* Noten, ein grosses Werk in Folio, das auch die *Kirchners* bereits gedruckt und verlegt hatten. Mit dieser Aufzählung sind aber die Arbeiten *J. D. Müllers* natürlich nicht annähernd erschöpft. So wissen wir, dass er auch eine Concordanz-Bibel, sowie das Neue Testament mit Noten etc. gedruckt hat. Ausserdem druckte er eine Bilderfibel, die auch von seinen Nachfolgern noch lange verlegt worden ist. Auch diese Fibel wurde später den *Müller-*

---

[1]) Königl. Prov. Arch. Landesregierung Tit. X B. Bd. 65 Bl. 15.

[2]) Gemeint ist die 1697 eröffnete Buchdruckerei seines Sohnes *Andreas Müller.*

41

Fabers streitig gemacht. Den zweifarbigen Titel-Holzschnitt dieser
Fibel, nebst vielen anderen für dieses Buch benutzten Holzschnitten haben wir noch in unserem Archiv. Wir glauben, dass
dieser Titel auch anderweit Interesse erregen wird und drucken ihn
deshalb hierunter ab. An der Spitze von *Walthers* Aufzeichnungen
stehen die „Wöchentlichen Zeitungen". Auf diese sind wir vorstehend gar nicht eingegangen, werden aber Gelegenheit haben,
auf den nächsten Seiten darauf zurückzukommen.

ANDREAS MÜLLER
1697—1737.

Am 1. August 1677 wurde *Andreas Müller* zu Magdeburg geboren. Seine Erziehung wird die der damaligen Zeit, und da er der Nachfolger seines Vaters werden sollte, auch mit Rücksicht auf seinen künftigen Beruf eingerichtet gewesen sein. Indessen schien es einmal, als wollte *Andreas* der Handtierung seiner Familie untreu werden; als ganz junger Mensch ging er unter die Soldaten. Rector *Walther* sagt über ihn: „Er versuchte es erst im Kriege, weil er aber bey seinem Vater die Kunst gelernet hatte: so gab dieser ihm einige Schriften und trat ihm die Zeitungen ab." Dies war im Jahre 1697, es ist ihm das Kriegshandwerk also recht bald verleidet worden.

Wie bei seinem Schwiegersohne *Röber*, dem er 1694 Schriften gegeben und zu drucken gestattet hatte, verlangte *Johann Daniel Müller* auch von seinem Sohne *Andreas*, dass er des Privilegiums wegen nicht unter eigenem Namen, sondern mit der Formel: „Gedruckt mit *Müller*'schen Schriften" seine Arbeiten versehe. *Andreas Müller* druckte übrigens nicht nur die Zeitungen,

43

sondern nahm auch sonst an den Arbeiten seines Vaters regen Antheil, war es doch im Grunde nur ein Geschäft, das vorübergehend getheilt und unter zwei, nach aussen hin selbständige Principale gestellt war.

Wir haben vorhin schon angeführt, dass *Joh. Dan. Müller* das ihm 1691 ertheilte Privilegium auch auf seinen 'Sohn *Andreas* ausdehnen liess „ wir haben aber zugleich gezeigt, dass trotzdem sich die Druckereien hier mehrten. Dies war nur möglich, weil Magdeburg nicht ein einheitliches Ganzes bildete und nicht von einem Magistrate verwaltet wurde. So entstand 1709 eine Buchdruckerei in der Neustadt (*Christian Lebrecht Faber*), die dann 1722 auf Empfehlung des Möllenvogts, mit Königl. Privileg versehen, in das Neue-Markt-Viertel Magdeburgs, als auch vom Magistrate der Altstadt unabhängig, verlegt werden konnte; so entstand weiter 1711 die Pfälzer-Colonie-Druckerei des *Johann Siegler*. Wenige Jahre darauf sollte eine fernere Vermehrung der Buchdruckereien eintreten, und zwar eine solche, die nach den vielen und langwierigen Streitigkeiten, die durch sie hervorgerufen wurden, sämmtlichen übrigen Magdeburger Druckern höchst unbequem gewesen zu sein scheint. Im Königl. Provinzial-Archiv zu Magdeburg ist ein sehr starker Band mit den Acten über diese Streitigkeiten angefüllt (Land.-Reg. Tit. X B. Bd. 52).

Wir müssen auf diese neue Druckerei und auf die durch sie hervorgerufenen Misshelligkeiten etwas näher eingehen. In der ersten Zeit, nachdem das Herzogthum und die Stadt Magdeburg von Brandenburg in Besitz genommen worden war, hatte die Regierung dieses Landes ihren Sitz in Halle a. S. Dort hatte sich ein Buchdrucker, *Johann Christian Saalfeldt,* ein Privilegium zu verschaffen gewusst, wonach alle von der damaligen Hallenser Regierung für das Herzogthum Magdeburg zu erlassende und durch Druck zu veröffentlichende Edicta, Patente etc. ausschliesslich durch ihn hergestellt werden sollten. Im Jahre 1714 wurde eine Reorganisation der Verwaltung des Herzogthums Magdeburg durchgeführt und hierbei auch der Sitz der Landesregierung von Halle nach Magdeburg verlegt.

Im September jenes Jahres nun beantragte die Wittwe *Saalfeldt*, auf die nach dem Tode ihres Mannes dessen Privilegium übertragen worden war, bei der Regierung, es möchte ihr gestattet werden, ihre Buchdruckerei zu theilen. Sie selbst wolle mit einem Theile in Halle verbleiben, den anderen Theil aber, unter Leitung ihres Factors *Nicolaus Günther*, mit der Regierung nach Magdeburg ziehen lassen, damit sie auch dort die Arbeiten für die Regierung weiter liefern könne. Diesem Ansuchen wurde entsprochen und so sahen die Magdeburger Buchdrucker, trotz ihrer Privilegien, plötzlich eine neue Buchdruckerei und noch dazu unter dem Titel „Hof- und Regierungsdruckerei" in Magdeburg sich aufthun. Wir wollen hier gleich vorweg bemerken, dass diese Errichtung der *Saalfeldt'*schen Buchdruckerei in Magdeburg nicht nur gegen die Privilegien der Magdeburger Buchdrucker, namentlich der *Müller'*schen Familie, verstiess, sondern auch nicht im Einklang stand mit dem Privilegium der *Saalfeldts* selbst. Als endlich der Streit zur allerhöchsten Entscheidung kam, wurde zwar, wie wir sehen werden, dieses Factum anerkannt, einzelne Härten auch gemildert, die Druckerei selbst aber blieb bestehen.

In der Zeit, da die Verwaltung ihren Hauptsitz noch in Halle hatte, war in Magdeburg ein Commissariat, namentlich für Accise- und Steuersachen und dergleichen eingesetzt gewesen. Die umfangreichen Arbeiten dieser Behörde hatten zum grössten Theil die *Müller*, Vater und Sohn, zu besorgen. Der *Saalfeldt'*sche Factor war kaum warm in Magdeburg geworden, als er auch schon begann, die Regierung, unter Berufung auf das *Saalfeldt'*sche Privilegium, zu bestürmen, auch jene Arbeiten für die Steuer- und Finanzverwaltung ihm zu übertragen. Sobald die *Müller* von diesem Vorgehen Kenntniss erhalten hatten, wendeten sie sich an die hiesige Regierung und an den König, wiesen nach, dass sie und ihre Voreltern diese Arbeiten stets ausgeführt hätten und baten um Schutz. Die darauf ergehende Resolution des Königs besagt: „Da das Gesuch des *Joh. Christ. Saalfeldt* dahin geht, eine Nahrung, so er bisher nicht gehabt, an sich zu bringen, und diejenigen, so sie bishero genossen, solche zu entziehen; So kann diesem wider die Billigkeit Lauffenden Suchen nicht deferirt werden, sondern er muss sich mit dem, was er gehabt, und wobey er in Einträchtigkeit gelassen wird, Begnügen, und dem Buchdrucker *Müller* auch dasjenige gönnen, was er bishero ohne widerrede genossen, und wovon er seine Subsistence haben muss. (Berlin 16. Martij 1715)."

Wir haben früher darauf hingewiesen, dass unsere Vorfahren mehrfach durch die Gerechtigkeit ihrer Könige in ihrem Recht und Besitz geschützt worden seien. Auch diese Resolution legt dafür wieder Zeugniss ab.

Trotz der Entscheidung des Königs liess die *Saalfeldt'*sche Buchdruckerei nicht nach in ihrem Streben, alle Arbeiten der verschiedenen Regierungsbehörden an sich zu ziehen. Wir werden sehen, dass sie dies that, weil sie bei der Magdeburger Regierung weitestgehende Unterstützung fand. Nun war aber neben der Regierung noch ein anderes, jener mindestens coordinirtes Collegium in Magdeburg vorhanden, die Königliche Kriegs- und Domainen-Kammer. Diese Behörde vertrat einen gerechteren, unserer Auffassung nach freieren Standpunkt, war Stütze der übrigen Magdeburger Drucker, namentlich unserer

46

Vorfahren, und kam durch diese Stellungnahme in einen, durch mehrere Jahre sich hinziehenden Conflict mit der Königlichen Regierung.

In Folge der erneuten Bemühungen der *Saalfeldts* richtete *Andreas Müller* am 26. Januar 1717 ein Gesuch nach Berlin, ihm die Druckarbeiten für die Magdeburger Kammer in Steuersachen etc. zu belassen. Seine Ausführungen werfen manches interessante Streiflicht auf die in Frage stehende Angelegenheit, darüber hinaus aber auch noch auf sonstige Verhältnisse jener Zeit. Es heisst da u. a., die *Saalfeldt*'sche Wittwe habe in Magdeburg nur einen Gesellen (den Factor *Nicolaus Günther*), der, da er nicht Magdeburger Bürger sei, auch keine onera publica der Stadt trüge. Ebenso zahle auch die Wittwe *Saalfeldt* selbst, da sie in Halle wohne, hier keine Steuern für ihr Geschäft. Auf diese Eingabe kommt unterm 2. Februar 1717 ein Befehl an die Regierung, die Eingabe *Müllers* zu überlegen und darüber zu berichten. Die Regierung steht auf Seite des „Regierungs-Buchdruckers" und bittet, *Müller* abzuweisen. *Saalfeldt* ist nun oben auf und beantragt in folgendem Falle Bestrafung *Andreas Müllers*. Dieser hatte nämlich einmal gedruckt:

1. Texte so an den Viertel-Jährigen Busstagen des 1720ten Jahres im Herzogthum Magdeburg zu erklären.
2. Königliche Preussische Erneuerte Verordnung | wegen der Studirenden Jugend | auf Schulen und Universitäten wie auch bei Canditorum Ministerii. Sub Dato 30. Sept. Anno 1718.

Darauf lange Klagen des *Saalfeldt*'schen Factors und dementsprechend Verordnung der Regierung an die *Müller*, besonders aber den Sohn, sich bei 50 Thl. Strafe aller Eingriffe in die Rechte des Regierungs-Buchdruckers zu enthalten. Auch sollten die *Müller* binnen acht Tagen an die hiesige Regierung ein Verzeichniss dessen einreichen, was sie seither von Seiner Majestät Sachen gegen das *Saalfeldt'sche* Privileg laufend gedruckt hätten. Das Verzeichniss soll in Bezug auf seine Zuverlässigkeit eidlich erhärtet werden können. Dabei behauptet die Regierung, die Bestimmungen des *Saalfeldt'schen* Privilegiums, dass alle im Herzogthum Magdeburg zu druckenden Edicta, Patente und Verordnungen nur von der *Saalfeldt'schen* Regierungsdruckerei in Druck befördert werden dürften, hätten auch Rechtskraft nach der Neuordnung der Verwaltung und deren Uebersiedelung nach Magdeburg behalten.

Es ist nicht zu verwundern, dass bei solcher Unterstützung durch die Regierung die *Saalfeldts* von Neuem versuchten, alle Arbeit an sich zu ziehen, die von irgend einer königlichen Behörde vergeben wurde.

Hier aber mischt sich endlich die Königliche Kriegs- und Domainen-Kammer in die Sache. Diese verfügt, da das *Saalfeldt'sche* Privileg sich nur erstrecke auf diejenigen Edicta und Sachen, welche von der Königlichen Regierung und in Cameralibus von der Kriegs- und Domainen-Kammer publicirt und gedruckt werden müssten, so seien alle übrigen Arbeiten, als nicht unter das Privileg fallend, frei.

Nachdem nun die Kriegs- und Domainen-Kammer einmal zur Sache Stellung genommen hatte, konnte ja der Conflict zwischen ihr und der andersdenkenden Regierung nicht ausbleiben. Den ersten Anlass dazu gab folgender Fall. *Andreas Müller* hatte im Auftrage der Kammer 1400 Stück eines Patents gedruckt, das über eine neue Convention zwischen Preussen und dem König von Polen Majestät und Kurfürsten zu Sachsen Durchlaucht, wegen der Desertirenden und anderer dahin gehörender Sachen, handelte.

48

Diese selbe Arbeit behauptete der *Saalfeldt'*sche Factor von der Regierung in Auftrag erhalten und gedruckt zu haben. Die Königliche Regierung vertritt die *Saalfeldts* und ersucht die Königliche Kammer um Bezahlung auch der von *Saalfeldt* gedruckten 1400 Stück. Darauf antwortet die Kammer, die fragliche Druckarbeit falle nicht unter das *Saalfeldt'*sche Privileg. Es sei eine militari Sache und gehöre zum vormaligen Commissariats-Departement. Ausserdem sei die Angelegenheit mit dem Privileg in einen ganz anderen Stand gekommen. Das beiliegende Königliche Rescript vom 30. Januar 1727 zeige, dass fernerhin alle vorkommende Regierungs-Arbeit unter den gesammten hiesigen Buchdruckern gleichmässig solle repartirt werden. Zum Schluss verwahrt sich die Kammer, fernerhin Buchdruckarbeiten doppelt zu bezahlen, da auch König-liche Majestät dergleichen nicht in Rechnung passiren lassen werde.

Wo gab es zu jener Zeit wohl einen zweiten Herrscher, der selbst darauf achtete, dass nicht irgendwo in seinem Lande 1400 Stück einer Drucksache doppelt bezahlt wurden?!

In dem von der Kammer angezogenen Rescript des Königs wird der Kammer befohlen, den *Saalfeldts* mitzutheilen, dass ihr Privileg eigentlich nur auf Halle eingerichtet und ihnen darin nur dasjenige zugesichert sei, was bei damaliger Kammer, nicht aber was beim Commissariat an Arbeit etwa zu vergeben sei. Majestät hält die *Saalfeldts* auch gar nicht für im Stande, alle das zu verrichten, was anizo an Arbeit zu vergeben sei. Sie hätten sich also mit dem zu „vergnügen", was die Kammer ihnen etwa zutheile.

Die Regierung behauptet der Kammer gegenüber, von diesem Rescripte nichts zu wissen; es sei ihr auch nicht vom Hofe befohlen, alle vorkommende Arbeit unter die Buchdrucker

Magdeburgs zu vertheilen. Sie wolle zwar nach wie vor
der Kammer die zu druckenden Sachen vorlegen lassen,
„jedoch mit der protestation, dass sie, so lange von Hofe
keine andere ordre bey ihr eingelaufen, solche keinem anderen,
als dem *Saalfeldt'schen* Factor geben werde". Die Kammer
antwortet darauf, ihr könne gleich sein, „ob Regierung sich
über die angeführten Acta aufzuhalten convenable halte", so
lange Regierung die Druckarbeiten ihr einsende, „um deren
Imprimirung und Bezahlung gehörig besorgen zu können, jedoch
mit der ausdrücklichen Reprotestation, dass hierunter nichts
anderes als was die Königl. allergnädigsten Ordres besagen
verfügt, sondern dem ausdrücklichen Inhalte derselben überall
der Königlichen Intention gemäss allergehorsamst nach-
gelebt werde."

Bei anderer Gelegenheit belegt die Regierung *Andreas
Müller* mit 50 Thl. Strafe, weil er eine von der Kammer ihm
übertragene Arbeit ausgeführt hatte. Die Kammer wies dieses
Vorgehen der Regierung energisch zurück und äusserte sich
dabei zugleich über das Streben der Regierung, die ganze Arbeit
nur Einem zu geben, sehr abfällig. Die Kammer sagt da u. A.,
„dieselbe (die Kammer nämlich) auch dem Königlichen Interesse
nicht zuträglich halten kann, dass alles und jedes einem allein
und privative, auch sogar dessen Erben zugeeignet werde,
sondern an Conservation so vieler Familien mehr gelegen
ist . . . ." Die Kammer will darüber an den König referiren,
„ersucht aber anbey die Königliche Regierung dienstfreundlich,
weilen nicht zu geringer Verkleinerung der Kriegs- und Domainen-
Kammer gereicht, wenn dieselbe an die Buchdrucker mandata
poenalia ergehen lässt, nichts von Edictis zu drucken, was
ihnen von der Cammer gegeben wird, Sie hierunter zu mena-
giren, und nicht dergleichen einseitige Verordnungen, welche

nur zu collisionen Anlass geben, ergehen zu lassen" etc. Dieser Streit der beiden Behörden wurde endlich durch Entscheidung des Königs vom 27. März 1733 dahin erledigt, dass die Regierung die mandata poenalia, die sie gegen *Andreas Müller* und *Christian Lebrecht Faber* erlassen, sofort aufzuheben habe und dass fernerhin die Buchdrucker-Privilegien-Sachen nicht mehr von der Regierung, „sondern von dem General-Ober-Finanz-Krieges- und Domainen-Directorio tractiret werden sollten." Es trat damit im Ganzen eine gerechtere Auslegung der Privilegien und eine sachgemässere Vertheilung der Arbeiten ein.

Wenn man, wie wir dies jetzt gethan, sich eingehender mit der Zeit beschäftigt, in welcher die Privilegien blühten, dann empfindet man es als ein Glück, nichts mehr mit Privilegien zu thun zu haben. Fortgesetzter, oft recht hässlicher Kampf der Privilegirten untereinander und der Nichtprivilegirten gegen jene, ist die Signatur der Zeit. Ein neidischer, kleinlicher Zug kommt in die Charaktere und der Blick wird eingeengt.

Es möge uns gestattet sein, mit wenigen Worten noch die Schicksale der *Saalfeldt*'schen Buchdruckerei bis gegen das Ende des vorigen Jahrhunderts zu verfolgen und von dort einen kurzen Blick auf die Gegenwart zu werfen. Im Jahre 1731 kaufte der bisherige Factor der *Saalfeldts* deren magdeburger Buchdruckerei für sich an. Es war dies der schon genannte *Nicolaus Günther*. Am 28. Januar 1732 erhielt er das von ihm erbetene Privileg, um das ja dann auch noch weitere Streitig-keiten entstanden. *Günther* wurde Hof- und Regierungsdrucker. Sein Geschäft ging mit dem Privileg und den Würden des Vaters auf den Sohn *Gottlieb Ehrenfried Günther* über. Am 3. Mai 1797 wird diesem das Privilegium erneuert und zugleich auf seine Tochter *Marie Charlotte Caroline Günther* und seinen früheren Factor, jetzigen Associé **Christian Jacob Haenel** ausgedehnt. Später ging das Geschäft in den alleinigen Besitz *Haenels* über. Noch heute befindet sich dieses im Besitz der *Haenel'schen* Familie, die am 3. Mai des laufenden 1897ten Jahres den Tag feiern kann, an dem vor hundert Jahren ihr Vorfahr als Theilhaber in das Geschäft eintrat. Wir gratuliren hiermit den heutigen Besitzern herzlichst und wünschen ihnen und ihrem alten Geschäft auch ferneres Gedeihen.

Kurze Zeit bevor *Günther* die *Snalfeldt'sche* Buchdruckerei kaufte, hatte sich *Andreas Müller* mit *Gabriel Gotthilf Faber* associirt. Es war dies im Jahre 1730. Gleichzeitig oder kurz darauf heirathet *Gabriel Gotthilf Faber* die älteste Tochter seines Associés, *Marie Catharine Müller*, die Ur-Ur-Grossmutter der heutigen Besitzer der *Faber'schen* Buchdruckerei. Von da ab tritt *Andreas Müller* bei der Geschäftsführung fast ganz zurück, so dass wir die letzten Jahre seiner Geschäftsthätigkeit, die mit seinem Leben endete, gemeinsam mit der Thätigkeit seines Schwiegersohnes betrachten können. *Andreas Müller* starb, nicht wie Rector *Walther* angiebt, 1738, sondern nach dem Kirchenbuch der Heiligen Geistkirche am 11. August 1737.

Das Müller'sche Insigne.

52

DIE ᔕ ABER.

Da wir die vorliegenden Zeilen nicht nur für uns schreiben aus Anlass der Feier des 250jährigen Bestehens unseres Geschäfts, sondern auch für unsere Nachkommen, als einen kurzen Abriss über die Schicksale eines Theils der Familie, so ist es wohl erlaubt, bevor wir auf *Gabriel Gotthilf Faber* selbst kommen, wenigstens auf seinen Vater und auf den seiner Brüder einen kurzen Blick zu werfen, der die Veranlassung war, dass *G. G. Faber* nach Magdeburg kam.

Der Vater *Gabriel Gotthilf Fabers* war der Diaconus an der Kirche zu Radeberg bei Dresden und Pfarrer im Filial Schönborn, Magister *Gabriel Fabri.* Das Amt in Radeberg, wo er zu wohnen hatte, und die Pfarre in Schönborn, wurde ihm am 16. April 1675 übertragen. Ein Blick in das Leben dieses unseres Vorfahren zeigt uns die traurigen Zustände seiner Zeit, in der die Leiden und Drangsale des 30jährigen Krieges und die Verwilderung, die in Folge dessen eingerissen waren, noch drückend sich fühlbar machten. Ein widerwilliges, aller Zucht entwöhntes Volk, eine Stadtobrigkeit, die theils aus Noth,[1] theils aus bösem Willen der Schule und Kirche versagte, was ihnen zustand, Besoldungsverhältnisse, die, selbst für jene Zeit traurig, noch trauriger dadurch wurden, dass weder die Stadt rechtzeitig zahlte, noch die Gemeindeglieder die Stolgebühren und Accidenzien, auf welche die Geistlichen doch dringend angewiesen waren, willig und regelmässig entrichteten.

Unseres Vorfahren Besoldung betrug jährlich 18 Thaler 20 Groschen in baar und dabei waren noch 3 Thlr. und 20 Gr. eingeschlossen, welche das Hospital Radebergs ihm als Hospitalgeistlichen zu zahlen hatte. An Accidenzien kamen dazu 6 Scheffel Korn und 1 Scheffel Hafer aus Schönborn. Auch dies Wenige ging, wie gesagt, oft genug nicht ein und Hülfe war schwer zu erlangen. Der kurfürstliche Amtmann konnte nicht helfen, denn die Jurisdiction stand dem Rathe der Stadt zu; im Rathe aber sassen fast immer einige von den säumigen Schuldnern der Geistlichen, daher dieser dann meist wenig Lust zeigte, „sich desswegen gross zu bemühen, noch dazu behilflich zu sein“. So kommt es, dass die Geistlichkeit fast unausgesetzt im Streite liegt mit dem Rathe der Stadt, auch wohl mit einzelnen Gliedern der Gemeinde und — was das Böseste war — auch untereinander.

Verheirathet war *Gabriel Fabri* mit *Auguste Katharine*, des Pastors M. *Andreas Lohmann* in Appollensdorf bei Wittenberg Tochter, die am 13. September 1656 geboren war. Magister

---

[1] Der Rath der Stadt Radeberg hatte, als die Reformation eingeführt wurde, sofort die Kirchenäcker eingezogen und für sich verkauft. Trotzdem die Visitations-Commission 1575 die Wiederherbeischaffung der Aecker anordnete, blieb es beim alten. So musste denn ein grosser Theil der Besoldung durch laufende Abgaben, Stammschocke u. s. w. aufgebracht werden. Die Folge war schlechte Besoldung und Zank und Streit.

Lohmann muss ein an der Wittenberger Hochschule sehr angesehener Mann gewesen sein, wie aus dem Verkehr und der Betheiligung an Taufen etc. in seinem Hause von Seiten der einflussreichsten Personen der Universität hervorgeht. So war ein Pathe der oben genannten *Auguste Katharine Lohmann* der berühmte Generalsuperintendent, Prof. Prim. und nachmaliger Senior der theologischen Facultät D. *Abraham Calovius*.

Aus dieser Ehe sollen nach alter Tradition zwölf Kinder entsprossen sein. Nach den Aufzeichnungen der Radeberger Kirchenbücher betrug die Zahl jedoch nur zehn. Zehn Kinder aufzuziehen und dabei 18 Thl. 20 Groschen, sowie 6 Scheffel Korn und 1 Scheffel Hafer das Jahr, das muss schon in jener Zeit ein schwer Stück Arbeit gewesen sein.

Dazu kam, dass die Amtswohnung, die dem Diaconus zugewiesen war, in baufälligstem Zustand sich befand. Durch das Dach träufelte der Regen und drang in Stuben und Kammern, der Sturmwind fuhr durch die desolaten Mauern des Hauses und löschte die Leuchte. So ertönen denn häufig die Klagen *Gabriel Fabris:* Noth und Mangel herrsche daheim und er wüsste nicht, wie er und die armen Seinigen, wenn Gott das Leben fristete, den Winter in der Wohnung dauern sollten. Dann geschah wohl hie und da ein klein wenig, im Ganzen aber blieb es beim Alten.

Interessant, auch manchmal ein helles Schlaglicht auf die socialen Zustände jener Zeit werfend, sind die kürzeren oder längeren Anmerkungen, die *Gabriel Fabri* in den Tauf- und Sterberegistern seiner Pfarre Schönborn hie und da den amtlichen Eintragungen angehängt hat. So bemerkt er, dass, als am 10. Januar 1689 Abends „ohne einzige gemachte Richtigkeit seines Weibes, welche mit ledigen Händen aus dem Gute musste" *Clemens Dressler* Bauersmann und Gerichtsschöppe in Schönborn

55

starb, er für Leichenpredigt und Abdankung in lauter „Dreiern"
bezahlt sei. Der Mann starb — vermuthlich ohne Kinder —, für
die Frau war keine „Richtigkeit" gemacht und die Erben
jagten sie mit leeren Händen vom Hofe. — Da hat er einen
Schulmeister von Seifersdorf aus Gutmüthigkeit in Schönborn
aufgeboten. Dahinter steht: vivat feliciter, hat sich trotzig und
undankbar benommen.

Einen Fall aus dem Anfang seiner Schönborner Thätigkeit
erzählt er ausführlicher. Er begräbt 1675 am 25. December gratis
das zweiundeinhalbjährige Kind einer Frau *von Kottwittz*. Die alte
Adelsfamilie besass ein ansehnliches Gut zu Soldin in der Mark:
Da zerstörte eine Feuersbrunst das ganze Besitzthum, die Familie
ist mit einem Schlage verarmt und die Frau *von Kottwittz* muss
zum Bettelstabe greifen und ins Exil wandern. So kommt sie in
Schnee und Eis nach Schönborn, der gutherzige Schulmeister
nimmt sie auf, das Kind stirbt und der Pfarrer muss es gratis
beerdigen. —

Mit einem heiteren Bilde wollen wir schliessen. Er
traute *Hans Vohls*, einen grossen Bauern, mit einer Gärtners-
tochter Jungfrau *Marie Glirmin* aus Schönborn. Da schreibt der
Pfarrer an den Rand des Trauregisters: „Dies ist das erste
Exempel meines Predigtamts, dass ein armes Mägdlein in ein
grosses Gut ist kommen. Deus benedicat."

Heute läuft auch noch häufig Geld dem Gelde nach.
Gabriel Fabri starb im Frühjahr des Jahres 1700. In der
Berufung seines Nachfolgers zur Probepredigt vom 3. Mai 1700
wird er als „jüngst verstorben" bezeichnet und das Gnaden-
Halbjahr der Wittwe läuft zu Michaelis 1700 ab.

Von den zehn Kindern des *Gabriel Fabri* interessiren uns
hier nur zwei: *Christian Leberecht Faber*, geb. 18. Januar 1683
und *Gabriel Gotthilf Faber*, der jüngste der Reihe, geb. 28. August

1697. *Christian Leberecht* war zunächst für das Studium theologicum bestimmt. Da aber der älteste Bruder bereits desselben Studiums wegen auf der Universität war, erkannte der Vater wohl, dass das vorerwähnte fürstliche Gehalt für das Studium zweier Söhne doch nicht ganz reiche. Er beschloss daher, damit wenigstens die dem Sohne beigebrachten Kenntnisse der griechischen, lateinischen und hebräischen Sprache nicht ganz vergebens erworben seien, diesen der Buchdruckerkunst zu überantworten. So kam *Christian Leberecht* 1697 bei Herrn *Joh. Fr. Schröteln* in Dresden in die Lehre. Später „excollirte er noch seine Wissenschaft" in verschiedenen Städten und erlangte endlich, wie bereits erwähnt, 1709 ein königliches Privileg, in der Neustadt-Magdeburg zu drucken. 1722 wurde dies Privileg für ihn und seine Erben dahin erweitert, dass er in Magdeburg am Neuen Markte drucken und mit seinen Büchern handeln könne. Seine Buchdruckerei lag in der Leiterstrasse. Er starb am 3. November 1751. Er selbst sagt von sich, dass thatsächlich ihm die Kenntniss der alten Sprachen, wie sein Vater es gehofft, wesentliche Dienste in seinem Buchdruckerleben geleistet habe. Seine Buchdruckerei hatte er, da sein einziger Sohn erster Ehe in Halle die Universitäts-Buchdruckerei besass, seinem Schwiegersohne *Pansa* übergeben, der sie nach der Berliner Strasse in das Haus „Zur Fortuna" verlegte. *Pansas* erste Frau — *Christian Lebr. Fabers* Tochter — starb wenige Tage nach ihrem Vater. *Pansa* heirathete wieder, verliess aber, da er einen schweren Missgriff mit dieser zweiten Frau gethan, Frau, Geschäft und Vaterstadt. Die Frau führte das Geschäft zunächst weiter, dann kam es in die Hände der der Frau verwandten *Delbrück'schen* Familie. Eine Zeitlang hat der als Erzieher des Kronprinzen, späteren Königs Friedrich Wilhelm IV., bekannte, gelehrte Magister

Delbrück dem Geschäfte, wenn auch mehr dem Namen nach, vorgestanden.

Auch die *Pansa'*sche Buchdruckerei besteht heute noch in Magdeburg. Auch ihr wünschen wir ferneres Gedeihen.

Der Benjamin der Familie, *Gabriel Gotthilf*, folgte dem Beispiel seines älteren Bruders und begann bei diesem 1712 seine Lehrzeit als Buchdrucker. Im Jahre 1730 trat er, wie wir gesehen haben, in das Geschäft *Andreas Müllers* ein, heirathete am 7. December desselben Jahres die älteste Tochter seines Compagnons und von nun an liegt die Leitung des Geschäfts so gut wie allein in seinen Händen.

GABRIEL GOTTHILF FABER
1730—1771.

Wenn wir bei der Darstellung des Lebens und der Thätigkeit der Leiter und Inhaber unseres Geschäfts bis hierher das nöthige Material in erster Linie in den öffentlichen Archiven haben suchen müssen, so liegt für *Gabriel Gotthilf* in unserem eigenen Archiv ein so reiches Material vor, dass es noch schwieriger wird, wie es bisher schon war, in der kurzen uns zur Verfügung stehenden Zeit die rechte Auswahl und die geeignete Darstellungsweise zu treffen.

Einundvierzig Jahre hat *Gabriel Gotthilf Faber* dem Geschäfte vorgestanden, im Beginn als Stütze und an Stelle seines Schwiegervaters, am Ende selbst wieder unterstützt von seinem Sohne *Carl Friedrich*.

Fünf Söhne und zwei Töchter sind seiner Ehe mit *Marie Catharina Müller* entsprossen. Der älteste Sohn, *Johann Andreas*, geboren den 11. October 1731, studirte Jura, ging nach Riga und starb dort als Gerichtsadvokat. Er war der Vater des auch in den Conversations-Lexicis aufgeführten Kaiserl. Russ. Wirkl. Geh. Staatsraths *v. Faber*. Der zweite Sohn *G. G. Fabers* war *Carl Friedrich*, geboren 21. September 1739, der, wie wir weiter sehen werden, später in das Geschäft des Vaters eintrat und nach jenes Tode es allein weiter führte.

G. G. Faber haben wir auf den vorstehenden Blättern gelegentlich der Schilderungen der Gesangbuchsstreitigkeiten und der Streitsachen gegen die *Saalfeldts* schon mehrfach genannt. Aus Anlass der bei jenen Gelegenheiten von gegnerischer Seite auf den Besitzstand des *Müller - Faber*'schen Geschäfts unternommenen Angriffe hatten *Andreas Müller* und sein Schwiegersohn *G. G. Faber*, und zwar sehr bald nach dem Eintritt des Letzteren ins Geschäft, die Erlangung eines für Beide gültigen Privilegs angestrebt.

Es scheint, dass in jener Zeit für jeden, der eine königliche Gnade zu erlangen wünschte, von Werth war, einen dem Heere angehörenden Fürsprecher zu haben. So fanden wir, als wir die *Saalfeldt*'schen Acten durchsahen, dass nicht die Wittwe *Saalfeldt* um Erneuerung oder Erweiterung des Privilegs ihres verstorbenen Mannes beim Könige bat, sondern ihre Söhne, von denen der eine als Soldat unter der Leib-Compagnie des *Gersdorff*'schen Regiments, der andere als Soldat unter dem *Finkenstein*'schen Regimente sich unterzeichnete. *Andr. Müller* und *G. G. Faber* hatten einen Verwandten unter den Garde-Grenadieren in Potsdam, *Johann Friedr. Nebelung*, der wie so mancher andere „lange Kerl" in jenen Tagen wohl nach Potsdam gekommen war. Durch diesen liessen sie ihre Bitte Sr. Majestät vortragen. Am 11. Juni 1731 schrieb *Nebelung* an den König und bat, Königliche Majestät möge geruhen die besondere Gnade für ihn zu haben, seinen beiden Verwandten das erbetene Privileg zu gewähren. Unterm 15. September 1731 wurde dann auch für folgende vierzehn Verlagsartikel dem *Andreas Müller* und seinem Schwiegersohne das Privileg ausgefertigt. Es waren: 1) *Spangenbergs* Postille in 4to, 2) Das neue Testament mit einer Concordanz, Psalter, Jesus Sirach und Gesangbuch nebst *Lassenii* Gebetbuch 12mo, 3) *Rittmeyers* Freudenmahl, 4) *Quissfelds* Gartengesellschaft, 5) Desselben Handelsbuch oder Stab, 6) *Olearii*

GABRIEL GOTTHILF FABER.

Crone der Alten 12mo, 7) *Rhenii* Donat. 8vo, 8) Frankfurtischer kleiner Catechismus 12mo, 9) *Liscovii* Trost- und Thränen-Quelle 8vo, 10) Neu vermehrtes Gesangbuch, unter Aufsicht des Ministerii der Stadt Magdeburg in 12mo, klein 8vo und med. 8vo, 11) *Höfers* Himmelsweg 12mo, 12) *Tützners* Wasser-Quelle in 8 und 24, 13) *Orbis Pictus*, 14) Die Magdeburgischen Zeitungen.

Hier finden wir zum ersten Male die Magdeburgische Zeitung officiell erwähnt. Hätten wir in unserem Archive nicht noch Jahrgänge aus früherer Zeit, wer wollte dann behaupten, dass vor 1731 in Magdeburg und durch unsere Vorfahren eine Zeitung herausgegeben sei? Ueber Fibeln und Catechismen, über Leichpredigten und alle möglichen Sermone wissen wir schon aus ältesten Zeiten. In allen älteren Büchersammlungen und Archiven giebt es dergleichen in Menge, wann trifft man einmal an jenen Orten auf eine alte Zeitung? Dabei waren, bei aller Beschränktheit unseren heutigen Begriffen gegenüber, diese alten Zeitungen durchaus nicht bedeutungslos für die Zeit ihres Erscheinens, und wer heute einen Blick in solch alten Zeitungsband thut, der staunt sogar über die Fülle von Anregung, die ihm aus diesen, oft braun und unansehnlich genug gewordenen Blättern heraus gegeben wird. Zu bedauern bleibt es daher, dass man erst so spät den Werth der Tagesblätter auch für die nach uns kommenden Geschlechter erkannt und erst so spät begonnen hat, auch den Zeitungen einen Platz in den Bibliotheken einzuräumen. Wir haben schon gesehen, wie zur Zeit des ersten Königs in Preussen die Forderung erhoben wurde, dass von allen gedruckten Büchern Pflichtexemplare — anfänglich sogar 8 Stück von jeder Auflage — an die Bibliothek in Berlin kostenlos eingesendet würden. Wir werden später noch sehen, wie immer und immer wieder darauf gehalten wurde, dass ja von jedem in preussischen Landen gedruckten oder verlegten Buche, wenn es auch noch so

61

geringe Bedeutung hatte, die Pflichtexemplare nach Berlin und später auch nach Königsberg wanderten, an die Zeitungen aber, an diese wichtigen Spiegelbilder ihrer Zeiten, hat man erst sehr, sehr spät gedacht, so dass heute vollständige Sammlungen von Zeitungen, selbst nur aus dem laufenden Jahrhundert, zu den Seltenheiten gehören.

Und um auch das hier noch zu sagen: die Sammlungen, die von den heutigen Zeitungen gebildet werden, werden voraussichtlich kaum hundert Jahre überdauern. Das heutige Stroh- und Holzpapier, auf dem die Tagesblätter jetzt gedruckt werden, dürfte in so langen Jahren brüchig werden und zerfallen. Deshalb drucken wir, angeregt durch den Bibliothekar der hallenser Universitätsbibliothek, seit den 70er Jahren schon unsere Zeitung für die Bibliotheken und Archive auf holzfreiem und auch von anderen Surrogaten freiem Papier.

Von der Bedeutung, die in jener Zeit schon unserer Magdeburgischen Zeitung beigemessen wurde, in der zum ersten Male ihrer officiell gedacht wird, davon liefert ein Actenstück einen Beweis, das wir zufällig in einem andere Dinge behandelnden Bande des hiesigen Königl. Provinzial-Archivs fanden. Wir halten es für interessant genug, um es hier zu reproduciren.

Von Gottes Gnaden *Friedrich Wilhelm*, König in Preussen, Marggraff zu Brandenburg etc. Unseren gnädigen Gruss zuvor.

Würdiger, Wohlgeborener, Veste, Hochgelahrte Räthe, Liebe Getreue.

Der Russische Hof beschwert sich, dass den Magdeburgischen sub No. 133 und 134 gedruckten Zeitungen, die in Copia hierbey angefügte Articul inseriret worden wären. Wie sich nun keineswegs gebühret, dergleichen falsche und unanständige Nouvellen,

denen publiqen Zeitungen einfliessen zu lassen, also
habt Ihr auch dem dortigen Gazettier seinen desfalls
begangenen Unfug zu verweisen, mit der Verwarnung,
dass wofern Er wiederumb, dergleichen Beschwerde,
wider sich verursachte, Er davor jedesmahl 20 Rthl.
fiscalischer Strafe, zu erlegen angehalten, Ihm auch
wohl gar dem Befinden nach das Zeitungs-Handwerk
gäntzlich geleget werden solte. Sind Euch mit Gnaden
gewogen. Berlin, den 19. Decemb. 1733.

Auf Sr. Königl. Majst.

Allergdst. Special-Befehl

A. B. Boteker (?).   *H. v. Podewils.*   *Thulmeier.*

Extract aus der Magdeburgischen Privilegirten Zeitung
sub No. 133.

Elbing, den 30. October 1733.

Lit. A.   Es hat zwar bereits vor einigen Tagen verlauten
wollen, alss ob Ihro Maj. die Kayserin von Russland
Todes verfahren wäre. Es haben aber die Wenigsten
solcher Zeitung einigen Glauben beymessen wollen.
Inzwischen wird solches Gerücht aufs neue durch
erhaltene Briefe bestätiget, mit dem Beyfügen, dass
der Todt, gedachter Monarchin ganz unvermuthet und
plötzlich gewesen.

Aus selbiger Zeitung sub No. 134. Paris vom
28. October 1733.

Lit. B.   Die Ottomannische Pforte habe 60 Tausend Tar-
taren in das Russische Gebiet einrücken lassen und
zu Dantzig seyen Aga von derselben angelanget,
welche dem Könige wegen der wieder erlangten
Crohne Glück wünschen, und Ihm Versichern müssen,

dass der gross Sultan noch mehrere truppen einrücken lassen würde, umb Ihn wieder alle Feinde
auf dem Throne zu erhalten; wie denn auch dem
Russischen Gesandten zu Constantinopel bereits angedeutet worden, dass man Türkischer seits, sich
nicht entbrechen könne, Russland den Krieg an
zu Kündigen, da fern selbiges seine Völker nicht
aus Pohlen zurück beruffen werde. Es wollen aber
Verschiedene, dieses alles mehr für das Wünschen
unseres Hofes, allas gegründete Nachricht halten, wie
wohl dieses gewiss seyen soll, dass die Ottomannische
Pforte versprochen, Russland den Krieg an zu
Kündigen, so bald es mit Persien zu einem Frieden
oder Waffen Stillstandt gelangen könnte, welches man
auch vor Ablauff dieses Jahres zu erhalten gedenket.

Zwanzig Thaler fiscalischer Strafe für jede Unart und
— je nach Befinden — auch wohl gar Entziehung des Privilegs,
das erscheint uns etwas hart der Missethat gegenüber. Nun,
auch damals galt schon das Sprüchwort „Es wird nichts so
heiss gegessen, als es gekocht wird." Nebenbei möchten wir
noch auf den „Gazettier" für Zeitungsverleger aufmerksam
machen. Es erinnert so fatal an Caffetier und Buffetier unserer Tage.' Dazu passt dann auch die Bezeichnung „Zeitungs-
Handwerk" für Zeitungs-Verlag. Freilich, heute könnte man hie
und da den Ausdruck adoptiren, denn auch in unsere Reihen
haben sich Existenzen eingedrängt, denen die ideale Auffassung
unseres Berufs, wie sie in alten Zeiten allgemein herrschte und,
Gott sei Dank! ja auch heute noch überwiegt, ganz fremd
geblieben ist. Sprachlich hat uns in dem ersten incriminirten
Artikel der Gebrauch des Wortes „Zeitung" noch im Sinne von
„Nachricht" interessirt.

Doch dies Alles nur nebenbei. Wir finden also erst 1731 unsere Zeitung officiell erwähnt. Auf früheren Blättern dieser Skizze haben wir schon dargelegt, dass und weshalb wir der Ansicht sind, die „Wochentlichen Zeitungen" der *Kirchner* seien sehr bald nach der Ansiedlung *Johann Müllers d. Ä.* in Magdeburg von diesem wieder aufgenommen worden. Bis zum Beweis des Gegentheils glauben wir, auf unsere Beweisführung gestützt, bei dieser Ansicht verharren zu sollen. Die ersten geschlossenen Jahrgänge der Zeitung in unserem Archiv beginnen mit dem Jahre 1717. Dann kommt noch einmal eine grössere Lücke, die von 1720 anhebt, und nun laufen die Bände von 1740 ab in fast lückenloser Reihe bis zum heutigen Tage fort.

Der Jahrgang 1717 ist ein ziemlich starker Quartband. Die Satzgrösse ist 17,5 cm × 13,7—8 cm, annähernd die Grösse der ältesten uns erhalten gebliebenen Nummer vom Juli 1626. Während aber in dieser die Zeilen über die ganze Breite des Papiers hinlaufen, sind diese 1717 bereits einmal gespalten. Am Schluss der Nummer 1 finden wir folgende Anzeige: „Es wird denen Liebhabern benachrichtiget, dass die 8. Fortsetzung des Ungarischen Kriegs-Theatri, welche in Ermangelung gewesen, wiederum zu bekommen ist, das Stück für 1 Gr." Es wurden damals, und der Verleger hatte es nach obiger Anzeige und wie wir ja sonst schon wissen, auch früher schon gethan, neben der Zeitung noch die in alter Manier verfertigten „kleinen umbfliegenden Zeitungen oder Tractätgens" verkauft. Den alten Jahrgängen ist denn auch eine ganze Reihe dieser interessanten Flugblätter angefügt. Im Jahrgang 1718 enthält das erste derartige Blatt ein Lied auf den Prinzen Eugen. An der Spitze des Liedes, das als ein Gespräch zwischen den Bauern Gregori und Hyacinth sich darstellt, sind die Noten der Melodie abgedruckt, nach der es zu singen ist. Auf einer dieser „Fliegenden Zeitungen" steht am Ende vermerkt: „Hamburg, zu finden bei der Börse, in der Zeitungs-Bude". Also schon Zeitungs-Verkäufer wie heute, die namentlich da, wo neue Nachrichten gesucht sind, sich aufgethan hatten.

Unter der No. 2 von 1717 finden wir den Druckvermerk: „Magdeburg gedruckt und zu finden in güldenen ABC." An einer anderen Stelle heisst es: „Dieser Art Zeitungen werden wöchentlich 3 Stück ausgegeben, in Magdeburg im güldenen ABC." Eine weitere Notiz am Ende eines Blattes: „Morgen wird ein Extra-Blättgen ausgegeben". Diesen Vermerk finden wir häufiger, leider aber haben wir keines dieser „Extra-Blättgen" bis jetzt auffinden können. Wir finden aber in No. 95 desselben Jahrganges die folgende Mittheilung an die Leser: „Es dienet zur Nachricht: Wenn von Wien etwas Wichtiges einläufft, ist solches allezeit des Sonnabend Abends, oder des Sonntags Früh à part zu haben." Aus dieser Ankündigung dürfen wir wohl schliessen, dass jene „Extra-Blättgen" politische Nachrichten enthielten, die nach Schluss der betr. Nummer noch eingelaufen und deren Wichtigkeit eine baldige Veröffentlichung wünschenswerth erscheinen liess. Wir hatten da also die Vorläufer unserer heutigen Extra-Blätter.

Die Post aus Wien scheint damals nur Sonnabends hier eingetroffen zu sein, zu einer Zeit, da die Sonnabend-Nummer der Zeitung bereits ausgegeben war.

Die Zeitung erschien 1717 und vermuthlich schon geraume Zeit Dienstag, Donnerstag und Sonnabend. Die Dienstag- und Sonnabend-Nummern hatten anfänglich nur einen, seine Flügel weit ausbreitenden Adler an der Spitze, der das magdeburger Wappen in seinen Fängen trägt. Jahreszahl und Datum, aber kein Titel befindet sich auf der Zeitung. Im Volk aber — und auch officiell — hiess die Zeitung noch „Wochentliche

Zeitungen", wie aus Rector *Walthers* schon oft citirter Jubiläumsschrift vom Jahre 1740 hervorgeht. Wann der Titel „Magdeburgische Zeitung" aufgekommen ist, haben wir noch nicht feststellen können. In den zwanziger Jahren des vorigen Jahrhunderts war dieser Name für unsere Zeitung schon in Gebrauch; nach 1731 ist dann das Wort „privilegirte" eingeschoben, so dass bis ins 19. Jahrhundert hinein „Magdeburgische privilegirte Zeitung" der Titel blieb. Die Donnerstags erscheinende Nummer der Zeitung führte nicht den Adler, sondern einen auf einem Flügelross reitenden Postillon als Titel-Vignette. In der ersten Zeit hielt dieser nach links reitend ein Blatt, später, nach rechts jagend, ein flatterndes Band in Händen mit der Aufschrift „Nachjagender Courier". Die sämmtlichen Köpfe der Magdeburgischen Zeitung, von 1626 bis auf den heutigen Tag, haben wir auf einem besonderen Blatte diesem Buche angefügt. Wir wollen gleich hier noch bemerken, dass 1768 der Titel „Nachjagender Courier" fortfällt und auch die Donnerstags-Nummern denselben Titel wie die übrigen Nummern tragen.

Der Umfang jeder Nummer war im Anfang immer vier Quartseiten, genau so wie 1626. Unter *Gabriel Gotthilf Fabers* Leitung nahm die Zeitung nach jeder Richtung zu, doch war auch unter ihm die Regel vier Seiten und nur ausnahmsweise finden sich acht, auch zehn Seiten starke Nummern. Dies war namentlich in der Zeit der Fall, in welcher der Hof in Magdeburg residirte, weil Friedrich der Grosse Berlin nicht für sicher genug hielt. Damals kamen die Kriegsberichte aus den Hauptquartieren hierher nach Magdeburg. *Gabriel Gotthilf* erhielt die „Autenthique Relationen", die Bulletins, die „Ordres de batailles", die Listen der verwundeten preussischen und der gefangenen österreichischen Officiere, sowohl zum Drucke für den Hof, als auch zur Veröffentlichung in der Zeitung.

Der redactionelle oder politische Theil der Zeitungen hat sich lange auf dem Standpunkt erhalten, den schon die ersten derartigen Unternehmungen einnahmen. Eine eigene Meinung wird nur selten, und dann nur in Form einer kurzen Bemerkung, zum Ausdruck gebracht. Man begnügt sich, die einlaufenden oder aus anderen Zeitungen entnommenen Nachrichten abzudrucken, anfänglich ohne dass eine feste Ordnung erkennbar wäre. Später beginnt man mit den Nachrichten aus den näher liegenden Gegenden. Ueber Magdeburger Ereignisse findet man in unserer Zeitung erst unter *G. G. Faber* einige Mittheilungen, aber auch da noch sind es nicht eigentliche Tagesneuigkeiten; man glaubte wohl, diese zu bringen sei überflüssig, da ja doch in der Stadt Jeder von Allem, was vorfiel, schnellstens Kenntniss erhielt. In der Zeit, in der das Hoflager sich hier befand, finden wir häufiger Magdeburger Sätze an der Spitze der Zeitung. Fast immer aber handelt es sich in ihnen um Mittheilung der bei Hofe eingelaufenen neuesten Kriegsnachrichten, oder es ist die Nachricht vom Eintreffen eines Couriers. So z. B. 1762 in der Nummer vom 27. Julii:

> *„Magdeburg den 27. Julii. Gestern Abend zwischen 7 und 8 Uhr kam alhier unter Vorreitung vieler blasender Postillons, der Herr von Massow als Courier von der Alliirten Armee an, und brachte Ihro Majestät der Königin die angenehme Nachricht, dass des Herzogs Ferdinand Durchlaucht den 23. dieses, das unter Commando des Prinzen Xavier stehende sächsische Corps bey Lutternberg und Landwernhagen mit einem so guten Erfolge angreifen lassen, dass besagtes Corps gänzlich geschlagen . . . worden.“*

Am 13. Juli desselben Jahres finden wir an der Spitze der Zeitung einen kurzen Nachruf auf den am 10. Juli verstorbenen bekannten Abt des Klosters Bergen bei Magdeburg, *Johann Adam Steinmetz.*

Eine in damaliger Zeit sehr bemerkte Neuerung führte *G. G. Faber* in der Zeitung ein. Es war dies eine mit der Sonnabend-Zeitung zugleich erscheinende, aber auch allein zu beziehende Beilage, die Titel und Inhalt häufig änderte, immer aber als eine angenehme Bereicherung des redactionellen Theils der Zeitung angesehen werden muss. Den genauen Zeitpunkt, von dem an diese Beilage erschien, können wir für jetzt leider nicht angeben. Im Jahre 1740 ist der Titel: „Historisch-Politische Merkwürdigkeiten In denen Weltstaaten Deren wöchentlich einlauffenden Nouvellen." Der Inhalt ist dem Titel entsprechend. Vom 8. Juli 1758 lautet der Titel: Historisch-Politische und Gelehrte Merkwürdigkeiten. Eine Unterabtheilung hat in der ersten Nummer die Ueberschrift: „Magdeburgische Nachrichten von Gelehrten Sachen", in der Folge aber nur die: „Gelehrte Sachen". In No. 1 wird über die Veränderung folgendes mitgetheilt:

> *„Es wird hoffentlich einigen von unseren Lesern angenehm und nicht leicht einem zuwider seyn, wenn wir künftig unsere Blätter mit einem Artikel vermehren, der vielen anderen öffentlichen Zeitungen zur Ehre und zur Schande gereicht. Die Absichten, welche wir hierbey haben, werden sich aus der Fortsetzung dieser Arbeit von selbst offenbaren. Nur das müssen wir anzeigen, dass wir eben nicht allezeit dem Neuesten nachzujagen gedenken. Kenner des Werthes der Bücher werden hieraus abnehmen, wie weit wir von bitteren Kritiken entfernt sind. Erreichen wir die Eigenschaften, welch ieden Aufsatz kenntlich machen sollten, der unter Friedrichs Regierung hervortritt; So werden Wahrheit, Freyheit und Geschmack den Charakter der Magdeburgischen gelehrten Nachrichten ausmachen."*

Wie weit diese Absichten des Leiters dieses Theils erfüllt wurden, festzustellen, kann augenblicklich nicht unsere Aufgabe sein. Mit der ersten Nummer des Jahres 1761 ändert sich der Titel der Beilage in „Historische und Gelehrte Merkwürdigkeiten, als eine Beylage zu der Magdeburgischen privileg. Zeitung." Die Politik ist ausgemerzt. Januar 1762 haben wir schon wieder eine Aenderung, jetzt heisst die Beilage: „Nachrichten zur Literatur, als eine Beylage der Magdeburgischen Zeitung." In der Einleitung der ersten Nummer heisst es: Der Verfasser der Historischen und Gelehrten Merkwürdigkeiten habe angezeigt, dass und weshalb er diese Arbeit ferner nicht fortsetzen könne. Es hätten aber diese Veröffentlichungen sowohl hier als anderwärts eine sehr gute Aufnahme gefunden, was sowohl dem Publicum, als der Zeitung zur Ehre gereiche. So habe sich denn eine gewisse Gesellschaft bereit erklärt, eine ähnliche Bemühung zu übernehmen, um die Freunde der Litteratur, absonderlich in hiesiger Gegend, mit dergleichen Aufsätzen zu unterhalten. Diese „gewisse Gesellschaft" war die auch heute noch bestehende „Mittwochsgesellschaft" oder „Die Lade", eine Gesellschaft, die ursprünglich aus Mitgliedern und Angestellten der Hofgesellschaft sich zusammengesetzt hatte. Lange hat die Arbeit der Gesellschaft nicht gedauert, denn schon 1764 finden wir die Beilage mit dem Titel „Staats- und Politische Nachrichten als Beylage zur Magdeburgischen Zeitung" versehen. Dem Titel entsprechend hatte auch der Inhalt eine Aenderung erfahren. Bis zum Tode *G. G. Fabers* 1771 blieb der Titel unverändert.

Der Preis der Zeitung und die Form der Abonnements-Einladung änderte sich mehrfach, namentlich ist dies der Fall während der Kriegsjahre unter Friedrich dem Grossen. Was die Zeitung unter den *Müllers* gekostet habe, hat von uns noch nicht festgestellt werden können. Im Anfang des vorigen Jahrhunderts war die Abonnements-Einladung ausserordentlich kurz und bündig. Am Ende der letzten Nummer eines Vierteljahrs sagt der Verleger einfach: „Das Quartal ist um." Was nun zu thun sei, überlässt er der Weisheit seiner Leser. 1758 lautet der Passus: „Die resp. Herren Interessenten dieser Zeitung, so selbige Quartal-weise halten, werden dienstfreundlich ersuchet, die Praenumeration aufs Quartal à zehn Groschen gütig einzusenden." 1759 wird der Preis von 10 auf 12 Groschen, 1760 auf 14 Groschen erhöht. Wer auf die „Merkwürdigkeiten" quartaliter abonnirte, zahlte 1761 dafür 3 Groschen, der Preis für die Zeitung wurde in demselben Jahre auf 16 Groschen festgesetzt. Schon mit dem 3. Quartal 1762 tritt eine weitere Steigerung auf 20 Groschen für das Vierteljahr ein. Aus der betreffenden Bekanntmachung erfahren wir den Grund für diese so schnell aufeinander folgenden Veränderungen des Preises. Der Verlag sagt da, man habe gehofft, nicht genöthigt zu werden, eine weitere Steigerung des Abonnements-Preises eintreten zu lassen. Da aber die Papierpreise bereits dreimal so hoch wie früher seien und noch fortwährend stiegen, da auch alle übrigen Herstellungskosten und alle Requisiten wesentlich theurer geworden seien, so glaube man, es werde nicht der Billigkeit zugegen gehandelt sein, wenn man nun den Preis der Zeitung auf 20 Groschen und die Nummer der Beilage von 6 Pfg. auf 1 Groschen erhöhe. Der Verleger der Zeitung ist völlig überzeugt, „dass ein jeder Vernünftiger, wenn er nur die itzige ausnehmende Theuerung aller Sachen einigermassen in Erwägung zieht, einen so geringen Aufschlag gänzlich als eine Kleinigkeit wird betrachten können." Sobald die Preise wieder heruntergehen, soll auch der Preis für die Zeitung wieder ermässigt werden. Die gewaltigen Aufwendungen für das im Felde stehende Heer machten sich naturgemäss je länger der Krieg dauerte, desto mehr in allen Verhältnissen geltend. Aber auch an die Münzverschlechterung, die unter Friedrich dem Grossen zeitweilig stattgefunden hatte, werden wir erinnert, wenn Anfang 1762 der Verleger für die Beilage sich 6 Pf. „guter Münze" und 1763 für die Zeitung 20 Groschen „alten Schlages" erbittet.

71

Im dritten Quartale dieses Jahres ist dann der Abonnementspreis wieder 16 Groschen, aber „in neu Brandenburger Geld", und das andere Mal 16 Gr. in Preuss. ¼-Stücken, oder 18 Groschen in 1 Groschen-Stücken. 1764 im dritten Quartal wurde das Abonnement wieder, wie versprochen, auf 10 Groschen „nach altem Preiss" herabgesetzt.

So können wir hier an dem Steigen und Fallen des Abonnementspreises die immer grösser werdende Noth im Lande und auch wieder die Kraft dieses Landes erkennen, die so schnell nach dem Hubertusburger Frieden (15. Februar 1763) schon wieder zu normalen Verhältnissen zurückzukehren erlaubte. Freilich hatte sich *G. G. Faber* doch ein wenig verrechnet, als er von 16 Groschen sofort wieder auf 10 Groschen zurückging; wir sehen daher, dass im Jahre 1765 der Preis der Zeitung auf 12 Groschen festgesetzt wurde, ein Preis, der dann für längere Zeit beibehalten worden ist.

Die Post zahlte für die von *G. G. Faber* bezogenen Exemplare der Zeitung 10 Groschen. Unter einer Rechnung für die Post per I. Quartal 1761 hat *G. G. Faber* die Bemerkung gemacht: „Diese Zeitg. sind insgesamt pr. Quart. mit 10 Gr. bezahlet worden und war nichts mehr zu erhalten!"

Die Post also bekümmerte sich gar nicht um die vom Verlag festgesetzte Erhöhung der Preise, und da damals ein genau festgelegtes Recht der Zeitungen der Post gegenüber nicht bestand, ging Gewalt vor Recht und musste der Verleger sich mit dem begnügen, was die Post zu zahlen für gut befand. Die Post scheint auch nicht immer die Rechnungen glatt bezahlt zu haben. Unter einer anderen Rechnung desselben Jahres lesen wir, dass der geforderte Betrag o h n e a l l e n A b z u g bezahlt sei. Es muss dies ein freudiges Ereigniss gewesen sein, denn der alte Herr vermerkt ausdrücklich, dem

72

Ueberbringer des Geldes, einem Postillon, seien „12 ggr. douceur gereichet worden". Die oben erwähnte Rechnung ist auch noch um deswillen interessant, weil aus ihr hervorgeht, dass die Post in jener Zeit auch zwei- und einmonatliche Abonnements angenommen hat. Dieses eigentlich ja doch ganz natürliche Verfahren wurde später nicht mehr befolgt und erst durch Excellenz *Stephan* wieder eingeführt.

Das Jahr 1765 ist insofern noch zu bemerken, als in ihm zum ersten Male in dem redactionellen Theile der Zeitung die Rubrik „Vermischte Nachichten" auftritt.

Wir haben nun noch einen Blick auf die Entwickelung des Inseratenwesens von Beginn der Zeitungen bis zum Tode *G. G. Fabers*, also bis zum April des Jahres 1771, zu werfen.

Die ältesten Zeitungen kannten das Inseratenwesen überhaupt nicht. Der Gedanke, die Verbreitung der Zeitungen zu benutzen, um geschäftliche Ankündigungen durch sie in die Kreise der Leser zu bringen, ist erst später und man möchte sagen, zaghaft hervorgetreten. Das, was wir heute unter Geschäftsannonce verstehen, die Anpreisung aller Waaren und Gegenstände, die im täglichen Leben Verwendung finden, tritt uns verhältnissmässig spät erst in den politischen Zeitungen entgegen und auch erst, nachdem an einzelnen Orten unternommen war, für derlei Ankündigungen besondere Organe zu gründen. Aus Professor *Stiedas* früher bereits erwähntem Aufsatz über die Entwickelung der Presse in Mecklenburg, erfahren wir, dass um die Mitte des sechzehnten Jahrhunderts *Montaigne's* Vater den Vorschlag gemacht habe, Bureaux einzurichten, „in denen Anmeldungen angenommen und Nachweise ertheilt würden zu Diensten, Verkäufen und ähnlichen Vorkommnissen des gewerblichen Verkehrs". Professor *Stieda* meint, dass diese Bureaux dann die Veranlassung gewesen seien zu dem Unternehmen, die

dort gemeldeten Gesuche und Angebote nicht nur mündlich mitzutheilen, sondern sie, indem man sie druckte, weiteren Kreisen
zugänglich und bekannt zu machen. Das erste Exemplar einer
solchen Veröffentlichung soll aus dem Jahre 1633 stammen und
in Paris erschienen sein. In diesem Blatte sind, wie *Stieda*
nach *Prutz* anführt, die verschiedenen Gegenstände bereits in
Gruppen geordnet. Nach den angefügten Beispielen zu schliessen:
Terres Seigneuriales à vendre; Maisons à Paris à vendre;
Maisons à Paris à donner à loger, fehlt aber hier die eigentliche Geschäftsanzeige noch vollständig. Das zweite derartige
Blatt ist nach *Stieda* a. a. O. 1637 in London von einem
gewissen *John Junys* herausgegeben und „Intelligencer" genannt
worden. In Deutschland soll zuerst *Thomas von Wieringen*
in Hamburg, unter dem Titel „Relations - Courier", ein
solches Anzeigen - Blatt ins Leben gerufen haben. Diese
Unternehmungen also mögen ja, wie man annimmt, auch
die Verleger politischer Zeitungen veranlasst haben, Anzeigen
in ihre Blätter aufzunehmen. Natürlicher will uns freilich
scheinen, dass, nachdem die neue Einrichtung regelmässig er-
scheinender Zeitungen sich erst eingelebt hatte, ihre Bedeutung
für den Geschäftsverkehr überall von den findigeren Inserenten
von selbst erkannt worden sei. Dabei dünkt es uns auch
erklärlich, dass für den Verkehr in Grundstücken, sowie für alles
das, was nur schwer und umständlich zur Kenntniss eines weitern
Kreises gebracht werden konnte, zuerst von dieser neuen Gelegenheit der Bekanntmachung Gebrauch gemacht worden ist. Die
Kaufleute in den Städten hatten, wenn auch noch nicht im
heutigen Umfange, ihre Auslagen, die Gelegenheit boten, das
vorübergehende Publicum und durch dieses wieder weitere
Kreise auf sich aufmerksam zu machen. Es wurde auch wohl
mit Kreide oder dergleichen auf einer am Thürpfosten an-

gebrachten Tafel das Vorhandensein von dieser oder jener nicht ausliegenden Waare bekannt gemacht, wie es ja auch heute noch, namentlich in kleineren Städten geschieht. Bei der geringeren Concurrenz, dem geringeren Umfang der Städte, genügte das offenbar noch lange Zeit nach Einführung der Zeitungen. Im Laufe des achtzehnten Jahrhunderts nehmen die Inserate in den Zeitungen aber beträchtlich zu und auch die eigentlichen Geschäftsanzeigen und endlich auch die Familien-anzeigen stellen sich ein. Diese Inserate der alten Zeitungen zu studiren ist ausserordentlich anziehend. Es steckt in ihnen eine solche Fülle von Beiträgen zu der culturellen Entwickelung unseres Volkes, wie nirgend anderswo. Es ist dies ein, so weit wir wissen, noch so gut wie gar nicht bearbeitetes Feld, das, wenn auch nur zu unserer Freude, einmal in Angriff nehmen zu können seit lange unser Wunsch ist.

Der Jahrgang von 1717 unserer Zeitung ist ja nicht übermässig reich mit Inseraten ausgestattet, und doch ist auch in ihm schon manches Interessante enthalten. Einen verhältniss-mässig breiten Raum nehmen die Lotterie-Anzeigen ein. Es hat eben immer Menschen gegeben, die gern einmal „dem Glücke die Hand boten". Am meisten hat uns von diesen Lotterie-Anzeigen die interessirt, die sich zuerst in der Nummer vom 19. Januar 1717 findet. In ihr wird bekannt gemacht, dass bei Herrn *Melchior Lüdecke*, im güldenen Creutz allhier, Loose für den Bau der St. Stephani-Kirche in der freien Reichsstadt Goslar und ebensolche zum Bau einer neuen Kirche zu Beffzer im Braunschweigischen zu haben seien. Also die Erfindung der Kirchenbau-Lotterien stammt nicht aus unserer Zeit, wie wir bisher in unserer Unwissenheit angenommen hatten. Wir trösten uns mit dem Gedanken, dass es wohl noch mehr Menschen gegeben hat, die die Kölner Dombau-Lotterie

75

als einen glücklichen Gedanken unserer Tage angesehen haben. Neben den Lotterie - Collecteuren sind hiesige und auswärtige Buchhändler die regelmässigsten Inserenten. Da finden wir unter vielen andern eine Anzeige: „Es ist zu bekommen | eine neu heraus gekommene gründliche Nachricht vom Caffe | und Caffe Baum | dessen Eigenschaft und Pflege | auch wie der Trank sowohl in Asien | als Europa in Aufnehmung gekommen à Stück 6 Gr."

Ein Verbot Geheimmittel anzuzeigen und feil zu halten, bestand noch nicht, denn beim Verleger im güldenen ABC sind mancherlei treffliche Tränkchen und dergl. zu haben. So: Spir.-Cochleariä, „welcher sehr berühmt ist, dem Menschen zu Herbst- und Frühlingszeit für unterschiedliche zufällige Krankheit praeservirt", so die sogen. „Hallischen Tropfen" eines Herrn *Guthbringers* zu Halle, u. s. w.

In demselben Jahrgang 1717 finden sich die Anzeigen von zwei neu eingerichteten Pferdemärkten unserer Gegend. Zunächst wird am 26. August bekannt gemacht, dass Se. Kgl. Majestät in Preussen alljährlich auf den 21. September einen Vieh- und Pferdemarkt in der Sudenburg vor Magdeburg abzuhalten genehmigt habe. Am 27. November findet sich dann die Anzeige der Genehmigung dreier Pferde-Märkte in Halber-stadt. Der Sudenburger Markt wird auch heute noch im September abgehalten, in Halberstadt wird es vermuthlich ebenso sein.

Interessant sind die alten Inserate oft auch in sprachlicher Beziehung. Wir lesen da: „Es ist am 19. dieses (19. Mai 1717), als am Mittwoche, eine kleine Taffe, zott-licher und Bolongeser Art, röthlich-Eichhörniger Farbe, verlohren worden. Wer selbigen gefunden, wolle sich beim Verleger dieser Avise melden, soll guten Recompens haben."

Eine kleine „Taffe", ein Wort, dessen Ursprung wir nicht nachzuweisen vermögen. Sollte es mit „Tappe", mhd. tâpe = Tatze, Pfote zusammenhängen, der Hund, als dem Menschen von seiner Art am nächsten stehend, also das auf „Tappen" gehende Thier par excellence sein? Wir gebrauchen das Wort hier wohl noch, wenn auch in veränderter Form, nämlich „Tewe", Hundetewe, wobei bei letzterem Worte vergessen ist, dass Tewe = Taffe allein schon Hund bedeutete.

Gegen Mitte des achtzehnten Jahrhunderts mehren sich die Inserate wesentlich und nehmen an Zahl und Art, je weiter die Zeit vorschreitet, gleichmässig zu.

Der Jahrgang 1758 zeigt uns, dass auch damals schon eine Art anarchistischer Gesinnung vorhanden war. In einer Annonce wird bekannt gemacht, dass dem Herrn Gouverneur folgender Drohbrief in das Haus geworfen sei:

> *Wier thun Ihro Excellence zu wissen, das wo nicht in einer Zeit von vier Wochen alle Processe welche unter dem Magdeburger oder Pfälzer Magistrat stehen ausgemacht sind, so drohen wir mit Fäuer alle das ihrige, es sey Hauss oder Scheune zu verbrennen. Wollen Ihro Excell. diesse Drohung nicht zuvorkommen und sich der Sache annehmen, so haben wir das Unsrige gethan und man wird davon bald Proben haben. So wahr Gott gerecht ist, ist diesses auch Recht gethan, Unsere Bitten sie wollen sich der Sache annehmen so wird diess nicht geschähn.*

Vielleicht auch war es die That eines durch die Langsamkeit (und Erbärmlichkeit) der Processführung durch die verschiedenen Magistrate zur Verzweiflung getriebenen Menschen. Magdeburg hatte damals den Magistrat der Alten Stadt, den Magistrat der Neustadt, der Sudenburg, den Magistrat der Pfälzer- und den der Französischen Colonie und ausserdem noch die Möllen - Vogtei. Alle diese Behörden waren mit eigener Jurisdiction ausgestattet. Erfreuliche Zustände können daraus wohl kaum hervorgegangen sein.

77

An die heutige Zeit werden wir auch durch eine Nachricht aus dem Jahrgang 1762 erinnert. Es wird da der Tod der Hochgelahrten und Hocherfahrenen Frau, Frau *Dorothea Christiana Erxleben*, geb. *Leporiuin*, der Arzneigelahrtheit Doctor angezeigt. Den Doctorhut hatte sie den 12. Juni 1754 von der Universiät Halle erhalten. Sie lebte in Quedlinburg, und „unermüdet das Elend des armen Nächsten zu lindern, exercirte sie praxin medicam, mit Ruhm, Glück und Göttlichem Segen." Nichts Neues unter der Sonne!

Uns interessiren auch die in den Inseraten vorkommenden Namen alter magdeburger Familien. Viele, die damals blühten, sind verschwunden, immerhin aber kommt doch eine ganze Reihe Namen noch heute vor, die in den alten Bänden schon auftraten. 1717 zeigt ein Herr *Sporleder* in der Ledderstrasse an, dass er nach Pyrmont reise, um Wasser vom dortigen Brunnen zu holen. Wer dergleichen Wasser wünscht, soll bei ihm Bestellung machen. Etwas weiter hin zeigen die Gebrüder *Schwartz* an, dass ihnen von der Bleiche ein grosser, ganz weisser Dänischer Hund, „welcher einen sehr dicken Kopf hat", abhanden gekommen sei. 1762 suchen dieselben Leute, „welche fein Baumwollen Garn spinnen wollen, es soll ihnen das Pfund mit Einem Thaler bezahlt werden". Im selben Jahre zeigt der Strumpfstricker *Jockusch* an, dass er sein zwischen Schwibbogen und Schuhbrücke belegenes Haus verkaufen will. Das dem *Joh. Andr. Grabau* gehörende Haus auf dem Werffte, zum Goldenen Schiffe genannt, soll verpachtet werden. Doch wir müssen uns von der Durchsicht der Inserate losreissen und wollen nur noch eine Anzeige bringen, die, dem Jahrgang 1764 entnommen, zeigt, wie sehr Magdeburg damals noch Ackerbürgerstadt gewesen: „Es ist am vergangen Sonnabend von der Heerde am Kröcken-Thore eine junge schwarzbunte Ziege mit Hörnern verlauffen; sollte sie jemand aufgefangen haben, der wolle belieben, dem Hirten Nachricht davon zu geben, es soll das Futtergeld mit Dank ersetzet werden." „Von der Heerde am Kröckenthor"; vermuthlich hatten danach vor allen Thoren einzelne Heerden ihre Weiden. Man stelle sich Magdeburg vor, wie Morgens „das schwer hinwandelnde Hornvieh" die Kuhstrasse hinab auf die Elbweiden, die Ziegen zum Kröckenthor hinaus, die Schafe vielleicht vor das Ulrichsthor getrieben wurden, welch' idyllisches Bild!

Von diesem ländlichen Frieden ab, müssen wir nun unseren Blick wieder Streitigkeiten zuwenden, die in Bezug auf das Inseratenwesen unter *G. G. Faber* entstanden, und bis gegen die Mitte des neunzehnten Jahrhunderts hin fast ununterbrochen fortdauerten.

Wir haben bei Beginn unserer Betrachtungen über das Inseratenwesen auf die Anzeigeblätter hingewiesen, die hie und da aufgekommen waren. So weit wir sehen, ist es Preussen gewesen, das ja immer Bedarf an Einnahmen hatte, diese Einnahmen aber auch haben musste, wenn es für Deutschland das leisten sollte, was es geleistet hat, wir sagen, Preussen ist es gewesen, das zuerst auf den Gedanken kam, aus dem aufstrebenden Inseratengeschäft eine Einnahmequelle für sich zu bilden.

Im Jahre 1727 am 6. September erschien eine Cabinets-Ordre, der eine zweite Verordnung am 7. Juli 1728 folgte, durch welche die Gründung eines „Intelligenzblattes" in Berlin, in Magdeburg, später auch in Halle und wohl auch in anderen grösseren Städten decretirt wurde. Gleichzeitig sollte an alle Zeitungsbesitzer unter Mittheilung der Cabinets-Ordre der Befehl ergehen, für die Folge, bei Verlust ihrer Privilegien, ja unter Umständen noch härterer Strafe, sich der Veröffentlichung aller Inserate zu enthalten, die sich auf Kauf

79

oder Verkauf von beweglichen und unbeweglichen Sachen, auf
Auctionen, Subhastationen etc. bezögen. Dabei sollte es gleich
sein, ob diese Verkäufe, Subhastationen etc. in den Provinzial-
hauptstädten, auf dem platten Lande, den Aemtern oder sonst
wo stattfänden. Die Zeitungsbesitzer sollten ausserdem noch
verpflichtet sein, alle derartige, ihnen brieflich übermittelte Aufträge sofort dem „Intelligenz"- oder „Adress-Contoir" zu über-
senden, die persönlich erscheinenden Inseranten dem Intelligenz-
Contoir zuzuführen und auch sonst, so viel an ihnen ist,
das Intelligenz-Werk zu fördern. Mit diesem Befehl sollte den
Zeitungen mit einem Schlage das ganze Inseratenwesen genommen
werden. Denn es ist klar, dass unter die angeführten Rubra
so gut wie Alles zu bringen war, was den öffentlichen Verkehr
betrifft, ausgenommen nur die Geburts- und Todesanzeigen. In
dem königlichen Rescript vom 7. Juli 1728 wurde dann noch
ausdrücklich befohlen, dass die erwähnten Materien auf keinem
anderen Wege, als durch die Intelligenz-Blätter dem
Publicum bekannt gemacht werden sollten. Das war
ein harter Schlag und, wie man erkennen wird, nicht nur für
die Zeitungen, sondern ebenso auch für das inserirende Publicum.
Die Zeitungen erschienen drei, vier Mal und öfter in der Woche,
die Intelligenz-Blätter dagegen nur einmal. Bei den Zeitungs-
besitzern war die prompte Besorgung der Inseraten-Aufträge
durch das geschäftliche Interesse geboten, bei den Beamten
des Intelligenz-Contoirs — diese hingen mit den Postämtern
zusammen — fiel dieses Interesse fort, und wie unsere Acten
zeigen, entstanden in Folge dessen für das Publicum und die
Unternehmer sehr unliebsame Verzögerungen.

Unsere Vorfahren scheinen sich dieser Verordnung
gegenüber durchaus ablehnend verhalten zu haben. Wie sie
in den ersten Jahren damit durchkamen, ist nicht ersichtlich;

Gabriel Gotthilf Faber aber kam 1747 mit dem damaligen Verwalter des Adress-Contoirs in Conflict. Es hatten nicht nur Private, sondern auch Behörden, namentlich die Gerichte, ihre Bekanntmachungen nicht dem Intelligenz-Contoir in Magdeburg, sondern der dortigen Zeitung zugewandt. Die Behörden offenbar doch nur im Interesse des Publicums, das auf diese Weise schneller und in weiteren Kreisen mit den behördlichen Veröffentlichungen bekannt wurde.

Auch in weiteren Kreisen, denn den einzelnen Intelligenz-Contoirs waren — wenigstens behaupteten dies einzelne derselben — bestimmte Bezirke zugewiesen. So verlangte z. B. das hallenser Adress-Contoir, das magdeburger Contoir solle seine Blätter nicht nach Halle und Umgegend, auch nicht in den mansfelder Kreis etc. senden, eine Beschränkung, die nur im Interesse der vielleicht Procente erhaltenden Beamten und der Staatskasse lag, aber ganz gegen das Interesse der Inserirenden lief. *Gabriel Gotthilf Faber* wendete sich an den König, er wies auf die schweren Schädigungen hin, die durch das von dem Vorsteher des Intelligenz-Contoirs zu Magdeburg verlangte Verfahren für die Inserenten und den gesammten Verkehr entstünden, zeigte an, dass weder ihm noch seinem Schwiegervater *Andreas Müller* die Verfügung der Königl. Landesregierung vom 30. October 1727 zugegangen sei, er daher auch von der Cabinetsordre, durch die ihm die Aufnahme von Inseraten über Kauf und Verkauf von Mobilien, Immobilien etc. verboten werde, keine Kenntniss habe. Es wurden daraufhin alle Gerichtsobrigkeiten nochmals auf den Inhalt der betr. Ordre vom 6. September 1727 hingewiesen, unserem Vorfahren unter Androhung von 10 Thlr. Strafe befohlen, sich ebenfalls von nun an genau nach den Bestimmungen jener Verordnung zu richten, ihm aber nachgelassen, solche Inserate auch in seiner Zeitung zum Abdruck zu bringen, wenn er nur nachweisen könne, dass auch das Adress-Contoir befriedigt sei, d. h. das Inserat auch im Intelligenz-Blatt Aufnahme gefunden habe. Zwar versuchte der Vorsteher des Adress-Contoirs, *Weber,* unter Hinweis darauf, dass durch diese Erlaubniss ja die Ordre vom 7. Juli 1728 durchlöchert werde, zu bewirken, dass die Verfügung wieder rückgängig gemacht werde, es half ihm aber nichts.

Der Erfolg, den *Gabriel Gotthilf Faber* hier erzielt hatte, nahm im Interesse des Publicums und der Zeitungen dem Intelligenzwesen wenigstens die härteste Seite. Freilich war durch jene Verfügung ein neuer Erisapfel zwischen die Zeitungsverleger auf der einen und die Intelligenz-Contoirs auf der anderen Seite geworfen worden. Er hat denn auch Streit genug erzeugt. Bis zur Mitte dieses Jahrhunderts haben, wie erwähnt, die Intelligenz-Contoirs bestanden, und eben so lange haben auch die Streitigkeiten zwischen diesen und den Zeitungen gedauert. Wir kommen wohl später darauf zurück. Nur das möchten wir gleich hier noch sagen, wenn man die Actenstösse durchblättert, die überschrieben sind: „Streitigkeiten mit dem Intelligenz-Contoir" und in denen die Handschriften von *Gabriel Gotthilf, Carl Friedrich, Friedrich Heinrich August* und *Gustav Carl Friedrich Faber* vereinigt sind, dann muss man sich wundern, dass die Intelligenz-Contoire so lange, d. h. etwa 125 Jahre lang, haben aufrecht erhalten werden können. Dem Staatssäckel hat dieses Institut ja wohl einige Einnahmen gebracht, den höheren Aufgaben des Staates aber und den Interessen des geschäftlichen Verkehrs stand es direct im Wege.

Wenn wir hier, am Schluss der Betrachtung der Magdeburgischen Zeitung unter *G. G. Fabers* Leitung noch einmal die Entwicklung der Zeitung kurz überblicken, so finden wir, dass sie sowohl inhaltlich, als auch an Umfang zugenommen hat. Wir haben zufällig von der Berliner Haude & Spener'schen Zeitung den Jahrgang 1752 in unserem Archiv, so dass uns, wenigstens in Bezug auf einen Jahrgang jener Zeitung, ein Vergleich mit der Magdeburgischen Zeitung möglich ist. Wir können da sagen, dass umfänglich unsere Zeitung in jener Zeit der Spener'schen überlegen war, im Inhalt ihr mindestens nicht nachstand. In Bezug auf die Kriegsnachrichten aus den verschiedenen Feldlagern des grossen Königs war damals unsere Zeitung, aus vorn angeführten Ursachen, allen Zeitungen überlegen. In einzelnen Nummern haben wir aus älterer Zeit noch eine ganze Reihe fremder Zeitungen im Archiv, darunter zum Beispiel die erste Nummer der Schlesischen Zeitung vom 3. Januar 1742.

An fremden Zeitungen hielt *G. G. Faber* für die Redaction im Jahre 1758 nur vier, die „Berlinschen Vossischen", für welche er für ¼ Jahr 4 Thaler 12 Gr., die „Breslauer", ebenfalls ¼ Jahr, 6 Thaler, die „Leipziger Zeitung", ½ Jahr auch 6 Thaler und die „Altonaer mit Beiträgen", für welche er 6 Thaler 18 Gr. zahlte. Im Jahre 1761 kamen noch die Spener'sche und die Hamburger Zeitung dazu. Diese Zahl scheint bis zum Jahre 1806 festgehalten zu sein. Wir wenden uns nun von dem Zeitungsbetrieb zu der sonstigen geschäftlichen Thätigkeit *Gabriel Gotthilf Fabers*.

Was den Verlag anbetrifft, so führt er in der Hauptsache den alten *Müller*'schen Verlag weiter fort. Im Jahre 1735 trat der schon einmal von uns erwähnte Abt des Klosters Berge, *Steinmetz*, mit dem Plan hervor, ein neues Gesangbuch herauszugeben. Zunächst bewarb sich die Buchhändler-Firma *Seidels Wwe. & Scheidhauer* beim König um Gewährung eines Privilegs für dieses Gesangbuch. Es haben aber dann *Andr.*

Müller, *G. G. Faber* und *Behle* gemeinsam mit Abt *Steinmetz* verhandelt, beantragten darauf die Ertheilung eines Privilegs für sich und erhielten dieses unterm 30. Januar 1736 ausgestellt. Darauf regelten sie untereinander in einem am 21. Mai 1737 geschlossenen Vertrage, dem auch der Abt *Steinmetz* durch seine Unterschrift beitrat, den geschäftlichen Vertrieb des Gesangbuchs und erlangten auch am 6. Juni 1737 die Königliche Confirmation dieses Geschäftsvertrages. Nach dem Aussterben der *Behles* ging dann der Verlag des sogen. Steinmetz'schen — oder Kloster Bergeschen Gesangbuchs auf die *Fabers* allein über. Erst in diesen letzten Jahren haben wir den Verlag aufgegeben, da die Zahl der Gemeinden, welche noch an dem Gesangbuch festhielten, zu gering geworden ist. Zuletzt waren es Gemeinden in der Altmark, im Mansfeldschen und namentlich in Schlesien, welche das Steinmetz'sche Gesangbuch in Gebrauch hatten.

Ausser diesem Gesangbuch hat *Gabriel Gotthilf Faber* noch manches andere, was der Tag brachte, verlegt, Predigten, Cantaten, Anweisungen zu diesem und jenem u. dergl. mehr.

An sonstigen Druckarbeiten, sogen. Accidenz-Arbeiten, hatte er reichlich zu thun. Wohl sämmtliche Regimenter in und um Magdeburg liessen bei ihm die Urlaubs- und Thorpässe etc. drucken, z. B. das Leib-Regiment, das Graevenitz'sche, das Golz'sche, das Graf Truchsi'sche Regiment. Für eine grosse Zahl von Städten, so für Magdeburg, Calbe, Frohse, Seehausen, Aken, Egeln, ja bis nach Salzwedel, ins Braunschweigische hinein und bis Wettin hin druckte er Accise-Zettel, Waagescheine, Passirscheine, Landgeleitscheine etc. Dann waren für eine Reihe von Tabakfabrikanten „Tobak-Zeddel" zu drucken. Für Herrn *Senftleben* nach Brandenburg „Tobak-Zeddel" mit dem Scepter und solche mit dem Mohr, für Herrn *Fätzgen* „Löwen"- und „Schiffs-Tobak-Zeddel" etc.

Die alten Abrechnungsbücher „mit denen Gesellen"
geben einem Buchdrucker interessante Einblicke in die damalige Arbeits- und Berechnungsweise. Der Schreiber dieser
Zeilen hat 1894 darüber einmal im „Journal für Buchdruckerkunst" einen kleinen Aufsatz veröffentlicht. Auch die Rang-
ordnung der in der Buchdruckerei beschäftigten Gehülfen ist
aus diesen alten Aufzeichnungen erkennbar. Am höchsten stand
der Setzer, der stets mit „Monsieur" angeredet wurde, dann
kommt der Drucker, vor dessen Namen immer das „Herr" steht,
während der Gehülfe dieses, der „Bachulke" titulirt wurde, nur
einfach bei seinem Namen gerufen ist. Selbst diejenigen Setzer,
die nebenbei auch das Drucken verstanden, sogen. „Schweizer-
degen", werden auch dann mit „Monsieur" angeredet, wenn sie
nicht am Kasten, sondern als Drucker an der Presse arbeiteten.
Für das Anführen eines Lehrknaben erhielt der Gehülfe, der
„Anführgespan" zur Messe 1 Thaler. War der Lehrling längere
Zeit an der Mitarbeit verhindert, so empfing der Anführgespan dafür vom Geschäft eine Entschädigung. So finden
wir in einer Abrechnung: „Vor diese 4 Wochen soll er
wöchentlich einen Thaler Gewisses bekommen, weil der Lehr-
knabe fast täglich vier Stunden zur Catechismus-Information
gegangen ist."

Täglich vier Stunden Catechismus-Information, wo kommt
das heute noch vor?

Wir wollen noch bemerken, dass G. G. Faber sofort
nach seinem Eintritt ins Geschäft ein Buch angelegt hat, in
das die Namen der in die Faber'sche Buchdruckerei eintretenden
Lehrlinge eingetragen wurden. Es ist dieses Buch bis zum
heutigen Tage fortgeführt, so dass wir von Beginn des Jahres
1731 an die Namen sämmtlicher Lehrlinge unseres Geschäfts
besitzen. Von diesen wollen wir nur des *Heinrich Wilhelm*

Dieterici gedenken. Dieser trat 1773 bei uns ein, kam, nachdem er ausgelernt und verschiedentlich in anderen Geschäften
sich weiter ausgebildet hatte, nach Berlin und' gründete dort
1789 eine Druckerei. Er selbst brachte diese, in Folge des
grossen Vertrauens, das er sich in den höchsten Regierungs-
kreisen erworben hatte, zu beträchtlicher Ausdehnung. Nach
seinem Tode übernahm das Geschäft sein Schwiegersohn *Mittler*
und unter der hochangesehenen Firma *E. S. Mittler & Sohn*
besteht das Geschäft noch heute als eines der ersten und vor-
nehmsten Buchdruckerei- und Verlagsgeschäfte in Berlin.

Wie wir im Anfang dieses Absatzes bereits bemerkten,
hat in den letzten Jahren *G. G. Fabers*, diesem sein Sohn,
Carl Friedrich, schliesslich als Theilhaber zur Seite gestanden.
Eine Zeit lang hiess die Firma dann auch: *Faber & Sohn*.

Am 24. April 1771 starb *Gabriel Gotthilf Faber* im
74. Jahre seines Lebens und sein Sohn *Carl Friedrich* übernahm
das Geschäft und das goldene ABC allein.

CARL FRIEDRICH FABER
1771—1809.

Der neue Leiter und Inhaber der Faber'schen Buchdruckerei war 32 Jahr alt, als er den Besitz des alten Geschäfts antrat. Er hatte eine, seinem Stande und Berufe entsprechende, gute allgemeine und geschäftliche Vorbildung erhalten. In besonderem Grade interessirte ihn in späteren Jahren neben seinen geschäftlichen Obliegenheiten die Kirchengeschichte, ein Studium, das ihn viel mit gleichstrebenden Theologen in Verbindung brachte, so dass zu seiner Zeit im ABC ein grösserer Kreis Geistlicher aus- und einging. Im Jahre 1777 trat er in das Kirchencollegium der Heiligen Geistkirche ein, dessen Geschäften er grosse Theilnahme schenkte und dem er auch bis zu seinem 1823 erfolgten Tode ununterbrochen angehört hat.

Im Jahre 1766 unternahm er die für damalige Zeiten weite und beschwerliche Reise nach Riga, um seinen, wie oben gesagt, dort ansässigen Bruder *Johann Andreas Faber* zu besuchen. Später, 1781, als dieser Bruder gestorben und einen einzigen Sohn mutterlos hinterlassen hatte, nahm *Carl Friedrich* diesen zu sich nach Magdeburg, erzog ihn, liess ihn studiren, in der Hoffnung, da er selbst unverheirathet geblieben war, in diesem

Neffen eine Stütze und einst einen Nachfolger im Geschäfte zu haben. Diese Hoffnung aber schlug fehl. *Theodor Gotthilf Faber*, eben dieser Neffe, folgte kaum 21 Jahre alt dem Zuge seines Herzens, verliess gegen den Willen seines Onkels und Pflegevaters Jena, ging nach Strassburg und Paris, woselbst er 1789 gerade ankam, um noch der Erstürmung der Bastille anwohnen zu können. Nach mancherlei Kriegs- und Friedensabenteuern und wechselnden Schicksalen trat er schliesslich in russische Dienste und starb, wie ebenfalls schon erwähnt, als Kaiserl. russischer Wirklicher Geh. Staatsrath zu Paris im Jahre 1848.

Carl Friedrich Faber hatte bereits mehrere Jahre vor Uebernahme des Geschäfts eine Königlich Preussische Lotterie-Collection übernommen. Im Jahre 1772 erhielt er als Ober-Lotterie-Commissarius den Titel Königlicher Commissionsrath. Das Ober-Lotterie-Commissariat legte er nieder, als Magdeburg durch französische Truppen besetzt wurde. Nach diesem allgemeinen Ueberblick über das Leben und die aussergeschäftliche Thätigkeit *C. F. Fabers* wenden wir uns der Betrachtung seiner Arbeit als Drucker und Verleger und dem Geschäfte Faber'sche Buchdruckerei selbst wieder zu.

Wenn wir zunächst die Verlagsthätigkeit *C. F. Fabers* betrachten, so stösst uns bereits im Winter desselben Jahres, in dem er seinem Vater im Besitz des Geschäfts gefolgt ist, die Ankündigung einer neuen Wochenschrift auf, die von 1772 ab in seinem Verlage erscheinen sollte. Diese neue Zeitschrift hiess: „Der Wohlthäter", sie hat aber nur einige Jahrgänge erlebt. „Bey allen Klagen über die Menge deutscher Wochenblätter", so hiess es in der Ankündigung, „haben doch selbst billige Kunstliebhaber auch den mittelmässigen, ihren Nutzen für die verschiedenen Provinzen Deutschlands zugestanden. Sie gewöhnen zum Lesen, reizen die Neugierde, beschäftigen sich mit der Aufklärung des

CARL FRIEDRICH FABER.

Geistes der Einwohner, bestreiten manche Vorurtheile, machen viele mit ihren moralischen und bürgerlichen Verhältnissen bekannter und ein solches Blatt lässt immer Eindrücke zurück, die auf Geschmack, Erziehung und sittliches Betragen im Umgang und selbst auf die Gesinnung des Herzens von guter Wirkung sind." „Der Wohlthäter" sollte nun dies alles auch erreichen, nebenbei aber, angesichts des zunehmenden Elends in der Welt, selbst ein Wohlthäter sein, indem er Trost und Rath den Bedrängten geben und ihnen auch Wohlthäter erwecken wollte. Jede Woche erschien eine Nummer, der Preis war 12 Groschen für das Quartal. Später gab *C. F. Faber* „Wöchentliche Unterhaltungen" heraus, die zeitweise von dem Prediger *Patzke* redigirt wurden.

Im März 1787 nahm er nach längern Verhandlungen einen Anhang geistlicher Lieder zum Magdeburger Gesangbuch in Verlag. Die Lieder (250 Nummern) waren vom hiesigen geistlichen Ministerium ausgewählt und dem Berlinschen, Braunschweigischen-, Bayriusschen-, Bremischen-, dem Klopstockschen- und Holsteinschen Gesangbuch und der Leipziger Lieder-Sammlung entnommen.

Am 5. März 1795 erhielt *C. F. Faber* die Königliche Genehmigung, ein „Spruchbuch" herauszugeben, das zur Erleichterung des Lehrvortrages nach einem neu eingeführten Religionsbuch dienen sollte. Dieses „Spruchbuch" war nach einem im Dölle'schen Verlag in Halberstadt erschienenen Spruchbuch bearbeitet und wesentlich verbessert worden. Neben diesen Sachen lief der alte Verlag auch weiter fort. Da wir vom Verlagsgeschäft sprechen, müssen wir auch das Nachfolgende erwähnen.

Bereits 1765 war den Buchführern und Buchdruckern nochmals zur Pflicht gemacht worden, allezeit 14 Tage nach der Leipziger Ostermesse und ebenso nach der Leipziger Michaelis-Messe je „zwey wohl conditionirte Exemplaria" von allen bis

zu jenen Terminen neu verlegten, oder neu gedruckten Büchern
an die Bibliothek in Berlin abzuliefern. Es scheint, dass viele
Buchhändler und Buchdrucker diesen Befehl sehr wenig ernst
aufgefasst hatten, denn 1770 erfolgte eine neue Verordnung,
wonach die genannten Geschäftstreibenden im Januar jeden
Jahres eine Specification der im vorigen Jahre von ihnen
verlegten oder gedruckten Bücher aufzustellen, darüber, dass
sie die Pflichtexemplare abgeliefert hätten, die Quittungen zu
produciren und ausserdem zu schwören hatten, dass andere als
in der Specification enthaltene Bücher von ihnen weder verlegt
noch gedruckt worden seien. In dieser neuen Verordnung war
ausser Berlin, auch noch die Königsberger Königl. Bibliothek
als zum Empfang zweier Pflichtexemplare berechtigt, genannt.
Im Jahre 1789 scheint aber schon wieder verschiedentlich vergessen worden zu sein, die Pflichtexemplare regelmässig einzusenden, denn es erscheint nun eine neue und ausführliche
Königliche Verordnung, die nochmals das ganze Verhältniss auf
das eingehendste regelt. Aus der Einleitung erfahren wir, dass
der ursprünglichen Bestimmung nach die Berliner Bibliothek eine
vollständige Sammlung aller in den brandenburg - preussischen
Landen ans Licht tretenden Bücher und Schriften sein, be-
ziehungsweise hatte werden sollen. Auch nach dieser neuen
Bestimmung blieb es bei der kostenlosen Lieferung von zwei
Exemplaren, nur wurde nachgelassen, dass von den Büchern,
die auf Kosten ausländischer Verleger von preussischen Buchdruckern gedruckt wurden, fernerhin nur ein Exemplar an
die Bibliotheken zu liefern sei.

Auffallender Weise hatte man bisher, worauf wir früher
schon hinwiesen, die Zeitungen von der Lieferung von Pflicht-
exemplaren frei gelassen. Erst am 31. Januar 1792 erging ein
Königliches Rescript, wonach von nun an von jeder Zeitung ein

Exemplar „mit der Post unter der Adresse und zur Erbrechung des Königlichen Cabinets-Ministerii" unentgeltlich einzusenden war. Aber auch dieses Exemplar war offenbar noch nicht für die Bibliothek bestimmt.

An Druckarbeiten, die nicht mit dem Verlag zusammenhingen, hatte *C. F. Faber*, soweit wir sehen, dieselben oder annähernd dieselben Hauptarbeiten wie sein Vater und nebenbei das, was das gewerbliche und gesellschaftliche Leben erforderten.

Im Jahre 1789 wendet er sich in Gemeinschaft mit den übrigen Buchdruckern hierselbst, in einer Eingabe an die Regierung, gegen den Versuch der Firma *Richter & Nathusius*, eine eigene Druckerei für den Druck ihrer Hausarbeiten zu errichten. Die Herren *Richter & Nathusius*, so heisst es, hätten, als sie 1787 im September hier eine Tabakfabrik angelegt, zunächst ihren Bedarf an Tabaks-Zetteln in der Faber'schen, dann auch in der Günther'schen Buchdruckerei herstellen lassen, nun aber hätten sie eine eigene Presse aufgestellt und druckten sich diese Sachen selber. Man führt die Gefahr des Entstehens von Winkeldruckereien vor, in denen Pasquilles und andere gefährliche Dinge gedrucket werden möchten, malt überhaupt in den dunkelsten Farben, als ob der sichere Ruin sämmtlicher Buchdruckereien die unbedingte Folge jener Anlage sein müsste. Es hat aber nichts geholfen, so lange jene Firma nur für den eigenen Bedarf drucke, habe Regierung nichts dagegen einzuwenden.

An Angriffen und Streitigkeiten hat es *C. F. Faber* eben so wenig wie seinen Vorgängern gefehlt. Aus früheren Abschnitten dieser Abhandlung wissen wir, dass auch er noch mit dem alten Gesangbuchsstreite zu thun hatte. Es war jetzt nicht mehr die *Behle'*sche Familie, sondern die Wittwe *Pansa*, die 1785 mit allerhand Ansprüchen hervortrat. Ausser dem Gesangbuch beanspruchte sie auch ein Privileg, um eine zweite

Zeitung in Magdeburg herausgeben zu können. Die *Pansa* versprach, jährlich einen Geldbetrag zur Chargen- oder Rekruten-kasse einzahlen, auch alle landesherrlichen Publicanda umsonst in ihre Zeitung einrücken zu wollen. Als weitere Empfehlung ihres beabsichtigten Unternehmens theilt sie mit, dass dieses von einer Gesellschaft von Gelehrten in Magdeburg, angespornt durch das Beispiel des Professors *Moritz* in Berlin, unter dem Titel: Wöchentliche Nachrichten von politischen und literarischen Neuigkeiten, bearbeitet und herausgegeben werden solle. Sie behauptet, es seien häufig Klagen über den theuren Preis der Inserate in der Magdeburgischen Zeitung laut geworden, und verspricht hierin billiger zu sein. Dass *C. F. Faber* sich gegen diesen Angriff der Wittwe *Pansa* wehrte, ist wohl selbst-verständlich. Das einzelne Für und Wider der verschiedenen Eingaben können wir übergehen, es genügt zu sagen, dass das Gesuch der Wittwe *Pansa* abgelehnt wurde. In dem betreffenden Königlichen Rescript heisst es: Wenn auch davon abgesehen werden soll, zu entscheiden, ob das *Faber*'sche Privileg die Gründung einer zweiten Zeitung in Magdeburg ausschlösse, so sei doch „aus anderen erheblichen Ursachen weder nöthig noch rathsam, eine zweyte Zeitungs-Expedition in Magdeburg zu concediren". Eine einzige Zeitungs-Expedition sei, da selbst Berlin nur zwei Zeitungen habe, für Magdeburg und die Provinz hinreichend. Auch in Bezug auf die Kosten für Inserate läge es im Interesse des Publicums, nur eine Zeitung zu haben.

In diesem Entscheide wird zum ersten Male das Wort „Zeitungs-Expedition" für die Zeitung selbst angewendet. Wir finden denn auch in der Zeitung selbst in jener Zeit die Ein-ladungen zum Abonnement nicht mehr vom Verleger, sondern von der Zeitungs-Expedition ausgehend.

Aus Anlass der Vorwürfe der Wittwe *Pansa*, die Inserate der Magdeburgischen Zeitung seien zu theuer, erfahren wir hier zum ersten Male, was denn für die Zeile in damaliger Zeit hier und in Berlin gezahlt worden ist. Es war am 13. Februar 1776 in der Vossischen Zeitung zu Berlin folgende Bekanntmachung erlassen:

Taxe der Druckgebühren der Avertissements
in hiesigen Zeitungen.

1) Für jede mit Petit gedruckte Zeile 2 gGr. — 2) Jede solche Zeile muss 90 bis 94 Buchstaben enthalten. — 3) Eine bis zur Hälfte und drüber fortgesetzte Zeile wird für eine ganze, dagegen 4) eine bis zur Hälfte nicht ausgedruckte Zeile nur als eine halbe mit 1 gGr. bezahlt. Berlin, den 3. Februar 1776.

Königl. Preuss. Policeydirectorium.

Diese Bekanntmachung, die übrigens durch ihre Bestimmungen über die Preise der halben und ganzen Zeilen zeigt, dass sie ohne Kenntniss der Verhältnisse am grünen Tisch entstanden war, producirte C. F. Faber. Er zeigte, dass, da seine Lettern für den Inseratensatz andere seien, wie in Berlin üblich, die Zeilen seiner Zeitung etwa 10—14 Buchstaben weniger als jene enthielten. Seine Preise müssten daher, so folgert er, im Verhältniss zu den Berliner Blättern, etwa 1 gGr. und 8 Pfg. für die Zeile betragen, er berechne aber diese nur mit einem Groschen, woraus hervorgehe, dass er „alle Billigkeit" beobachtet habe. Er beantragt, dass auch ihm eine Taxe gesetzt werde, damit dadurch allen Schwierigkeiten und Verdriesslichkeiten, welche er ohnerachtet aller seiner Billigkeit, von dem unbillig denkenden Theile des Publici zeithero gehabt habe, auf einmal ein Ende gemacht werde. Ein am 6. September 1785 auf Seiner Königl. Majest. allergn. Special Befehl angefertigtes Rescript erkennt an, dass der Preis, wie ihn C. F. Faber für Inserate berechne, nicht übertrieben sei und hiermit genehmigt würde. Es solle also nach wie vor für eine Zeile, die 73 bis 78 Buchstaben enthalte, 1 Groschen bezahlt werden, der Verleger aber für jeden Groschen, den er mehr nähme, an die Magdeburger Kammer 1 Thaler Strafe zahlen.

Einen weiteren Angriff auf sein Zeitungsprivileg erfuhr *Carl Friedrich Faber* 1793 durch die Wittwe des Pfälzer Colonie-Buchdruckers *Hessenlandt*. Das Gesuch dieser Frau wurde auf Grund eines ausführlichen Berichts der hiesigen Kammer abgewiesen. Im Jahre 1798 versuchte ihr Sohn, der Pfälzer Colonie-Buchdrucker *Hessenlandt*, ohne Weiteres die Herausgabe einer neuen Zeitung unter dem Titel „Der Magdeburgische Mercur". Durch Hofrescript vom 9. November 1798 wurde diese Zeitung bei 100 Thaler Strafe verboten und dabei ausdrücklich anerkannt, dass eine zweite Zeitung direct in die Rechte der Faber'schen Zeitungs-Expedition eingriffe. Daher wurde dem *Hessenlandt* auch für ferner der Druck und Absatz eines jeden zeitungsmässigen Werkes unbedingt untersagt. Trotzdem versuchte *Hessenlandt* 1801 von Neuem ein Zeitungsprivileg zu erlangen. Auch hier abgewiesen, ging er unter *C. F. Fabers* Nachfolger wiederum gegen die Faber'sche Zeitung vor. Auf diesen letzten Angriff kommen wir vielleicht später noch einmal zurück, da dabei einige allgemein interessante Dinge zur Sprache gebracht werden.

Neben diesen Streitigkeiten wegen des Zeitungsprivilegs liefen die früher bereits erwähnten Conflicte mit dem Intelligenz-Contoir. Eine eingehende Schilderung dieser müssen wir uns in dieser Skizze versagen; in einer ausführlichen Geschichte der Magdeburgischen Zeitung dürfte eine eingehende Behandlung des Verhältnisses der Zeitungen zu dem staatlichen Intelligenzwesen freilich nicht fehlen.

94

Eine weitere Veranlassung zu fortgesetzten Kämpfen ergab der Anspruch der verschiedensten Königlichen Behörden, ihre Bekanntmachungen ohne jede Entschädigung in der Zeitung veröffentlicht zu sehen. Der Staat hatte die Intelligenz - Blätter gegründet, wie wenig diese aber dem Bedürfniss nach genügender Verbreitung und Bekanntwerden der Anzeigen genügten, geht aus der Benutzung der Zeitungen durch die Behörden selbst am besten hervor. Ausser den Königlichen, erstreben aber auch andere Behörden allerlei Ansprüche an die Zeitung. So kam 1775 das Scholarchat der Stadt Magdeburg, angeregt durch eine Verfügung des Königl. Consistoriums, mit dem Anspruch, für seine Anzeigen in Schul- und Currende-Sachen in der Zeitung nicht mehr zu bezahlen, als bei dem Königlichen Intelligenz-Contoir entrichtet würde. *C. F. Faber* wies diesen Anspruch zurück, indem er darlegte, dass er bereits alle Verpachtungen der Königl. Aemter, Jagden, Holzverkäufe, alle Citationen entwichener Cantonisten, Enrollirten und der Deserteurs von den im Herzogthum Magdeburg, dem Fürstenthum Halberstadt und im Saal-Kreise liegenden Regimentern, ja sogar die Citationen der entwichenen Accise- und Zoll-Defraudanten gratis inseriren müsse, mithin genügend belastet sei. Er wies weiter darauf hin, dass ja Niemand, also auch das Scholarchat nicht, verpflichtet sei, in seiner Zeitung zu inseriren und dass, wenn trotzdem bei ihm inserirt werden solle, es unbillig sei, zu verlangen, dass er dafür die Kosten trage. Endlich war er auch der Meinung, dass, wenn er dem Anspruche Genüge leisten wolle, sein Privileg geschmälert werden würde. Das Privilegium sei ein Königliches Reservatrecht, nur der Krone stehe zu, Privilegien zu mindern und zu mehren und keine Behörde könne sich anmassen, „solche in totum oder tantum aufzuheben". So blieb es denn beim Alten.

95

Wenn wir nun zunächst die Zeitung selbst wieder betrachten, so finden wir im textlichen Theil gegen früher mehr eigenes Leben und damit mehr Frische. Freilich klagt auch *C. F. Faber* schon — und später werden wir diesen Punkt eingehender betrachten müssen — dass die Strenge der Censur in Preussen und in Magdeburg im Besonderen, es sehr schwer machten, eine so anziehende und anregende Zeitung zu liefern, wie dies in Hamburg und Frankfurt z. B. der Fall sei. Die Zeitung nimmt an Umfang unter *C. F. Faber* fast um das Doppelte zu. Hieran hat redactioneller und Inseratentheil fast gleichmässig Theil.

Wir wenden uns zunächst zum Inseratentheil. In der ersten Nummer des Jahres findet sich da stets eine Uebersicht der in den verschiedenen Parochien Gesammt-Magdeburgs getrauten, geborenen und gestorbenen Personen. Vielfach ist auch das Facit gezogen, so waren 1771 in allen Stadttheilen zusammen 149 Personen mehr gestorben als geboren, 1772 betrug der Verlust 755, 1773 waren 346 mehr gestorben und erst 1774 wird ein Ueberschuss von 85 Geborenen verzeichnet.

Interessant sind die behördlicherseits festgesetzten Taxen für die verschiedenen Lebensmittel. Wir lernen daraus auch kennen, was z. B. für Biersorten in der zweiten Hälfte des achtzehnten Jahrhunderts hier getrunken wurden. Es war das: Neu-Bier, Alt-Bier, Höpfgen-Bier, Breyhan, Halberstädter Breyhan, Wanzleber Breyhan, Garley-Bier, Duchsteiner- und Zerbster Bier. Sehr berauschend dürften diese Getränke nicht gewesen sein, dazu hatten sie den Vorzug, billig zu sein, das Mass kostete durchschnittlich 1 Groschen. Bei Semmel und Brod war stets angegeben, wie viel an Gewicht für eine bestimmte Summe geliefert werden musste. So gab es 1772 für 3 Pfennig 6 Loth 2 Quentchen Semmel, 7 Loth 2¼ Quentchen „klar Rocken Brod", für 1 Groschen 1 Pfund 4 Loth „Hausmanns Brod" und 1 Pfund 10 Loth 2¼ Quentchen „Grob Brod". Auch die Fleischpreise würden unseren Hausfrauen heute wohl gefallen, kostete doch das „beste Rindfleisch" 2 Groschen das Pfund, mittleres 1 Gr. 8 Pf., dabei wurde noch zwischen Rind- und Kuhfleisch unterschieden, welch letzteres nur mit 1 Groschen 4 Pf. das Pfund bezahlt wurde.

Die starke Steigerung der Inseratenzahl tritt uns namentlich von den letzten drei, vier Jahren des achtzehnten Jahrhunderts ab entgegen. An bemerkenswerthen Neuerungen finden wir die Einführung der „Familien-Anzeigen". Die erste derartige Nachricht steht in der Nummer vom 17. December 1789. Es ist eine Todes-Anzeige und hat bereits die Form, die für derartige Anzeigen bis weit in das neunzehnte Jahrhundert hinein die gebräuchliche war. Diese erste Familien-Anzeige lautet:

> *Meine geliebteste Ehegemahlin, Frau Friederique Louise, geborene Blankenbach, ist heute früh im 59sten Jahre an einer Auszehrung mit Tode abgegangen. — Allen Gönnern, Freunden und Bekannten der Seeligen ermangele ich nicht, diesen mir so schmerzlichen Verlust anzuzeigen. Ich bin von Ihrer Theilnahme daran überzeugt, verbitte aber die schriftliche Versicherung derselben.*
>
> *Magdeburg, den 16. December 1789.*
>
> *Johann Christoph Weinschenk,*
> *Hofrath u. Med. Doct.*

In wenigen Jahren war die Sitte, alle freudigen und traurigen Ereignisse des Familienlebens durch die Zeitung bekannt zu geben, allgemein üblich geworden. Es ist dies für die Familiengeschichte und für das Studium der in Magdeburg und seiner weiteren Umgebung angesessenen Familien eine werthvolle Quelle. Ausserordentlich interessant für uns ist auch das

Folgende. In den letzten zwanzig oder dreissig Jahren des vorigen Jahrhunderts mehren sich die Anzeigen im Inseratentheil, die Kunde geben von der vorsorgenden Thätigkeit der Königlichen Regierung, von ihrem Streben, das Land zu heben, indem man dafür sorgte, dass die Ernährung des Volks gesichert, die vorhandene Industrie mit den Rohstoffen, die sie brauchte, möglichst aus dem eigenen Lande versorgt und überall neue Thätigkeit zur Gewinnung neuer Einnahmequellen für die Einwohnerschaft des Landes erweckt würde. So finden wir auf Grund eines Edicts vom 3. April 1774 Verbote, die inländische Wolle ausser Landes zu fahren. Zu besserer Controlle durfte die Wolle nur in den Städten zum Verkauf gebracht werden; fand man auf den Landstrassen auf dem Lande aufgekaufte Wolle, so wurde diese nebst Wagen, Pferden und Geschirren unweigerlich confiscirt. Da ist ein Verbot Getreide und Hülsenfrüchte auszuführen, eine Verordnung, die den Bezug eines guten, weissen Salzes in richtigen Mengen zu billigem Preise für das Publicum sichern soll. Vor allem aber finden wir die Prämienaussetzungen für alle möglichen Dinge. In den dazu erlassenen Ausschreiben tritt uns ein so tiefes Eindringen in alle Arten menschlicher Thätigkeit, eine so genaue Kenntniss der Eigenart und der besonderen Bedürfnisse jeder einzelnen Landschaft des Königreichs Preussen entgegen, dass wir mit Bewunderung erfüllt werden vor der grossartigen Culturarbeit, die die preussische Regierung, sei es auf Anregung, sei es auch nur mit Genehmigung ihrer Könige verrichtet hat. Wenn man sich in diese Arbeit vertieft, dann versteht man erst so recht, warum Brandenburg-Preussen, trotz der schwierigen äusseren Verhältnisse, doch die Nachbarländer überflügelte, dann erkennt man erst die Wurzeln seiner Kraft. Dazu kommt ja dann freilich noch, dass die Kraft, die da erzeugt wurde, nicht

98

vergeudet ist für prunkvolle Hofhaltungen und Misswirthschaft aller Art, sondern verwendet ist im Dienste des Ganzen, zu neuer Kräftigung und Förderung des Gesammtwohls.

Wir wollen hier nur einen ganz kurzen Blick in eine solche Bekanntmachung werfen. Da finden wir für bestimmte Gegenden Prämien für Maulbeerbaum-Anpflanzungen, solche für Forstleute, die den meisten Samen von Waldbäumen in einem bestimmten Zeitraum in gewissen Gegenden ausgesäet haben, eine andere Prämie für Forstleute, die die schönsten, von ihnen selbst gepflanzten 10- bis 12jährigen Eichstämme werden vorführen können. Von Stadt- und Dorfgemeinden, die in der Nähe von Flüssen liegen, deren Ufer durch Faschinen unterhalten werden müssen, erhalten die Prämien, die die meisten Weiden angepflanzt haben werden. Weiter werden versprochen: denjenigen, die im Fürstenthum Minden, der Grafschaft Ravensberg, im Halberstädtischen, Magdeburgischen, der Chur- und Neumark, Ost- und Westpreussen gute Steinkohlen entdecken werden, 250 Thaler; Personen, welche im Saalkreise und der Grafschaft Mansfeld sich der Löbegün'schen Steinkohle als Stubenfeuerung bedienen werden, jedem fünf Thaler. Da sind Prämien für die beste Ausnutzung der Feuerung, in gewissen Gegenden des Torfs, für Brauerei-, Gips-, Kalk- und Steinbrennerei-Zwecke ausgesetzt, weiter solche für Landwirthe in bestimmt genannten Gegenden, welche die Mergeldüngung zum ersten Male einführen und „am mehresten poussiren" werden. Dann für Anlage von Salpeterhütten, für Spitzenklöppeln, für Tuch- und Wollfabriken, für denjenigen, der brauchbare Blei- züge für die Gläser aus einheimischen Producten und wenigstens eben so wohlfeil als die Schwarzwälder solche liefern, anfertigen wird u. s. w. In der uns vorliegenden Bekanntmachung sind 92 verschiedene Prämien ausgesetzt; oft steigt ihre Zahl bis

auf 200 und mehr. Es wird da nichts übersehen, die Eigenart
jeder Gegend sorgfältig studirt und das Gewerbe zu fördern
gesucht, das für jede einzelne Gegend am besten für die
Hebung des Wohlstandes geeignet zu sein scheint. Dass wir
heute wissen, dass hie und da in den Anordnungen fehl
gegriffen ist, das thut der Grossartigkeit des ganzen Strebens
durchaus keinen Abbruch.

In dasselbe Gebiet der Fürsorge fällt eine Bekanntmachung, durch die zur Erlangung der Mittel für den schnelleren
Ausbau von Chausseen — hier im Magdeburgischen und dem
Fürstenthum Halberstadt — eine Leibrenten-Anstalt errichtet
wird. Im Jahre 1791 finden wir die Bekanntmachung von
dem auf Königl. Befehl verfassten neuen Gesetzbuche, das
an Stelle des bisher angewandten Römischen- und der anderen
fremden, sogenannten Hülfsrechte treten soll.

Ganz kurz wollen wir auch der übrigen Inserate
gedenken. Immer mehr machen Handel und Gewerbe von der
Annonce Gebrauch, auch Vergnügungs-Anzeigen tauchen auf.
Zuerst sind es Darstellungen wunderbarer mechanischer Kunst-
werke und dergleichen, dann musikalische Vorträge, später
kommen auch Feuerwerke, Tanz-Assembleen und endlich auch
das Theater zum Vorschein. 1771 muss noch eine Münze in
Magdeburg in Betrieb gewesen sein, denn wir finden eine
Anzeige, wonach ein Subaltern-Beamter der Münze wegen
Veruntreuung mit 6 Jahren Festung bestraft wurde, was zur
Warnung bekannt gegeben wird. — Die Armen-Holzversorgungs-
Gesellschaft, die ja auch heute noch besteht, lässt von sich
hören. Unter den Anzeigen der Gesellschaft finden wir die
Namen: *Vangerow*, *Wentzlau*, *Fritze*, *Schwartz*, *Reinhard*, *Weise*,
Sprung, *Burchard* und *Bader*. Einzelne dieser Familien blühen
ja heute noch und mögen noch lange blühen. Manche andere

Namen kommen vor, sehr viel, seiner Häuser wegen, *Lekeni*, dann *Bouvier*, die beide, so viel wir wissen, nur noch in weiblicher Linie fortbestehen, dann *Bandelow* 1772, Hofrath *Durignau* 1789, *Delbrück*, *Dr. Voigtel*, Kgl. Medicinalrath; wir finden den Lotterie-Collecteur *Roch; Schwatz & Schubart*, im Hause zur Elster am Packhof wohnend, zeigen an, dass sie Französische Castanien und „aufrichtigen" Schweizerkäse in Commission erhalten haben. Glieder der Familie *Fölsche* und *Burchardt* verloben sich miteinander, wir begegnen ferner den Namen *Morgenstern*, *Coqui*, *Peter Costenobel* „d. Z. Schützenmeister", *Joh. Sam. Palis*, *Vollrath*, *Helms*, *Bittkow*, *Stegmann*, *Sombart*, *Kalisky*, *Kauffmann*, *von Alemann*, *Heyroth*, *Neide*, *Rumpff*, *Oberbeck*, *Fahrenholtz*, *Bonte*, *Joh. Friedr. Deneke*, „Oberkaufmann" *Rudolph*. Fast alle diese Namen treten um die Wende des Jahrhunderts häufiger auf. Auch aus der Umgegend wollen wir einige bekanntere Namen nennen: Oberamtmann *Bennecke* zu Alten Stassfurt, Amtmann *Nobbe*, Neumark, Schiffer *Dimling*, Schönebeck, heute sich wohl *Dümling* schreibend, *Dr. Maizier* und Mad. *Hundrich*, Burg, verloben sich, etc. Der gesammte Adel der weitern Umgegend sandte seine Familien-Anzeigen schon damals der Magdeburgischen Zeitung, wir finden 1801 unter Anderem Gräfin *von Veltheim*, geb. *von Arnim*, Braunschweig, weiter die Reichsgräfin *von Schulenburg-Angern*, geb. *von Bismarck*, Schulenburg-Altenhausen, und so fort. Wie gesagt, wer Interesse für Familien- und Culturgeschichte hat, dem bietet der Inseratentheil der alten Zeitungen viel Stoff und viel Anregung.

Wir geben nun zur Betrachtung des redactionellen Theiles von 1772—1809 über.

Die Sonnabend-Beilage bleibt bis zum 18. Decbr. 1773 unter dem alten Titel: „Staats- und Politische Nachrichten" bestehen. 1774 tritt an ihre Stelle: „Anzeiger gemeinnütziger

Bücher, eine Beylage zur Magdeburgischen Zeitung." Wie die früheren Versuche, eine der Literatur gewidmete Beilage zu geben, stets sehr bald wieder aufgegeben werden mussten, so sehen wir auch diesen neuen Versuch schon am Ende des Jahres 1774 scheitern. Die erste Nummer der Sonnabend-Beilage vom Jahre 1775 führt schon wieder den alten Titel: Staats- und Politische Nachrichten. Dies bleibt so bis zum Ende des Jahres 1792. Januar 1793 lautet der Titel „Allgemeine Weltbegebenheiten", vom Januar 1798 ab: „Wöchentliche Beylage zur Magdeburgischen Zeitung" und dies bleibt so bis zum Ende der geschäftlichen Thätigkeit *C. F. Fabers* im Jahre 1809. Vom Jahre 1793 ab unterscheidet sich die Sonnabend-Beilage inhaltlich so gut wie gar nicht von den gewöhnlichen Nummern der Zeitung. Am 13. October 1789 finden wir die ersten Mittheilungen eines Vorläufers unseres heutigen Wetternachers *Falb*. Der damalige Wetterprophet war ein Herr *von Lontzow*, „Ehrenmitglied verschiedener Societäten, der Landwirtschafts-Gesellschaften und der schönen Künste." Vielleicht interessirt es, einen dieser Wetterberichte kennen zu lernen.

> *„Der zu erwartende halbjährige Witterungslauf des 1790sten und 1791sten Jahres." Die bey diesem Herbstäquinoctium angestellten Beobachtungen zeigen an: Dass vom 1sten October bis den 6ten November eine vermischte, mehrentheils gute Witterung kommen wird, so dass die Wintersaat gut bestellt werden kann. Vom 7ten November bis den 12ten December wird es noch fortdauern, eine vermischte Witterung zu seyn, und dann und wann schneien und etwas Frostwetter kommen. Vom 13ten December bis den 30sten Januar wird erst noch eine rauhe vermischte Witterung herrschen; aber im Anfange vom Januar wird eine anhaltende strenge Kälte kommen und viel Schnee fallen. Vom 1sten Februar bis den 20sten März wird die Kälte noch strenge und mit vieler Schneejacht vermischt seyn; im März aber wird eine vermischte bessere Witterung kommen. — Aus allen diesen erhellet, dass wir keinen frühen Eintritt des Frostes zu erwarten haben, auch dass der Winter nicht sehr lange anhalten,*

aber doch geraume Zeit sehr strenge seyn und vieler Schnee mit unter fallen wird. Stralsund, den 27ten Sept. 1790.

„Vermischtes" und „Eingesandtes" werden vielseitiger; unter letzterer Rubrik finden sich häufiger solche in gebundener Sprache, wie in einer Zeit die Inserate selbst hie und da in Reime gebracht wurden. Es war die Zeit, in der Jeder trachtete „geistreich" und „geschmackvoll" zu sein, wenn uns heute auch oft genug beim Lesen dieser „geistreichen und geschmackvollen" Elaborate das Lachen kommt.

Die kleinen Mittheilungen unter den „Vermischten Nachrichten" eröffnen auch häufig Blicke in den Culturzustand der betreffenden Zeit, oder lassen auf Modethorheiten und dergleichen schliessen. Da lesen wir z. B., dass in Paris Leute das Stecknadel-Sammeln in den Theatern gepachtet haben. Sofort, nachdem der Zuschauerraum sich entleert hat, beginnen sie das Sammeln der Stecknadeln, die sie dann wieder an die Krämer verkauften. Waren Stecknadeln noch so etwas Seltenes, oder war die Mode derart, dass Stecknadeln in solchen Mengen bei der Toilette gebraucht wurden, dass das Quantum, das in den wenigen Stunden der Theatervorstellungen von den Kleidungstücken abfiel, schon einen Ertrag lieferte, um trotz Pacht und Arbeit das Geschäft rentabel zu machen? Heut zu Tage dürfte man kaum eine Semmel aus dem Erlös der im Theater zu Boden fallenden Stecknadeln sich kaufen können.

Die erste Nummer des Jahres 1800 beginnt mit einem längeren Artikel über die alte Streitfrage, wann denn das neue Jahrhundert eigentlich beginne. Es wird beiden Theilen recht gegeben, es käme eben nur darauf an, ob man die Jahreszahlen als Hauptzahlen, numeri cardinales, oder als Ordnungszahlen, bei denen man fragt: der wie vielste, auffasse. Am Schluss erfahren wir, dass das Lüneburger Consistorium verordnet habe,

103

den Eintritt ins neunzehnte Jahrhundert erst mit dem 1. Januar 1801 zu feiern. Auch in den Vermischten Nachrichten derselben Nummer wird die Frage behandelt und mitgetheilt, dass nach alten Schriften erwiesen sei, dass man sowohl das siebzehnte als auch das achtzehnte Jahrhundert mit dem 1. Januar 1601 und 1701 begonnen habe. Im Jahre 1700 sei auch eine Spottmünze auf diese Angelegenheit erschienen. Die Hauptseite habe einen Mann gezeigt, der einen Menschen in einem Mörser mit der Keule zerstampft. Die Aufschrift laute hier:

Was hier wird ausgericht,
Fällt droben ins Gericht

Auf der anderen Seite:

Ey was Wunder
MDCC sind noch nicht herunter,
Wer's nicht glaubt, lieber Herr,
Bleibt ein Neunundneunziger.

In der Nummer vom 6. Februar 1800 finden wir unter Magdeburg die Mittheilung, dass am 2. Februar desselben Jahres die Deutschreformirte Gemeinde ein Dankfest wegen der hundertjährigen Erhaltung ihrer Kirche gefeiert habe. Vielleicht verschiebt die heutige Deutschreformirte Gemeinde die Einweihung ihrer im Bau begriffenen Kirche, die ein würdiges und schönes Bauwerk zu werden verspricht, auf das Jahr 1900? Wie aus dieser Notiz hervorgeht, haben die Magdeburger Sätze der Zeitung im Laufe der Geschäftsführung *C. F. Fabers* mehr locale Färbung erhalten.

Von höchstem Interesse sind die Bände der Magdeburgischen Zeitung, welche von der französischen Revolution, von dem Aufkommen Napoleons und endlich von den schweren Schicksalsschlägen erzählen, die unser Vaterland betrafen. Es ist ein ganz Anderes, alles das im Geschichtsbuch nachzulesen, oder hier in der Zeitung das Herannahen des Schicksals fast

unmittelbar mit zu empfinden. Wir haben ja 1893 den grössten
Theil des Jahrganges von 1793 veröffentlicht und in den weitesten
Kreisen hat sich der Eindruck erkennbar gemacht, den die
Berichte aus jener grossen Zeit, so unmittelbar wirkend, auch
jetzt wieder auf uns machen, da wir in den alten Bänden blättern.
Erschütternd wirken die Nummern der Zeitung vom October 1806.
Da sehen wir durch unsere alte Stadt Regiment auf Regiment
ziehend dem Corsen entgegen.

Magdeburg, vom 14. October.

*Am 9ten dieses, Früh um 7 Uhr, marschirte das Tags zuvor
hier eingerückte Infanterieregiment v. Kauffberg wieder von hier ab,
und das Infanterieregiment Jung von Larisch, aus Thorn, ging
halb zehn Uhr, Vormittags, durch die Stadt. Am 10ten dieses, Früh
um 4 Uhr, eilte der Preussische Feldjäger, Herr Kaplick, als Courier,
von der Armee Se. Majestät des Königs, hier durch nach Berlin;
um 9 Uhr, Vormittags, marschirte das Infanterieregiment v. Treskow,
aus Dansig, durch die Stadt, und Mittags um 12 Uhr kam der Feldjäger, Herr Wegner, als Courier von Erfurt hier an; ersterer reiste
am 11ten, Morgens um halb 8 Uhr, wieder hier durch zur Armee.
An eben dem Tage, Vormittags um 9 Uhr, ging eine 12pfündige
Batterie, unterm Commando des Herrn Lieutenant Meyer, und um
10 Uhr das Grenadierbataillon v. Vieregg durch die Stadt. Um
1 Uhr, Mittags, rückte das Infanterieregiment v. Manstein, aus
Bromberg, zum Nachtquartier hier ein, welches nebst dem Grenadierbataillon v. Crety, das seit dem 7ten dieses sich hier befand, ehegestern
Morgen wieder abmarschirt ist. Am Sonnabend Abend um 8 Uhr
kamen Se. Durchlaucht, der Herzog Eugen von Würtemberg, Königl.
Preussischen General der Cavallerie, nebst Adjutanten, von Berlin
hier an, und haben im hiesigen Logenhause ihr Quartier genommen.
Gestern Mittag um halb 1 Uhr ist die 12pfündige Batterie des Herrn
Capitain Hart hier eingetroffen.*

So und ähnlich geht es Tag für Tag. Am 16. October
finden wir noch ein langes Gedicht: Vaterlandsgesang für
unsern König und unsere tapfern Streiter, von dem wir Vers
eins, zwei und fünf hier mittheilen:

Auf, ihr Brüder! Deutschlands Söhnen
Sey diess ernste Lied geweiht.
Singt in feyerlichen Tönen
Unsrer Ahnen Tapferkeit;
Brecht von tausendjähr'gen Eichen,
Von der Zier des Vaterlands,
Unsern Brüdern, die nicht weichen,
Einen Zweig zum Siegeskranz.

Ha! wie wird der Feind erbeben,
Wenn des Brennen Waffe klirrt;
Wenn dem König Blut und Leben
Freudig aufgeopfert wird!
Wiss', an unserm stillen Heerde
Wuchs der ungeschwächte Muth;
Gallier, an diesem Schwerdte
Klebt noch deines Vaters Blut!

Friedrich Wilhelm, unsre Haabe,
Unser theures Blut ist dein!
Schwoerst Du nicht an Friedrichs Grabe
Seiner Krone werth zu seyn?
Friedrichs Thron steht unerschüttert;
Ihm sind Gallier zu klein —
Doch im fremden Joche zittert
Deutschland; du musst es befreyn!

Am 18. October beginnt der Magdeburger Satz an der
Spitze der Zeitung:

Magdeburg, vom 18. October.

So widersprechend auch die über die Ereignisse des aus-
gebrochenen Krieges laufenden Gerüchte sind, welche nur von ununter-
richteten und muthlosen Personen verbreitet wurden: so lässt sich
doch von der Tapferkeit unserer Truppen und dem Muthe und der
Klugheit ihrer Anführer mit Zuversicht erwarten, dass jene Gerüchte
durch die Nachricht grösserer Vortheile über den Feind bald in Ver-
gessenheit gebracht seyn werden. Der Himmel wird Preussens gerechte
Waffen segnen, und mit Sieg krönen.

106

Am 21. October beginnt die Zeitung:

Berlin, vom 18. October.

Laut vorläufig eingegangenen Nachrichten hat die Armee des Königes, am 14ten dieses, bey Auerstädt, ohnweit Naumburg, eine Schlacht verloren. Die näheren Umstände sind noch nicht bekannt; doch weiss man, dass Se. Majestät der König, und dessen Brüder, Königliche Hoheiten, am Leben und nicht verwundet sind.

Unterm 25. October macht die Zeitung bekannt:

Das Ausbleiben aller Posten setzt uns jetzt und so lange ausser Stand, dem Publicum politische Nachrichten zu liefern, bis die Hemmung des Postenlaufs aufgehört hat; dagegen werden künftig die für die Zeitung eingehenden Bekanntmachungen und Anzeigen ferner, wie bisher, geliefert werden. Magdeburg, den 25sten October 1806.

Königl. Preuss. privativ-privilegirte
Zeitungs-Expedition.

Von da an erfährt man nur noch wenig von aussen; mit gleichgültigen Artikeln: „Der älteste Maulbeerbaum in Frankreich", „Ueber Strassenbeleuchtung" und dergleichen tröstet man sich hin, die Stadt ist umzingelt, vor den Thoren ein siegesgewisser, übermüthiger Feind, in der Stadt tapfere, zum Aeussersten entschlossene Truppen, aber ein unfähiger Führer. Da kam es denn wie es kommen musste: Donnerstag, den 13. November 1806 sehen wir die Zeitung ohne den preussischen Adler, der seit 1701 über Stadt und Land und auch über die Zeitung schützend seine Flügel gebreitet hatte. An der Spitze der Zeitung lesen wir:

Magdeburg, vom 13. November.

Nachdem unsere Stadt seit dem 20ten vorigen Monats durch das 6te Korps der grossen Französischen Armee, unterm Commando Sr. Excellenz, des Hrn. Reichsmarschalls Ney, eingeschlossen und mehrere Male beschossen worden, ist am 8ten dieses zwischen Sr. Excellenz, dem Hrn. Reichsmarschall Ney, und unserm Gouverneur, Hrn. General v. Kleist Excellenz, eine Capitulation zu Stande gekommen, wodurch unsere Stadt den Französischen Truppen überliefert worden.

107

Darauf folgen die Artikel der schmachvollen Capitulation, durch die ein fester, mit 800 Kanonen armirter Platz, eine stolze 22,000 Mann starke Truppe kampflos einem Gegner preis gegeben werden, der nur über 10,000 Mann und einige leichte Feldgeschütze verfügte. In derselben Nummer steht folgendes „Publicandum", wovon wir nur die deutsche Uebersetzung geben:

Auf Befehl Sr. Excellenz des Herrn Marschalls Ney wird denen Bürgern Folgendes bekannt gemacht:

1) Die Französischen Soldaten werden in den Häusern der Einwohner gespeist, wo sie ins Quartier gelegt werden.

2) Die Speisung ist folgendergestalt requlirt: Mittags Suppe, Fleisch und Kartoffeln, oder andere Vorkost.

Das Fleisch ist auf den Mann täglich auf drey Viertel Pfund festgesetzt.

3) Die Soldaten erhalten bey jeder Mahlzeit eine Bouteille Bier, und drey Viertel Pfund gutes Brod.

4) Die Suppe wird mit weissem Brod gekocht, und

5) Die Herren Officiere werden verhältnissmässig in ihrem Quartier auf eine ihrem Grade angemessene Art gespeist.

Magdeburg, am 12. November 1806.

Vom 15. November ab steht unter dem schlichten Titel Magdeburgische Zeitung der Vermerk: „Mit Genehmigung des Herrn Gouverneur, General Colbert", und was von nun an geschah in Stadt und Land, geschah und durfte nur geschehen „mit Genehmigung des Herrn Gouverneurs" oder einer sonstigen französischen Behörde.

Der Jahrgang 1807 zeigt schon äusserlich durch seinen wesentlich geringen Umfang an, wie hart die neue Zeit auf allem geschäftlichen Verkehr lastete. Für *C. F. Faber* war es eine besonders schwere Zeit, die er doppelt drückend empfand, als er seiner ganzen Eigenart nach nur widerstrebend dem Drucke nachgeben konnte, den die neuen Machthaber auch

auf die Zeitung ausübten. War schon unter preussischer Herrschaft die Censur sehr strenge gewesen, so wurde sie unter
französischem Regime derart, dass irgend welche selbstständige
Regung der Zeitung vollkommen ausgeschlossen war. Alle
Artikel und Correspondenzen, alle Bekanntmachungen, soweit
sie nicht aus französischen, oder unter französischer Controlle
stehenden deutschen Zeitungen entnommen waren, mussten vor
der Veröffentlichung, nebst französischer Uebersetzung, dem
Präfecten zugesandt werden. Die nachstehende Verordnung
mag zeigen, bis zu welchen fast lächerlichen Kleinlichkeiten
hinab, die Bevormundung sich erstreckte:

Königreich
Westfalen.
___

Departement der Elbe.
___

Division.
___

No. 1075.

Vorstehende No. ist am Rande
der Antwort zu bemerken.

Magdeburg, den 29ten Merz 1808.

Der Graf von der Schulenburg-Emden,
Präfect des Elb-Departements

an

den Herrn Commissionsrath Faber.

> *Es werden öfters gewagte und hiernächst unrichtige Nach-*
> *richten von Naturbegebenheiten, als Erdbeben, Ueberschwemmungen und*
> *dergleichen, ferner von Angriffen auf die gesellschaftliche Sicherheit,*
> *als Meuchelmord, Strassenraub und dergleichen in den öffentlichen*
> *Blättern mitgetheilt, wodurch die Ruhe und öffentliche Sicherheit*
> *gefährdet werden.*
> *Diess darf nicht seyn und ich muss Ihnen hierdurch aus-*
> *drücklich verbieten, in Ihren Zeitungen irgend eine auf unglückliche*
> *Begebenheit Bezug habende Neuigkeit ohne meine ausdrückliche*
> *Erlaubniss einzurücken, wenn solche nicht wenigstens schon in dem*
> *officiellen Journal oder in Frankreich und in den mit demselben*
> *alliirten Ländern authorisirten Journalen gestanden haben. Sie haben*
> *daher jedesmal bey der Censur dasjenige officielle Blatt, worin ein*
> *solcher Artikel steht, beyzufügen, und ich muss die Drohung hinzu-*

109

fügen, dass im Fall dennoch dergleichen verbotene Nachrichten sich
darin finden sollten, Ihre Zeitung sofort verboten und davon Anzeige
nach Cassel gemacht werden wird.

Der Präfect des Elb-Departements
gez. Schulenburg.

Die Zeitung füllte sich mit Bulletins, Arrêtés und allen
möglichen Verfügungen französischer Behörden und Gerichte, und
fast alles sollte von der Zeitung unentgeldlich veröffentlicht werden.
Dabei waren die öffentlichen Lasten ausserordentlich drückend,
so dass sich *C. F. Faber* genöthigt sah, sich im September 1807
an den Präsidenten *von Vangerow*, den er persönlich kennen gelernt
hatte, mit der Bitte zu wenden, für Bezahlung der für die
K. K. französische Regierung veröffentlichten, „zur Bezahlung
sich qualificirenden" Avertissements sorgen zu wollen. Er hebt
dabei hervor, dass er seit Jahr und Tag fortgesetzt Einquartierung
gehabt habe, dass er für die Zwangsanleihe eine grössere Summe
habe herbeischaffen und ausser anderen Steuern vierteljährlich
72 Thaler zur „Sublevations-Casse" zahlen müsse. Im Januar 1808
richtet er an Jérôme Napoléon die Bitte, gestatten zu wollen,
dass in der Magdeburgischen Zeitung die Gesetz-Bulletins, die
ihm zur Veröffentlichung zugingen, nur in deutscher Sprache
abgedruckt würden, da ja unter den Lesern der Magdeburgischen
Zeitung wahrscheinlich gar keine sich befänden, die die deutsche
Sprache nicht verständen, das Französische daher ganz überflüssig
sei. Dieser Bitte wurde entsprochen, so dass die grossen Kosten,
welche durch Veröffentlichung der französischen Gesetze entstanden, nicht unnöthig noch verdoppelt wurden.

Durch alle die vielen Neuerungen, Erschwerungen
und persönlichen Unannehmlichkeiten, welche er als Zeitungsverleger seit der Besitzergreifung Magdeburgs von den Franzosen
zu erdulden hatte, wurde *Carl Friedrich Faber* der Besitz der
Zeitung vollkommen verleidet. Als nun 1809 von der französischen

Regierung eine Zeitungssteuer von 50 Centimes pro Exemplar und
Quartal ausgeschrieben wurde, der fast siebzig Jahre alte Herr
aber an eine solch' unerhörte Neuerung wohl nicht geglaubt und
in Folge dessen versäumt hatte, die Steuer auf seine Abonnenten
abzuwälzen, da gaben die Unannehmlichkeiten, die er in Folge
dessen mit der Verwaltung und seinen Abonnenten durchzumachen
hatte, den Ausschlag. Im Herbst 1809 überliess er Druckerei und
Goldenes ABC — letzteres vorläufig nur miethsweise — seinem
Neffen *Friedrich Heinrich August Faber*. *Carl Friedrich Faber* lebte
noch, wie bereits bemerkt, bis 1823. Während der Blockade
Magdeburgs im Jahre 1813 hatte er eine sehr schwere Zeit
durchzumachen. Nach Mittheilungen unseres bereits erwähnten
Vetters, des Herrn *Richard Faber,* der im Besitz der betreffenden
Original-Acten ist, hatte *C. F. Faber,* der als Junggeselle in der
Lage war Capital zu sammeln, dieses auf eine Reihe Häuser der
Alt- und Neustadt-Magdeburg ausgeliehen. Die Neustadt wurde
1812 niedergebrannt, in der Altstadt wurde die Last der Einquartierung und sonstiger den Hausbesitzern in erster Reihe
auferlegten Leistungen und Abgaben so drückend, dass viele
dieser Besitzer bei Nacht und Nebel davon gingen. So hatte
C. F. Faber, um seine Capitalien zu retten, schliesslich acht
Häuser, deren Besitzer ihm einfach die Schlüssel übergeben oder
zugeschickt hatten, übernehmen müssen. Diese Häuser hatte er
nun zu verwalten und während der ganzen Blockade die schweren
französischen Contributionen dafür aufzubringen. Dabei war Geld
fast gar nicht zu haben und ein Zinsfuss von 7 bis 8 % nicht
selten. So kam es, dass trotz seiner neun Häuser *Carl Friedrich
Faber* zeitweise in rechter Noth sich befand.

Ehe wir zum nächsten Abschnitt schreiten, wollen wir
noch eines Ereignisses gedenken, das unter *C. F. Faber* stattfand
und durch das noch die heutigen Besitzer der Faber'schen Buch-

druckerei eine seltene Freude erlebten. Am 26. August 1787 brannte die Stadt Neu-Ruppin fast vollständig nieder. Elend und Noth herrschten unter den obdachlosen Einwohnern, da regte hier in Magdeburg die Magdeburgische Zeitung eine Sammlung für die nothleidenden Neu-Ruppiner an, die einen reichlichen Ertrag ergab, der dann dem Magistrate der Stadt Neu-Ruppin übersendet wurde. Zum 26. August 1887 erhielten die heutigen Inhaber der Magdeburgischen Zeitung vom Magistrate der Stadt Neu-Ruppin eine Einladung, an der Feier zur Erinnerung des Wiederaufbaues ihrer Stadt vor hundert Jahren Theil nehmen zu wollen. Dieser Einladung war ein Schreiben angefügt, in dem es unter Anderem heisst: .... „Zum Helfen und Geben freudig bereit hat sich damals insbesondere die Magdeburgische Zeitung bezeigt. Den Unterzeichneten gereicht es zur besonderen Freude, diese Thatsachen in das Gedächtniss der jetzt Lebenden zurückzurufen und allen Nachkommen jener wackeren Freunde unserer Stadt wiederholt herzinnigen Dank zuzurufen für die von ihren Vätern in so reichem Masse unseren Altvordern erwiesene Liebe und Güte!"

Nach hundert Jahren noch ein so warmer, herzlicher Dank, wahrlich eine seltene, aber der Seltenheit wegen um so erfreulichere That!

112

FRIEDRICH HEINRICH AUGUST FABER
1809—1846.

Der neue Besitzer der Faber'schen Buchdruckerei war der zweite Sohn eines jüngeren Bruders *Carl Friedrich Fabers*, des *Gabriel Gotthilf Faber II.* Dieser hatte den Soldatenberuf erwählt und war am 4. Juni 1758, 16 Jahre alt, bei dem aus Geldern hier eingerückten Garnison-Bataillon von La Motte als Fahnenjunker bei der Leibcompagnie eingetreten. Als der Königliche Hof in Magdeburg residirte, hatte *Gabriel Gotthilf II.* die Ehre, da er ein guter Fechter war, commandirt zu werden, täglich eine Stunde mit dem Kronprinzen *Friedrich Wilhelm*, dem nachmaligen König *Friedrich Wilhelm II.*, zu fechten. In dem Zimmer des Schreibers dieser Zeilen hängt noch, gegenüber dem Degen, den er selbst als Officier in Frankreich geführt, der Ehrendegen, den unser Urgrossvater zur Erinnerung an diese Zeit vom Kronprinzen *Friedrich Wilhelm* erhalten hat. Eine starke, breite Klinge, Bügel, Stichblatt und Knopf aus Silber. 1760 zum Fähndrich befördert, wurde er 1761 als Hülfsofficier zur Armee des Herzogs von Würtemberg nach Pommern versetzt. Vor Colberg traf er die Armee, der Herzog *Eugen* schenkte ihm ein Pferd und 100 Thaler und stellte ihn beim damaligen von Grabow'schen Regimente ein. Unser

16

Aeltervater machte eine Reihe von Gefechten und Schlachten mit, war in der Schlacht bei Freyberg Ordonnanz-Officier des Generals von Hülsen, Seconde-Lieutenant beim Prinzlich Nassau-Usingischen Regiment und 1766 bis auf einen Vormann nahe dem Premierlieutenant avancirt, als er mit noch sechs anderen bürgerlichen Officieren den Befehl erhielt, zum Garnison-Regiment Le Noble nach Glatz zu gehen. Diese Garnison-Regimenter, die sogen. Bleiknopfregimenter, standen nicht in gleichem Ansehen mit den Feldregimentern; G. G. *Faber* wollte daher das, was er als eine Kränkung ansah, nicht ruhig hinnehmen; er erbat seinen Abschied, den er dann auch 1767 erhielt. In einem kürzern von ihm hinterlassenen Manuscript heisst es, er wäre als Soldat seiner Neigung gemäss der glücklichste Mensch und so sehr von Patriotismus beseelt gewesen, dass er gewünscht habe, für das Vaterland zu sterben, oder bis an sein Ende zu dienen. „Allein in der besten Periode meines Alters und der Laufbahn meines Glücks ward ich auf einmal durch Versetzung zu einem Garnison-Regiment darin unterbrochen, weil ich kein Edelmann war." Manch tüchtige Kraft ist damals, als Friedrich der Grosse den Bürgerstand von den Officiersstellen ausschloss, brach gelegt oder dem Vaterlande verloren gegangen, und Wolfgang Menzel in seiner „Geschichte der Deutschen" mag recht haben, wenn er sagt, diese Handlung Friedrichs des Einzigen habe grosses Unglück über seine Nachfolger gebracht.

G. G. Faber II. wollte zunächst auch auswärts — in Holland — Kriegsdienste nehmen, auf Bitten seiner Eltern aber blieb er hier und erhielt auf Verwendung des Kronprinzen *Friedrich Wilhelm*, der seiner nicht vergessen hatte, die Stelle des Kämmerers der Stadt Magdeburg. So weit wir wissen, war die Stellung des Kämmerers in jener Zeit von der heutigen wesentlich verschieden.

114

FRIEDRICH HEINRICH AUGUST FABER.

Dieses Mannes Sohn also war *Friedrich Heinrich August Faber*. Geboren ward er am 4. December 1778 zu Magdeburg. Nach Absolvirung des Gymnasiums des Klosters Unser Lieben Frauen studirte er zu Halle Jura, trieb besonders auch Staatsrecht und nebenbei Geschichte und was von humanioren Wissenschaften sonst noch für seinen späteren Beruf von Werth sein konnte. Die Buchdruckerkunst hatte er, wie alle seine Vorfahren, ebenfalls erlernt, so dass er, nach allen Richtungen wohl vorbereitet, 1799 als Stütze seines Onkels *C. F. Faber* in das Geschäft Faber'sche Buchdruckerei eintreten konnte. Von 1799 bis 1809 hat er sowohl in der Redaction, als auch in der Leitung der Druckerei, jenem wesentliche Dienste geleistet. Diese lange und eingehende Vorbereitungszeit kam ihm sehr zu statten, als er unter den schwierigsten Verhältnissen am 1. October 1809 die Leitung des Geschäftes übernehmen musste.

Friedrich Heinrich August Faber war ein ausserordentlich fleissiger Mann. Noch in seinen alten Tagen stand er um 6 Uhr Morgens an seinem Pult. Er hatte die Gewohnheit, alles was ihn beschäftigte, oft auch bis ins Kleine hinein alles was in seinem Hause vorging, schriftlich zu fixiren, Aufzeichnungen, die anfänglich vielleicht werthlos erscheinend, heute doch — und in ferneren Jahren wird dies noch mehr der Fall sein — werthvolle Einblicke in die Einzelheiten des geschäftlichen, des gesellschaftlichen und auch des gewöhnlichen täglichen Lebens seiner Zeit gestatten. Der grösste Theil auch dieser Aufzeichnungen befindet sich in den Händen seines Enkels, des Herrn *Richard Faber*. Nach jeder Richtung fein gebildet, ein grosser Freund der Musik, konnte es nicht fehlen, dass er mit den Besten seiner Zeit enge Fühlung hatte. Als die Zeiten besser geworden waren, pflegte *F. H. A. Faber* in seinem Hause kleine Kreise gleichgesinnter Personen — doch nie mehr als zwölf Gäste auf einmal — zu versammeln. Diese kleinen Gesellschaften waren seiner Zeit berühmt, denn da er es verstand, stets diejenigen zusammen zu laden, deren Geister auf einander den belebendsten Einfluss hatten, so war neben gutem Essen und vorzüglichen Weinen — auch hier war er Kenner — für alle Theilnehmer auf geistigen Genuss unbedingt zu rechnen.

Wie sein Vater, trotz der Zurücksetzung, die er erfahren, ein enthusiastischer Verehrer des grossen Königs Friedrich war, so war auch ihm die Verehrung dieses Bedürfniss. Am Geburts- tage Friedrichs des Grossen, am 24. Januar, versammelte er denn auch stets eine Anzahl gleichdenkender Männer zu einer würdigen Feier, bei der als Gipfelpunkt ein Mundglas des Königs, mit goldenem Rheinwein gefüllt, an der Tafelrunde circulirte. Auch nach seinem Tode ist diese Sitte im alten ABC von *F. H. A. Fabers* Schwiegersohn und Erben, dem *Dr. Wilhelm Faber*, lange Jahre noch fortgeführt worden, bis ein Leiden dieses dem alten Brauch ein Ende bereitete. Längere Zeit ist dann in der hiesigen Loge diese Friedrich-Feier von einem kleinen Kreise fort- geführt und der Krystallpocal des grossen Monarchen ist an diesen Tagen auch in der Loge zur Verwendung gekommen. Ob die Sitte dort heute noch besteht, ist uns unbekannt.

Seine Liebe zur Musik, das wollen wir noch erzählen, hat *F. H. A. Faber* während der Herrschaft der Franzosen einmal davor bewahrt, als unliebsam gewordener Zeitungsmensch nach Frankreich in die Gefangenschaft geführt zu werden. Es war der Einfluss eines höheren französischen Officiers, den die gleiche Liebe zur Musik mit *F. H. A. Faber* — dieser spielte Violoncello — zusammengeführt hatte, der Rettung brachte.

Die schwerste Zeit, die *Friedr. Faber* durchzumachen hatte, waren die ersten Jahre seiner geschäftlichen Thätigkeit.

116

Wir haben bereits bei seinem Vorgänger gesehen, in welcher Weise die französische Verwaltung die Presse zu knebeln suchte. Dies wurde mit der Zeit nicht besser, sondern noch schlimmer, namentlich als die Flut zurückstaute, die Macht Napoleons zu schwanken begann. *Friedrich Faber* hat in all' dieser Noth und Gefahr, und zwar Gefahr Leibes und Lebens, sich stets als ganzen Mann gezeigt und nie vergessen, was er sich und seinem preussischen und deutschen Vaterlande schuldig war.

Vor einigen Jahren hat die Haltung der Magdeburgischen Zeitung, die doch die Haltung ihres Verlegers und Hauptredacteurs, eben unseres Grossonkels war, in einem Vortrage, den ein uns ganz Fernstehender in einem hiesigen Verein gehalten hat, warme Anerkennung gefunden. Es hat damals Leute gegeben, die diesen Vortrag uns, den heutigen Verlegern der Zeitung, als eine Ruhmredigkeit öffentlich zum Vorwurf gemacht haben. Was würden diese Leute wohl sagen, wenn sie wüssten, dass wir nun selber in diesen Blättern rühmend dieses Verhaltens unseres Vorgängers gedenken wollen? Wir thun dies aber, denn es hat in jener traurigen Zeit soviel elende Gesinnung und soviel erbärmliche Handlungen unter den Deutschen gegeben, dass jeder ein Recht hat, sich zu freuen und dessen rühmend zu gedenken, wenn seine Vorfahren Besitz und Leben geringer geachtet haben als ihre Ehre als Mensch, Preusse und Deutscher.

Wir wollen hier, um diese Angelegenheit im Zusammenhang zu erledigen, aus vielen einen Fall herausgreifen und einen Brief *Friedrich Fabers* an den Präfecten, Grafen *von der Schulenburg-Emden*, abdrucken, der unter gewöhnlichen Verhältnissen ja nichts Besonderes vorstellen mag, in jener Zeit aber angesichts der Macht und der Willkür der französischen Generale doch eine mannhafte That war. Wir haben früher bereits gezeigt, dass nur das in der Zeitung veröffentlicht werden durfte, was aus unter

117

französischer Controlle erscheinenden Zeitungen entnommen und
was von der Censur in Magdeburg genehmigt war. Aus dem
folgenden Briefe geht hervor, dass ein Artikel, an dem der
General Michaud, Gouverneur von Magdeburg, Anstoss nahm, sowohl einem der oben bezeichneten Blätter entnommen, als auch
noch besonders von der hiesigen Censur genehmigt worden
war. Dass trotzdem geschehen konnte, was geschah, zeigt uns
die militärische Willkürherrschaft im crassesten Lichte. Der
Brief lautet:

Magdeburg. d. 19. August 1810.

Hochgeborener Herr Graf!
Hochzuverehrender und gnädiger Herr Präfekt!

*Ein neulicher mich sehr kränkender Vorfall, der ohne mein
Verschulden herbeigeführt ward, veranlasst mich, mir für ähnliche
Fälle von Ew. Hochgeb. Gnaden Verhaltungsbefehle zu erbitten.*

*Ich hatte nemlich in das 91. Stück meiner Zeitung vom
2. August einen Artikel datirt aus Paris, vom 22. Juli, welches die
Anrede Sr. Majestät des Kaisers Napoleon an den Grossherzog
v. Berg enthielt, aus dem Frankfurter Staatsristretto aufgenommen.
Der Redakteur dieses Blattes hatte denselben aus dem Pariser Moniteur,
oder dem Journal de l'Empire, welches unglücklicherweise mir gerade
diessmal zu spät einlief entlehnt und war bey der Uebersetzung
wenigstens der wörtlichen Uebertragung vom Originale etwas
abgewichen. Ungeachtet ich diesen Artikel mit Autorisation der mir
vorgesetzten Zensurbehörde gegeben hatte, ward ich dennoch von dem
H. General Michaud, Gouverneur von Magdeburg aufgefordert, die
Quelle anzugeben, aus welcher ich ihn geschöpft hätte, da er mit dem
Originale nicht übereinstimmend befunden würde. Ich überschickte
dem H. General das Frankfurter Staatsristretto sogleich, und fügte
die Erklärung hinzu, dass ich erbötig sey, eine Berichtigung der
Uebersetzung, wenn sie im Wesentlichen vom Originale abweiche, in
meine Zeitung aufzunehmen. Der Hr. General Michaud liess mir
hierauf melden, dass ich in dem nächsten Blatt meiner Zeitung eine
neue wörtliche Uebersetzung des Artikels liefern und dabey bemerken
sollte, dass die Berichtigung auf Befehl des Hrn. Generals geschehen.*

118

Zu der Berichtigung des Falschen, ungeachtet es ohne meine Schuld entstanden war, hatte ich mich schon bereitwillig erklärt; da ich aber fürchten musste, dass auch meine neue Uebersetzung vielleicht nicht ganz nach der Absicht des Hrn. Generals ausfallen könnte, so liess ich denselben ersuchen, mir eine Uebersetzung, so wie sie der Hr. General für richtig hielte, einzusenden. Der Hr. Secretair desselben, der meinen Wunsch billigte, wollte es auch übernehmen, eine Uebersetzung zu besorgen und sie nach Genehmigung des Hrn. Generals mir einzuschicken. Allein, aufgebracht über meinen sehr gegründeten Wunsch, liess mir der Hr. General aufgeben, dass ich die Uebersetzung ausdrücklich s e l b s t anfertigen sollte. Ich musste mich darin fügen und legte zu meiner weiteren Sicherheit dem Hrn. General den mit anderen Worten gesagten Artikel, dem ich die Veranlassung für Wiederholung vorangeschickt hatte zur Genehmigung vor. Die Einleitung fing sich mit den Worten: „A u f V e r l a n g e n" des Hrn General pp. an; durch diese Worte ward der Hr. General entrüstet, und liess mir anbefehlen die Worte „A u f B e f e h l" zu gebrauchen. Ich fügte mich unweigerlich hierin, um mehreren Unannehmlichkeiten, die ich befürchten zu müssen wohl Ursache hatte, auszuweichen, und änderte daher die Worte A u f V e r l a n g e n in A u f B e f e h l ab, wie sie denn auch in dem 93. Stück meiner Zeitung vom 7. August abgedruckt sind. Ich unterwerfe mich gern jedem Befehle, der von Behörden herkömmt, denen ich Gehorsam schuldig bin; allein nur mit einem schmerzhaften Gefühle habe ich in dem angeführten Falle eine Gewaltübung erfahren müssen, die mir nicht bloss darum um desto drückender seyn musste, weil ich dabey ganz ausser Schuld war, indem ich die Genehmigung zum Abdruck des missfälligen Artikels doch eingeholt hatte, sondern auch weil sie von einer Militair-Behörde ausgeübt ward, deren Befehle ich als Bürger meines Wissens durch keine höhere Verordnung unterworfen bin. Um nun bey einem ähnlichen Falle, zu dem ich meiner Seits wissentlich keine Veranlassung geben werde, mit meiner Pflicht bekannt zu seyn, so bitte ich Ew. Hochgeboren unterthänigst, mich gütigst zu belehren, ob ich als Bürger unter den Befehlen des hiesigen Gouvernementes stehe und ob die Befehle, die ich von demselben etwa bekommen könnte, denen vorstehen, welche ich von den mir vorgesetzten hohen Civilbehörden erhalte. Ich bitte Ew. Hochgeb. Gnaden hier nur in der Absicht, den Umfang und die Grenzen meiner Pflicht ganz kennen zu lernen, damit ich nicht gegen dieselbe fehlen kann, und werde so wie bisher auch stracs allem dem auf das pünktlichste nachzukommen mich bemühen, was

119

Ew. Hochgeb. Gnaden mir zu befehlen für gut halten werden, der ich
mit der tiefsten Verehrung und dem vollkommensten Respekt mich zu
nennen die Ehre habe

Ew. Hochgeb. Gnaden unterthänigster Diener

Fr. Faber

Verleger der Magdeb. Zeitung.

Die in Folge dieses Briefes eröffneten Verhandlungen
zwischen der obersten Civil- und der obersten Militair-Verwaltung
der Stadt haben lange Zeit in Anspruch genommen und endeten,
wie aus dem nachfolgenden Erlass an die Redacteure der Zeitung
und des Intelligenzblattes zu ersehen, damit, dass das Zeitungswesen der Oberaufsicht der Civilbehörde entzogen und unter die
der Militairgewalt gestellt wurde. Der erwähnte Erlass, den wir
seiner Wichtigkeit wegen ebenfalls wörtlich geben, lautete:

Instruktion für die Redakteurs der Zeitung und des Intelligenz-Blatts
in Betreff der Zensur.

*Der Redakteur der Zeitung ist gehalten, alle die Politik
betreffende Artikel, die er aufnehmen will, dem Herrn Gouverneur
zur Durchsicht und zwar nebst der Französischen Uebersetzung auf
gebrochenen Bogen zuzustellen.*

*Ausgenommen sind mit Genehmigung des Herrn Gouverneurs
die Artikel aus allen Französischen Blättern, aus der Frankfurter
Zeitung, aus der von Erfurt, wie überhaupt aus den Blättern,
von welchen man mit Gewissheit weiss, dass sie der Zensur einer
Französischen Behörde unterworfen sind. Alle andern Artikel aus
andern Zeitungen, aus Correspondenzen und die in Magdeburg datirt
erscheinen, hat derselbe bey persönlicher Verantwortung dem Herrn
Gouverneur in der oben gedachten Art zur Zensur zuzustellen, so
wie er dafür persönlich verantwortlich bleibt, dass die nicht zur
Zensur geschickten Artikel sich in den oben angeführten Blättern
wirklich befinden.*

*In Betreff der keine politische Tendenz habenden Bekannt-
machungen, die ausser den vorgedachten Artikeln in die Zeitungen
inserirt werden, und welche allein den Inhalt der Intelligenzblätter
ausmachen, so hat der Herr Gouverneur gestattet, dass nur diejenigen
Anzeigen ihm mit der Französischen Uebersetzung vorgelegt werden*

120

sollen, welche sich auf die Polizey der Stadt beziehen, und von dem Herrn General-Commissaire Moisez, der hiesigen Mairie und der hiesigen Polizey-Commission erlassen werden. Die übrigen Bekanntmachungen der öffentlichen Behörden, der gerichtlichen Verkäufe, Verlobungs-, Geburts- und Sterbe- und ähnlicher ganz unwichtiger Anzeigen bleiben wie bisher der Zensur nicht unterworfen, so wie diess auch der Fall in Betreff der von dem Herrn General-Commissair erlassenen Steckbriefe ist, und aller Anzeigen der Mairie, welche sich bloss auf die Verwaltung des Städtischen Vermögens beziehen.

Im Allgemeinen bleiben die Redacteurs für alles, was in den öffentlichen Blättern erscheint, aufs strengste und persönlich verantwortlich, und sind gehalten, bey jedem leisesten Zweifel sich an den General-Secretair Francke zu wenden, der mit den Intentionen des Herrn Gouverneurs bekannt, sie darüber belehren wird, ob eine Sache dem Herrn Gouverneur vorgelegt werden muss.

Magdeburg, d. 22. November 1811.

In Abwesenheit des Präfecten
der General-Secretair
Francke.

Der Casselsche Moniteur geniesst dieselbe Vergünstigung, wie die der Censur Französischer Behörden unterworfenen Zeitungen, dass nemlich die aus demselben genommenen Artikel nicht zur Censur des Herrn Gouverneurs gelangen. *Francke.*

War es bisher schon sehr schlimm bestellt gewesen, so wurde es unter der Censur der Militairbehörden für die Zeitung und ihre persönlich haftenden Leiter fast unerträglich. Wir finden in unseren Acten einen Brief *Friedrich Fabers* vom 14. December 1809 an den Verleger der Haude & Spener'schen Zeitung, *Joh. Carl Spener* in Berlin, der neben manchen anderen Punkten auch über den Einfluss der strengen Censur unter der Civil-Verwaltung Aufschluss giebt. Uns scheint dieser Brief werth zu sein, dass er hier veröffentlicht werde. Hier ist er:

Die in Ihrem geehrten Schreiben v. 9. d. mir vorgelegten Fragen beantworte ich mit Offenheit und ohne die geringste Zurückhaltung, da ich das Vertrauen zu Euer Wohlgeb. habe, dass Sie zu meinem Nachtheil keinen Gebrauch davon machen werden.

1) Die aufgelegte Zeitungs-Stempel-Taxe beträgt für jedes Exemplar der Zeitung viertelj. 50 Cent. — 3 gr. 4 Pfg. Pr. C. sonach jährlich von jedem Exemplar 13 Gr. 4 Pfg. Pr. C.

2) Sie wird vierteljährlich durch die Direction der indirecten Steuern von mir erhoben.

3) Da diese Auflage eine indirecte Auflage ist, so trägt sie nicht der Verleger, sondern das Publicum; (den Nachtheil, den sie für den Debit der Zeitung hat, nicht in Anschlag gebracht).

4) Da die Preiserhöhung von 3 gg. 4 Pfg. (durch 50 Cent.) eine grosse Unbequemlichkeit bei Einzahlung und Einziehung der Pränumerations-Gelder zur Folge gehabt haben würde, so ist mit Bewilligung der Präfectur des Elb-Departements der Preis um volle 4 gr. erhöhet. Dem ungeachtet wird von der Steuerdirection nur 3 gr. 4 Pfg. pro Exemplar eingezogen.

5) Auf den Debit der Zeitungs-Exemplare, welche durch die Post versandt werden, hat diese neue Auflage einen sehr unbedeutenden Einfluss gehabt. Der Absatz in unserer Stadt selbst hat sich um ca. 300 Exemplare in dem laufenden Quartale verringert. Ich glaube, mir dies so erklären zu müssen, weil nur der Begüterte, dem es auf ein Paar Groschen nicht ankommt, die Zeitung sich durch die Post zuschicken lässt, aber unter der Zahl derer, die sie hier in der Stadt lesen, sich doch viele Arme befanden, denen eine Preiserhöhung von 4 gr. viertelj. schon drückend wurde.

6) Wenngleich seit 2 Jahren der Debit meiner Zeitung sich fast um die Hälfte der damaligen Auflage vermindert hat, so darf ich wohl den Grund davon nicht in der Erscheinung des Westphäl. Moniteurs — der ausser den sogenannten officiellen Artikeln, selten mal Nachrichten enthält — sondern in der Beschränkung der Redaction durch die strenge Censur suchen.

7) Ich bin nicht allein zum unentgeltlichen Abdruck aller Gesetzbulletins verpflichtet, sondern muss auch die Arrêtés der Präfectur, Bekanntmachungen der Polizei, viele Anzeigen der Mairie und anderer öffentlichen Behörden umsonst in die Zeitung aufnehmen; es wird mir durchaus nichts dafür vergütet.

8) Da die Menge und der Umfang der Bulletins pp. sehr verschieden ist, so kann ich die mir dadurch zufallende Last nicht füglich genau berechnen. Im Jahre 1808 betrug die baare Ausgabe für den unentgeltlichen Abdruck der erwähnten Bekanntmachungen

Also nicht die Preiserhöhung, sondern vor allem die strenge Censur wird für den Rückgang der Auflage während der Franzosenherrschaft verantwortlich gemacht. Es war eben eine vollkommene Knebelung, jedes Auflehnen dagegen mit grösster Gefahr verknüpft. Trotzdem hat die Zeitung sich niemals herabgewürdigt, den Machthabern zu schmeicheln. Man gehorchte, weil man musste, eine offene Auflehnung das eigene Verderben herbeigeführt und Niemandem genutzt haben würde.

Wir wollen hier noch einen Fall anführen, der zeigt, in welcher Weise man um Kleinigkeiten selbst die Existenz der Zeitung in Frage stellte. An einem Tage des Jahres 1813 war die Zeitung bereits fertig gestellt, als der Präfect noch ein Arrêté, die Scheidemünze betreffend, zu kostenloser Aufnahme sandte. Es wurde geantwortet, die Zeitung sei bereits fertig gestellt, eine Aufnahme daher erst für die nächste Nummer möglich. Darauf der Befehl, das Arrêté auf einem besonderen Blatt drucken und der Zeitung beilegen zu lassen und dem war die Drohung angefügt, dass man die Zeitung sofort unterdrücken würde, wenn die Nummer des nächsten Tages die Bekanntmachung des Präfecten nicht brächte!

Als der Morgen der Befreiung schon tagte, als für Jeden, der schärfer hinsah, die Zeichen dafür sich mehrten, dass das preussische Volk die Ketten zu brechen im Begriffe war, und als um all' dessen willen die französischen Gewalthaber mit verdoppelter Strenge ihre Macht aufrecht zu erhalten

123

trachteten, da wurde eines Tages ein Taschenkalender von
der Faber'schen Buchdruckerei herausgegeben, der neben dem
15. August, dem Geburtstage Napoleons, anstatt des schwarzen
Mondzeichens, das dort stehen musste, einen veritabelen Todtenkopf zeigte! Da war denn *Friedrich Faber* wieder einmal nahe
daran, füsilirt zu werden. Zum Glück konnte er nachweisen,
dass in der letzten ihm vorgelegten Revision des betreffenden
Bogens, auf dem auch sein „Imprimatur" stand, noch das richtige
Mondzeichen sich befand. Der Setzer aber, der die Missethat
vollbracht, war, mit Geld versehen, durch vertraute Fischer bei
Nacht und Nebel über die Elbe befördert worden, von wo er dann
in kürzester Zeit die preussische Grenze erreichte. So ist damals
manch' bravem Preussen hinübergeholfen worden, damit auch er
sein Leben einsetzen könne zur Befreiung des Vaterlandes. Ein
Exemplar des Kalenders mit dem Todtenkopf hat den Späher-
augen der französischen Schergen entzogen werden können und
ist heute noch im Besitze der Tochter *Friedrich Fabers*, unserer
hochverehrten Tante, der Frau Dr. *Faber*.

Endlich schlug dann die Stunde der Befreiung. Am
Donnerstag, den 26. Mai 1814, erscheint wieder das alt vertraute Wappen der Zeitung an ihrem Kopfe. Am 3. Januar 1815
wurde dies etwas verändert; hatte der Adler Preussens über dem
Stadtwappen bisher den einen Flügel etwas eingezogen, so breitete
er auf dem neuen Bilde beide Flügel machtvoll über dem Wappen
der Stadt und über den Emblemen der Landwirthschaft und
aller bürgerlichen Gewerbe, und ebenso über den Zeichen
kriegerischer Tüchtigkeit aus. Es ist das Zeitungswappen, das
wir auch heute noch führen. Möge nie, nie wieder die Zeit
kommen, in der die Zeitung Preussens Adler bergen muss!

Nun war die alte Verwaltung wieder eingesetzt, aber
leider müssen wir sagen, in Bezug auf die Zeitung versuchte sie

die Wege der französischen Unterdrücker weiter zu wandeln. Weil diese so ziemlich für alle Insertionen der Behörden kostenlose Aufnahme in der Zeitung beansprucht hatten, meinte nun auch die preussische Verwaltung denselben Anspruch erheben zu sollen. Selbst Magistrat und Polizei beanspruchten Gratis-Aufnahme ihrer Anzeigen. *Friedrich Faber* wendet sich dagegen mit Beschwerden, in deren einer er sagt: . . . „ich kann unmöglich glauben, dass der hiesige Magistrat eine Ungerechtigkeit der Westphälischen Regierung dazu würde benutzen wollen, um einem Bürger nach sieben drückenden Jahren, auch jetzt noch einen Theil seines rechtmässigen mühevollen Erwerbes zu entziehen. Ich meines Theils halte noch immer an dem Glauben, dass die Zeit der Ungerechtigkeit und der regellosen Gewalt einzig noch in der gehässigen Erinnerung bestehe, seitdem wir unserem rechtmässigen gerechten Könige, der gewiss nur Gerechtigkeit ausgeübt sehen will, wieder angehören."

Die Beschwerden haben nichts oder wenig geholfen. Der Civil-Gouverneur, Staatsminister *von Klewitz*, gab zwar 5. September 1815 nach, dass die Aufnahme von Bekanntmachungen wegen Lieferungs-Entreprisen für Königl. Rechnung nicht mehr unentgeltlich verlangt werden sollten. Als aber *Friedrich Faber* daraufhin beanspruchte, dass die Ausschreiben von Fourage-Lieferungen für sämmtliche Truppen innerhalb des Gouvernements auch bezahlt würden, wurde er hiermit abgewiesen. Im Februar 1817 machte das hiesige Consistorium bekannt, dass vom 23. Februar desselben Jahres ab der Gottesdienst der Civilgemeinde im Dome wieder alle Sonn- und Festtage Vor- und Nachmittags solle abgehalten werden und der Militair-Gottesdienst für gewöhnlich um ½11 Uhr, an Communiontagen aber um 11 Uhr beginnen solle. Auch die Bezahlung dieser Anzeige wurde verweigert. In demselben Jahre wurde von der Regierung anerkannt, dass weder durch das

Privileg, noch aus gesetzlichen Verordnungen der Magdeburgischen Zeitung die Auflage gemacht werden könne, die behördlichen Anzeigen frei aufzunehmen. Man zieht aber nicht den allein richtigen Schluss, dass in Folge dessen alle die Bekanntmachungen, die nicht nach alter Observanz als „Herrschaftssachen" von der Zeitung frei aufgenommen waren, von der Behörde zu bezahlen seien, sondern sagt, es müsste der Zeitung gegenüber analog der für das Intelligenzwesen durch Regulativ vom 24. Mai 1793 erlassenen Bestimmungen in dieser Sache verfahren werden. Bis 1818 hatte das Inquisitoriat des hiesigen Oberlandesgerichts seine Anzeigen bezahlt, in diesem Jahre aber weigert sich diese Behörde plötzlich, die Steckbriefe, die veröffentlicht wurden, zu bezahlen. Nach langem hin und her bestimmt die Regierung, dass wenn der Schuldige zu bezahlen in der Lage sei, das Gericht die Insertionskosten von diesem für die Zeitung einzuziehen habe (1821). Diese Streitigkeiten wegen der Gratis-Insertionen nehmen ganze Stösse von Acten ein und es ist in ihnen viel Interessantes enthalten, auf das wir hier natürlich nicht tiefer eingehen können. Es wird schliesslich als Grundsatz aufgestellt, dass bei Ausschreibungen von Verpachtungen, Licitationen, Entreprisen etc. die Zeitung dann keine Bezahlung erhält, wenn diese Termine fruchtlos verlaufen; ja auch dann, wenn die Regierung etc. aus irgend einem Grunde einen ausgeschriebenen Termin nicht abhält, verweigerte sie Bezahlung. Man wird leicht erkennen, dass dies eine grosse Ungerechtigkeit und schwere Belastung der Zeitung war. Was die Sache noch härter machte, war der Umstand, dass nicht überall gleichmässig verfahren wurde; so haben wir aus dem Jahre 1818 einen Brief des Dr. *Hartung* aus Erfurt, wonach selbst die Verwaltung des 4. Armee-Corps, so lange diese in Erfurt stand, ihre Anzeigen ihm unweigerlich

126

bezahlt hat. In Berlin dagegen wurde, wie aus einem Briefe *Speners* hervorgeht, genau so wie in Magdeburg verfahren. *Spener* warnt aber vor einem Beschreiten des Rechtsweges, den *Friedrich Faber* vorgeschlagen hatte, und räth lieber die Zeit abzuwarten, um die Sache an höchster Stelle vorzubringen und dort „nach der Billigkeit" sie entscheiden zu lassen.

Diese Auflage der Frei-Inserate lastete um so schwerer auf den Zeitungen, als nach dem Kriege die Lasten an und für sich schon ausserordentlich drückend waren. *Friedrich Faber* weist mehrfach in seinen Eingaben auf diesen Umstand und auch darauf hin, wie ihm durch diese ungerechte Neuerung schwer gemacht werde, für sein nach dem Kriege langsam wieder auflebendes Blatt die Aufwendungen für den redactionellen Theil in dem Umfange zu machen, wie er es wünschte und es im Interesse seiner Leser und des Staates selbst wünschenswerth sei. Dass er trotzdem auch damals viel für die Zeitung gethan hat, wird mehrfach vom Staats-Minister *v. Klewitz* anerkannt. Später, als eine Aenderung der Verwaltung des Proviantamts und des Train-Depots eingetreten war, versuchte *Friedrich Faber* nochmals, Bezahlung der Bekanntmachungen dieser Behörden zu erlangen. Die Regierung droht ihm aber (1827), sofort ein neues Blatt concessioniren zu wollen, wenn er sich weigere, jene Anzeigen gratis aufzunehmen.

Eine weitere Erschwerung des Betriebes seiner Zeitung und eine fortgesetzte Quelle von Streit und Aergernissen aller Art war und blieb das Intelligenzwesen, das nach den Befreiungskriegen durch mehrfache neue Verordnungen und schärfere Handhabung dieser und der aus älteren Zeiten stammenden, geradezu eine schwere Calamität für das Publicum geworden war. Wir können auch hier nur kurz auf diese Sache eingehen, müssen aber doch die Hauptpunkte erwähnen.

127

Wir wissen, dass das Intelligenzwesen durch Cabinets-Ordre vom 6. September 1727 errichtet, durch eine weitere Verfügung vom 17. Juli 1728 ausgedehnt wurde, so dass, zu Gunsten des Staates, alle Anzeigen von Kauf und Verkauf von Mobilien und Immobilien ausschliesslich durch die Intelligenz-Blätter erfolgen sollten. Durch eine Eingabe *Gabriel Gotthilf Fabers* im Jahre 1747 wurde dann für die Zeitungen nachgelassen, dass auch sie derartige Anzeigen aufnehmen könnten, wenn nur auch die Intelligenz-Contoire befriedigt würden. Damals sollte eine einmalige Aufnahme im Intelligenz-Blatt genügen, auch wenn das Inserat in den Zeitungen häufiger erscheinen sollte; ausserdem waren Familien-Nachrichten und Bücher-Anzeigen vom Intelligenz-Zwang frei. Im Jahre 1736 wurde unterm 26. October die neue Fundations-Urkunde für das grosse Waisenhaus zu Potsdam erlassen und diesem dadurch die Einnahmen aus dem Intelligenzwesen überantwortet. Es sollen dann noch am 1. October 1751 und 7. Juli 1768 die Angelegenheit betreffende Königliche Verordnungen erlassen sein, über deren Inhalt wir aber augenblicklich nichts anzugeben vermögen. Während der Fremdherrschaft scheint eine Milderung des Intelligenz-Zwanges stattgefunden zu haben. Fest steht, dass 1811 der für eine Reihe von Personen und Behörden bis dahin bestandene Zwang, das Intelligenz-Blatt zu halten, aufgehoben ist. Nach Wiederaufrichtung des preussischen Regiments begann aber sofort wieder die scharfe Betonung des Intelligenz-Zwanges. Die Verwalter des Intelligenz-Contoirs, stets Postbeamte, erhielten den achten Theil der Einnahme, hatten also persönliches Interesse, an den Bestimmungen festzuhalten und sie, wenn möglich, noch zu erweitern. Einzelne dieser Contoirs hatten neben den Insertionsgebühren noch eine Einnahme daraus gemacht, dass sie für die Abstempelung der für die Zeitungen bestimmten

128

Inseraten-Manuscripte noch besondere Stempelgebühren erhoben, deren Höhe sich nach der Häufigkeit der Insertion der Anzeigen in den Zeitungen richtete.

Hier in Magdeburg wurde schon sehr früh der Anspruch erhoben, dass alle Anzeigen eben so oft im Intelligenz-Blatt erscheinen müssten, wie sie in der Zeitung inserirt würden. Unterm 23. Februar 1816 wird aber bestimmt, dass nach wie vor eine einmalige Aufnahme in das Intelligenz-Blatt genüge. Da jedoch die Beamten persönlichen Vortheil von einer grösseren Einnahme der Intelligenz-Blätter hatten, so versuchten sie wieder und wieder, diese Bestimmung umzustossen. Dazu war nun bereits am 7. Juli 1824 durch Cabinets-Ordre eine wesentliche Erweiterung des Intelligenz-Zwanges ausgesprochen worden, indem bestimmt wurde, dass ausser den bisherigen auch noch die Verkaufsanzeigen von Büchern, Musikalien, Landkarten, Kupferstichen, Schriften etc., ausgenommen wissenschaftliche Recensionen und gelehrte Anzeigen, jenem Zwange unterworfen werden sollten. Endlich gelang es auch durchzusetzen, dass alle Anzeigen gleich oft in den Intelligenz-Blättern wie in den Zeitungen inserirt werden mussten. Und um die Belastung des Publicums noch schwerer zu machen, wurde in der vom General-Postmeister *Nagler* unterzeichneten Verordnung vom Jahre 1827 noch bestimmt, dass nun auch alle Familien-Nachrichten den Intelligenz-Blättern einzuverleiben seien.

Inzwischen hatte der Staat den Versuch gemacht, die Intelligenz-Blätter zu verpachten, wohl in der Hoffnung, hierdurch eine grössere Summe für das Waisenhaus erzielen zu können. Ein Theil der Intelligenz-Blätter war dann auch in die Hände von Unternehmern übergegangen. Es muss nun aber der Druck so arg und selbst bei den Behörden die Ungewissheit, was denn nun alles in die Intelligenz-Blätter kommen müsse, so gross geworden sein, dass auf eine Eingabe des Ober-Bürgermeisters *Francke* in Magdeburg, der das nöthige Material hierfür von *Friedrich Faber* sich hatte geben lassen, am 6. Mai 1826 bestimmt wurde, es sollten alle rein locale Angelegenheiten betreffenden Inserate fernerhin vom Intelligenz-Zwang frei sein. Das war ja unzweifelhaft für Publicum und Local-Behörden eine grosse Erleichterung, trotzdem aber blieb die Erschwerung des Verkehrs durch das Intelligenzwesen nach wie vor sehr gross. Verstärkt wurde diese durch oft ganz unvernünftige Ansprüche der Verwalter der Intelligenz-Contoirs. So forderte dieser zum Beispiel 1842 in Magdeburg, jeder Inserent solle zunächst persönlich zu ihm kommen und sich den Erlaubniss-stempel für sein Inserat in der Magdeburgischen Zeitung holen, jede Anzeige im Intelligenz-Blatt solle genau so ausgeschmückt aufgegeben werden, wie sie etwa in der Zeitung erscheinen sollte und jedes Inserat solle zuerst im Intelligenz-Blatt, dann erst in der Zeitung stehen. Im Jahre 1845 wurde verlangt, jeder Inserent müsse sofort bei der Aufgabe seiner Annonce aufgeben, wie oft sie erscheinen solle, es sollte daher kein Inserat öfter in der Zeitung erscheinen, als der Inserent von vornherein es bestimmt hatte. Bei Erneuerungen desselben Inserats durfte keine Aenderung an diesem vorgenommen werden, auch sollte es dann wieder an denselben Tagen erscheinen, an denen es das erste Mal erschienen war. Diese und andere ähnliche unbegreifliche, den Verkehr im Allgemeinen und die freie Disposition des inserirenden Geschäftsmannes im Besonderen unglaublich beschränkenden Bestimmungen, dazu dann die unnöthige Vertheuerung der Insertionen durch ihre zwangsweise Veröffentlichung im Intelligenz-Blatt — dieses hatte 1824, und wohl auch überhaupt, nur 200 Auflage, darunter nur vierzig Abonnenten — hatte im ganzen Lande eine so grosse Missstimmung gegen dieses Institut erzeugt, dass zum Beispiel der Provinzial-Landtag unserer Provinz bereits 1825, 1833, 1841 und 1843 sich mit der Angelegenheit befasst und Abschaffung oder Erleichterung des Zwanges beantragt hatte. Im Jahre 1845 kam dann das Ministerium mit einer Vorlage zunächst an den Sächsischen Provinzial-Landtag, wonach das ganze Intelligenzwesen abgeschafft werden, dafür aber die Zeitungsbesitzer besonders herangezogen werden sollten. Diese wehrten sich mit Recht gegen diese Zumuthung, denn nicht sie, sondern die Gesammtheit des inscrirenden Publicums hatte ja den Vortheil von der Abschaffung des Instituts. Die Gesammteinnahme, welche das Waisenhaus aus dem Intelligenzwesen hatte, betrug 1845 für das Jahr 33,000 Thaler. Für eine so geringe Summe war so lange Zeit hindurch diese Verkehrserschwerung aufrecht erhalten worden. Diese Summe konnte sehr wohl vom Staate — also der Gesammtheit der Steuerzahler — übernommen werden, denn, wie damals sehr richtig ausgeführt wurde, wenn das Kriegsministerium allein über einen Etat von 24,608,208 Thaler im Jahr zu verfügen hat, dann spielen 33,000 Thaler mehr oder weniger für den Staat keine Rolle. Die „Vossische Zeitung" wies damals — Februar 1845 — zutreffend darauf hin, wie gering wohl die Summen der Einnahmen aus dem Intelligenzwesen zur Zeit der Gründung des Instituts gewesen sein müssten, in der man von der Entwickelung des Verkehrs, wie er 1845 war, noch keine Ahnung gehabt habe. Dass der Staat trotzdem so grossen Werth auf diese Einnahmen gelegt habe, zeige deutlich, welche geringen Mittel der preussischen Regierung damals zu Gebote gestanden hätten.

Eines muss noch erwähnt werden. Als der Staat 1824 eine Anzahl der Intelligenz-Blätter verpachtete, waren unter den

Pächtern auch Besitzer bereits bestehender Zeitungen. Nun hatte das Intelligenzwesen in der ganzen preussischen Monarchie Portofreiheit. Daher vereinigten einige dieser Pächter und Besitzer das erpachtete Intelligenz-Blatt mit der eigenen Zeitung und genossen nun für diese ebenfalls Portofreiheit, wie man sich denken kann, nicht zur Freude der übrigen Zeitungsverleger, deren auswärtige Abonnenten ja sehr im Nachtheil waren gegen die jener mit dem Intelligenz-Blatt verquickten Unternehmungen.

Trotz all' dieser Ungerechtigkeiten und Hemmnisse, die, wie allseitig anerkannt, eine Folge des Intelligenzwesens waren, hat es doch noch fast fünf Jahre gedauert, bis endlich auch hier freie Bahn geschaffen wurde. Um nicht auch noch im nächsten Abschnitt auf diese Sache zurückkommen zu müssen, wollen wir gleich hier bemerken, dass am 21. December 1849 vom Landtag ein Gesetz angenommen wurde, durch das in der ganzen Monarchie mit dem 1. Januar 1850 der Intelligenz-Insertionszwang beseitigt wurde. Der Staat zahlte statt dessen an das Waisenhaus zu Potsdam 40,000 Thaler jährlich, übernahm auch alle etwa an Beamte oder andere Personen zu zahlenden Entschädigungen.

Ueber die Censur während *Fr. Fabers* Geschäftsführung wollen wir nur wenige Worte hier noch im Besonderen sagen. Die Beschränkung war durch sie sehr gross und fast ebenso in das Kleinliche gehend, wie wir es an einem Beispiel aus der Franzosenzeit vorn schon gezeigt haben. Eine Aengstlichkeit der Censoren überhaupt und namentlich beim Königlichen Hause anzustossen, wenn sie eine an und für sich harmlose, für den König oder die Königliche Familie aus irgend einem Grunde aber vielleicht nicht erwünschte Nachricht passiren liessen. Bei der Regierung wieder eine ähnliche Sorge, durch irgend eine

Zeitungsnotiz möchte einer der Herren Nachbarn übel gelaunt
werden. — So hatte unsere Zeitung ein- oder zweimal den Lesern
angezeigt, dass die Petersburger Posten und Nachrichten ausgeblieben wären. Darauf kam sofort vom Censor ein Brief,
Friedrich Faber solle sich doch in Acht nehmen, er, der Censor
habe schon verschiedene Fingerzeige dieser Notizen wegen erhalten, die Zeitung sollte daher doch das Ausbleiben der
russischen Posten ganz unberührt lassen. „Ueberall ist es
rathsam, sich jetzt mit den Mittheilungen aus Russland möglichst
in Acht zu nehmen", schloss der Brief. Weiter war in demselben Jahre berichtet worden, es seien Wiesen auf der Pfauen-
insel verkauft worden. Gleich wieder ein Angstschrei des Censors,
er habe sich den Unwillen des Königs selbst zugezogen, dass er
diese Nachricht habe passiren lassen. Fernerhin möge die
Zeitung den König und seine Familie betreffende Nachrichten
nur bringen, wenn sie bereits in Berliner Blättern gestanden
hätten. Als 1830 Unruhen in Braunschweig ausgebrochen waren,
kam der Befehl, alle aus dem Braunschweigischen kommenden
Nachrichten vor dem Abdruck erst dem Civil-Gouverneur, Staatsminister *von Klewitz* vorlegen zu lassen. Im folgenden Jahre
waren Unruhen in Burg und Halle, da sollten nur die vom
Staatsminister *von Klewitz* selbst gelieferten Berichte aufgenommen werden.

Im Jahre 1841 wurde vom Censor ein von Rückert
verfasstes und „Magdeburg" überschriebenes Gedicht, das auf
eine Verherrlichung der Königin Louise hinausläuft, als zur
Veröffentlichung in der Zeitung nicht geeignet, gestrichen; auf
Beschwerde *Fr. Fabers* schloss sich auch die Regierung diesem
heute ganz unglaublich erscheinenden Entscheide an. Eben so
lächerlich erscheint uns, wenn 1841 die Mittheilung beanstandet
wurde, dass und welcher Art Geschenke der preussische Consul

in London von der Königin Victoria unserem Königshause über-
bracht habe. Wenn man dann weiter hört, dass im Jahre 1843
die Censurbehörde mit Zustimmung des höchsten Civil-Beamten
der Provinz als Grundsatz aufstellt, die Zeitung sei nur dazu
da, politische Neuigkeiten zu bringen, sie dürfe aber, als für
einen grossen, zum Theil ungebildeten Leserkreis bestimmt,
politische Raisonnements und Kritiken nicht veröffentlichen, dann
kann man sich eine Vorstellung von dem Hemmniss machen,
welches die hiesige Censur der Entwicklung der Zeitung war,
und ebenso von der besonderen Vorsicht, die *Fr. Faber* anwenden
musste, um trotzdem seine Zeitung lesenswerth zu gestalten und
im Kampf gegen die Concurrenz vorwärts zu bringen.

Wenn, wie wir eben gezeigt, bis zum Kleinlichen hin
die Regierung durch die Censur der Entwicklung der Presse
und der Aeusserung der öffentlichen Meinung einen Hemmschuh
anzulegen fortgesetzt bestrebt war, so konnte dasselbe Institut
doch auch dazu verwendet werden, die Presse zu Aeusserungen
nach gewisser Richtung hin anzuspornen. In dieser Beziehung
dürften die nachfolgenden Schriftstücke von Interesse sein.

*Anliegend theile ich Dir — mein sehr werther Freund —
mit Bitte um Geheimhaltung, Abschrift eines Erlasses des Herrn
Ober-Präsidenten v. 24. Dez. v. J. mit.*

*Ich gebe Deinem Ermessen anheim, ob Du für Deine Zeitung
an den Discussionen und Besprechungen der in Baiern bestehenden
confessionellen und kirchlich-politischen Verhältnisse Theil nehmen und
dazu diejenigen Blätter, welche darüber etwas enthalten, insofern sie
Dir zugänglich sind, benutzen willst, was man allerdings höheren Orts
beifällig bemerken würde.*

Mit bekannter Anhänglichkeit und aufr. Freundschaft

Dein

* * *

Es ist nur zu bekannt, in welcher Weise von einem grossen Theile der ausländischen Presse die kirchlichen Verhältnisse der Preussischen Monarchie seit einem Jahre besprochen worden sind, und wie namentlich eine bedeutende Anzahl der unter Baierscher Censur erscheinenden Zeitschriften nicht aufgehört hat, die Maassregeln der Regierung zu verunglimpfen und die letztere selbst bei den Unterthanen zu verläumden. Wenn der Drang, der sich überall kund giebt, so boshafte Anschuldigungen zurückzuweisen und so schändlichen Verläumdungen mit derjenigen Entrüstung, die sie in den Gemüthern aller Gutgesinnten hervorrufen, entgegen zu treten, in der Presse des Inlandes bis jetzt nur ein schwaches Organ gefunden hat, so ist dies die Folge einer Anwendung der Censur-Vorschriften, wie sie, unter solchen Umständen, den Absichten des Gouvernements nicht entsprechen kann.

Euer Hochwohlgeboren mache ich daher, im Auftrage des Herrn Ressort-Ministers darauf aufmerksam:

1) dass zwar nach wie vor alle diejenigen polemischen Aufsätze über kirchliche Angelegenheiten zurückgewiesen werden müssen, welche durch Invectiven und gehässige Angriffe den verschiedenen Confessionsverwandten ein gerechtes Aergerniss geben könnten; dass dagegen einer zur Widerlegung der Angriffe auswärtiger fanatisch-katholischer Blätter auf diesem Felde geführten Polemik ein freier Spielraum zu gestatten ist.

Das letztere gilt insonderheit in Betreff der Baierschen Blätter, wie der Neuen Würzburger, der Aschaffenburger, der Münchener politischen und der Augsburger Postzeitung, desgleichen der mehr theologischen Zeitschriften wie Sion, katholische Kirchenfreund, Herold des Glaubens u. s. w.

2) Da die Königl. Baiersche Regierung vermöge einer einseitigen Handhabung der Censur der Besprechung Preussischer Verhältnisse in confessionellen und kirchlich-politischen Angelegenheiten ihrerseits keine Schranke setzt, so wird auch diesseits der Discussion und Besprechung der in Baiern bestehenden confessionellen und kirchlich-politischen Verhältnisse hinfort kein Hinderniss entgegen zu stellen sein.

3) Diese Bestimmungen sind auf keine anderen, als die darin nahmhaft gemachten Gegenstände auszudehnen.

Euer Hochwohlgeboren veranlasse ich, vorstehende Bestimmungen sorgfältig zu beachten und habe zu Ihnen das Vertrauen,

135

dass sie dieselben mit aller der Umsicht und mit demjenigen Tacte
ausführen werden, welche die Natur dieser Angelegenheit erfordert.

Berlin, den 24. Januar 1839.

Der Ober-Präsident der Provinz Sachsen
gez.: Graf zu Stollberg.

An
den Herrn Oberbürgermeister Francke
Hochwohlgeboren
zu
No. 237. O. P.   Magdeburg.

In kirchlichen Dingen hat man überhaupt in jener Zeit
den Zeitungen mehr Freiheit gelassen. Unsere Zeitung speciell
hat sich, wohl des Bodens wegen, in dem sie gewachsen, stets
eingehend mit allen kirchlichen Fragen beschäftigt, so dass von
gewisser Seite ihr eine zeitlang der Name „Kirchenzeitung" zu-
gelegt wurde.

Bevor wir zur Besprechung der äusseren und inneren
Veränderungen schreiten, welche die Magdeburgische Zeitung
unter *Fr. Faber* erfahren, wollen wir noch einige allgemeinere
Bemerkungen vorangehen lassen.

Das Verhältniss der Zeitungen zur Post war im Anfang
der Geschäftsführung *Fr. Fabers* noch nicht so klar festgelegt,
wie es dies später wurde und wie es namentlich heute der Fall
ist. Die Preise, welche die Post den Zeitungen zahlte, und die,
welche sie dann dafür vom Publicum wieder forderte, bestimmte
die Post vollkommen selbstständig und, wie es scheint, nicht
nach festen Grundsätzen. Wir geben hier einen diese Frage
behandelnden Brief *Johann Carl Speners* an *Fr. Faber* wieder, der,
am 24. Januar 1816 geschrieben, die für die Zeitungsverleger
traurigen Verhältnisse zur Postverwaltung zeigt und wohl auch
zutreffend ist für die Verhältnisse, wie sie eine Reihe von
Jahren vor und noch längere Zeit nach dem Jahre 1816 bestanden haben.

Berlin, den 24. Juni 1816.

S. T.

Leider sind die Postämter durch keine Art von obrigkeitlicher Vorschrift auf Beobachtung eines, nach Maasgabe der Entfernung vom Verlagsorte festzusetzenden, Preises für die Zeitungen angewiesen, sondern sie verfahren hierin gänzlich nach Willkühr. Der Staat ist hierbei in Widerspruch mit sich selbst. Uns den Verlegern verwehrt er, eigenmächtig und ohne seine ausdrückliche Erlaubniss, den Preis unserer Zeitungen zu erhöhen unter dem Vorwand, weil wir das Monopol der Zeitung hätten, die Postämter aber hält er in Hinsicht des Preises unter keiner Art von Controle, da doch sie für den Debit ausserhalb des Verlagsortes durchaus eben so, ja noch mehr als wir Monopolisten sind, in sofern die den Postämtern zu Gute kommende Portofreyheit alle Concurrenz andern Distributeurs unmöglich macht, selbst wenn dergleichen, auf den Grund der jetzt nachgegebenen Gewerbefreyheit hie und da aufstehen wollten! Wir haben hier einen solchen casum in terminis gehabt. Bey dem hohen Preise, zu welchem in dem ganz benachbarten Potsdam das dortige Postamt unsere Zeitungen debitirt (1 Thlr. 12 gg. vierteljährlich) glaubte ein dortiger Kaufmann seine Rechnung dabei zu finden, wenn er sie zu 1 Thlr. 8 gg. verkaufte und fing seit Neujahr 1816 an, einhundert Exemplare von jeder Zeitung morgens durch einen expressen Bothen von uns abholen zu lassen. Dies konnte, der Gewerbefreyheit wegen, das Postamt nicht hindern, das hiesige Postamt aber, um alle Concurrenz mit einem mahle niederzuschlagen, liess unsere Zeitung durch eine Staffette nach Potsdam gehen und setzte die vierteljährl. Bezahlung auf 1 Thl. 8 gg. herab, die Interessenten erhielten sie auf diese Weise ebenso früh und um einige Stunden früher als durch den Bothen des Kaufmanns und nun schläft dieser ein und die Post ist wieder nach wie vor im alleinigen Besitz des Debits, folglich Meister im nächsten Vierteljahr wieder den früheren hohen Preis eintreten zu lassen. Vor der Preiss-ermässigung erliessen wir unsere Zeitung dem hiesigen Postamte für 9 gr. 3 Pfg. vierteljährlich, jetzt, seitdem der Preis des Vierteljahrs für die Postämter (?) 15 gr. beträgt, zahlt uns die Post 12 gr. 9 Pfg. Wenn es uns auch gelingen sollte, den Postämtern eine feste Taxe aufzudringen, so würde doch wahrscheinlich blos das Publicum, nicht aber wir gewinnen, denn durch die Preiserhöhung der Zeitung und durch die Stempelabgabe, welches beydes quartaliter 10 ggr. ausmacht, hat sich der Absatz nicht vermindert, würde sich freylich

137

18

auch schwerlich vermehren, gesetzt auch wir brächten es dahin, dass in
der Provinz die Zeitung jährlich 2 Thaler wohlfeiler verkauft würde
als bisher. Um aber eine solche Revolution gegen alle Postämter durch-
zusetzen, muss man seiner Sache bey der obersten Behörde sehr gewiss
seyn, welches ich mir aber zu seyn nicht schmeichle und daher auch
nicht getraue den Versuch zu machen. — In der Schrift steht — „so
tröstet nun einander mit diesen Worten". — Ich leide dies Jahr
wieder Mangel an Zeitungs-Papier und wo Papier hernehmen in
der Wüste??

Ihr ergebenster

Joh. Carl Spener.

Es war das überhaupt im Anfang dieses Jahrhunderts
noch so eine eigene Sache mit der Post. Für uns, die wir an
eine Musteranstalt gewöhnt sind, erscheinen die Zustände alter
oder auch nur älterer Zeit schier unglaublich. Wir werden aus
einem nachstehend abgedruckten Schreiben *Fr. Fabers* unter
Punkt vier einige Nachrichten über die Post geben, die unsere
Anschauungen bewahrheiten. Dieses Schreiben *Fr. Fabers* stammt
aus dem Anfang des Jahrhunderts. Als der früher bereits
erwähnte Buchdrucker Hessenlandt damals einen weiteren Versuch
machte, hier eine zweite Zeitung zu gründen, war in Berlin
Neigung vorhanden, dem Ansuchen zu willfahren. Man behauptete
dort, die Magdeburgische Zeitung sei nicht so geschrieben, um
fremde, das heisst z. B. Hamburger oder Leipziger Zeitungen
fern- und das Geld dafür im Lande halten zu können. Gegen
diesen Vorwurf wandte sich *Fr. Faber* mit einer Darstellung der
Verhältnisse, die es verschuldeten, dass die Zeitung nicht so sei,
wie in erster Linie er selbst sie wünschte. Er führt da an:

1) Die Unvollkommenheit des Postkurses für Magdeburg
im Vergleich mit anderen Städten, z. B. Berlin und besonders Ham-
burg, welches mehrere Postämter, als z. B. ein preussisches, hannö-
versches, braunschweigisches etc. Postamt hat und der Zusammenfluss
aller Neuigkeiten ist, wozu besonders die vielen Residenten, Consuln
u. s. w. verschiedener Höfe beytragen, durch welche den dortigen

Zeitungsexpeditionen, wichtige und authentische Nachrichten, sehr früh mitgetheilt werden.

Eine Unvollkommenheit des Postlaufs für Magdeburg ist unter andern auch die, dass nur z w e i m a l wöchentlich Pariser Blätter und andere Nachrichten von dort her kommen. Um dieser Unvollkommenheit abzuhelfen müssen wir, wenn wir auch für das dritte wöchentliche Zeitungsblatt Pariser Nachrichten haben wollen, sie uns mit vielen Kosten durch einen Hamburger Correspondenten kommen lassen, der sie über Holland erhält.

2) Die Langsamkeit bey Beförderung fremder Zeitungen und anderer Nachrichten nach Magdeburg. So zum Beispiel enthält die Hamburger Zeitung, die mit der Wiener an einem Tage ankommt, schon Nachrichten unter demselben Datum, von welchem die mit ihr zugleich ankommende Wiener Zeitung ist. Worin kann dies anders seinen Grund haben, als in der grösseren Eile der Post von Wien nach Hamburg, als von Wien nach Magdeburg, da doch Hamburg davon weiter entfernt liegt als Magdeburg, und die Hamburger Zeitung, nachdem sie gesetzt und gedruckt ist, wozu doch auch Zeit erfordert wird, noch überdies den Weg von Hamburg hierher machen muss.

3) Die unregelmässige Ablieferung fremder Blätter (die zu unserm Glücke nicht auch bei Briefen von unseren Correspondenten stattfinden kann). Sehr häufig bleiben einzelne oder mehrere Stücke dieser oder jener Zeitungen aus, wodurch natürlich im Laufe der Geschäfte der Zusammenhang unterbrochen wird, den wir dann erst aus anderen später kommenden Nachrichten ergänzen können.

4) Der unrechtmässige, unerlaubte Gebrauch, den das hiesige Postamt zuweilen von den Zeitungsblättern macht, die wir zur Betreibung unserer Geschäfte halten, und die doch unser Eigenthum sind. Das ist besonders dann der Fall, wenn solche Blätter wichtige Nachrichten enthalten; dann circuliren sie 'erst unter den Freunden der hiesigen Postbedienten und wir erhalten sie erst spät oder wohl gar nicht. Es ist füglich das beste Mittel, wodurch sie ihr unrechtmässiges und uns so nachtheiliges Verfahren bedecken können, wenn sie uns auf wiederholte Nachfragen den Bescheid geben, dass die Zeitungen ausgeblieben seien. Da dies hauptsächlich dann geschieht, wenn die Zeitungen wichtige Nachrichten enthalten, wo sie uns am nützlichsten sein würden, so muss der Nachtheil für uns hierbei auch um so grösser sein. Ein deutlicher Beweis für die Wahrheit dieser Angabe ist wohl der, dass

wir unsere Zeitungen zuweilen von Privat-Personen haben holen
müssen, denen sie vom Postamt zum Lesen ausgeliefert waren.

5) Die Strenge und Aengstlichkeit der hiesigen Censur, wovon
Anlage ein Beweis.

Ohnerachtet obgedachter Schwierigkeit, hat die hiesige Zeitung
oftmals interessante Nachrichten früher als die Hamburger Zeitung,
welches aufmerksamen Lesern beider Zeitungen nicht unbemerkt
bleiben kann.

Die vorstehend beklagte mangelhafte Postverbindung
Magdeburgs hat noch lange, ja bis in die Jetztzeit hinein bestanden, zum grossen Schaden nicht nur unserer Zeitung, in
Bezug auf den Versandt nach aussen, sondern auch des
gesammten Handels unserer Stadt. Wir haben — und darin sind
wir glücklicher als unsere Vorgänger — bei der Kaiserlichen
Postverwaltung stets, soweit wie irgend angängig, Abhülfe unserer
Beschwerden gefunden, was wir gern auch bei dieser Gelegenheit
dankbar anerkennen wollen.

Um auf die Veranlassung obiger Ausführungen zurück-
zukommen, so wurde Hessenlandt abgewiesen, die Darlegung
Fr. Fabers muss doch wohl Eindruck gemacht haben. Trotz der
Schwierigkeiten aller Art, hat *Fr. Faber* die Zeitung in verhält-
nissmässig kurzer Zeit auf einen solchen Stand gebracht, dass ihm
1828 in einem amtlichen Schreiben von hoher Seite gesagt
werden konnte, seine Zeitung, die neben der Politik so manches
Wissenswürdige anderer Art böte und mit so viel Fleiss und
Umsicht redigirt würde, könne sich dreist den besten an die
Seite stellen. Diesen Standpunkt hat die Zeitung weder unter
Friedr. Faber noch unter seinen Nachfolgern wieder verlassen,
und wir hoffen, dass man auch der heutigen Magdeburgischen
Zeitung ein ähnliches Zeugniss würde ausstellen können.

Es wäre über die Magdeburgische Zeitung, gerade auch
aus der Zeit *Friedr. Fabers*, noch so Manches zu sagen, wir

140

schreiben aber nicht eine Geschichte der Zeitung — diese würde allein einige Bände füllen — sondern nur einen Abriss der Geschichte unseres Geschäfts und müssen uns daher in Allem beschränken.

Wie bereits unter *Carl Friedrich Faber*, so war auch unter *Friedrich H. A. Faber* neben ihm, der auch die Hauptleitung der Redaction hatte, ein Redacteur angestellt. Von aussen arbeiteten eine Anzahl tüchtiger Correspondenten mit an der Zeitung. Wenn auch diese nach Ansicht des Civil-Gouverneurs Staatsministers *von Klewitz* nur dazu da war, politische Neuigkeiten zu bringen, eine eigene Meinung über diese Dinge aber nicht haben, jedenfalls nicht äussern sollte, so war doch ein eigenes, frisches Leben in die Zeitung eingezogen. Immer mehr und mehr trat ihr Charakter als Vertreterin des Bürgerstandes in Stadt und Land schärfer hervor, des Bürgerstandes — ob mit oder ohne „von" — der in eifriger Arbeit die wirthschaftliche Grundlage für ein machtvolles Staatsgebilde zu schaffen suchte und in dem Bewusstsein seiner Kraft und Bedeutung auch nach äusserlicher Gleichstellung und Anerkennung strebte. Es ist eine interessante Zeit, interessant auch zu sehen, wie die Zeitung Fühlung, Ansehen und Einfluss gewinnt in allen gemässigt denkenden, aber vorwärts strebenden Kreisen.

An neuen Einrichtungen im redactionellen Theil finden wir unter Anderem vom 4. Januar 1820 ab einen Courszettel, natürlich in bescheidenem Umfange. Am 14. Februar 1829 richtete *Friedrich Faber* an den Herrn Ober-Präsidenten der Provinz Sachsen das Ersuchen, ihm die amtlichen Meldungen der Wasserstände der Elbe und Saale zur Veröffentlichung in der Zeitung möglichst sofort nach Eingang zustellen lassen zu wollen. Er wies darauf hin, von welchem Nutzen für die in den Niederungen Wohnenden es sein würde, nicht nur

141

den seit Jahren bereits gebrachten magdeburger Pegelstand zu kennen, sondern aus den Veröffentlichungen auch der übrigen Stationen möglichst früh die ihnen etwa durch Hochwasser drohende Gefahr übersehen zu können. Die Notirungen der Wasserstände der Elbe und Saale, soweit sie dem Oberpräsidium zugingen, werden denn auch von da ab, sobald Hochwasser eintrat, mit Ausnahme des Sonntags, täglich veröffentlicht und überall, auch von den Wasserbau-Inspectoren der Unterelbe freudig aufgenommen. Der Herr Oberpräsident erkennt in seiner Antwort auf obiges Gesuch die Nützlichkeit der Verbreitung dieser Nachrichten durch die Zeitung, jedoch nur bei aussergewöhnlichen Wasserständen an, und zwar, trotzdem die Regierung die Vorkehrung getroffen hatte, sofort nach Eingang der Nachrichten von wachsender oder sich vermindernder Gefahr, diese auf beiden Ufern der Elbe bis zur Landes-Grenze durch reitende Boten zu verbreiten. Vom 17. November 1842 ab wurde dann auch noch der wichtige Dresdener Wasserstand den sonstigen Beobachtungen angefügt. Am gleichen Tage wurde auch begonnen, die Notirung der Course der Eisenbahn- und der Dampfschiffahrts-Actien und der Geld-Course in Magdeburg in der Zeitung zu veröffentlichen.

Bereits in den zwanziger Jahren wurden auch in der Zeitung tägliche meteorologische Beobachtungen veröffentlicht, die lange Jahre hindurch von einem hiesigen Physiker *B. Kote* angestellt worden sind.

Wir haben in den letzten Sätzen mehrfach davon gesprochen, dass Nachrichten „täglich" in der Zeitung veröffentlicht seien, haben aber noch nicht gesagt, dass und seit wann die Magdeburgische Zeitung aus der wöchentlich dreimal erscheinenden eine täglich erscheinende Zeitung geworden sei. Am 3. October 1828 hatte *Friedrich Faber* die Erlaubniss vom

142

Ober-Präsidenten erbeten — denn damals war zu solchen rein geschäftlichen Dingen noch eine Erlaubniss nothwendig — vom 1. Januar 1829 ab die Zeitung täglich erscheinen lassen zu dürfen. Die Genehmigung wurde ertheilt und vom 1. Januar 1829 an erschien die Magdeburgische Zeitung täglich, mit Ausnahme des Sonntags. Es ist dies eine ganz auffallende Bestimmung, die für alle bei den Zeitungen beschäftigten Personen recht drückend war. Ganz besonders drückend aber wurde sie in den vierziger Jahren dieses Jahrhunderts für die verantwortlichen Redacteure der Zeitungen, für die damals ja ganz aussergewöhnlich harte Bestimmungen von der Regierung erlassen waren. Unter anderen durften die Redacteure ohne Genehmigung der Regierung sich nicht vertreten lassen. So kam es denn, dass der verantwortliche Redacteur einer sechsmal in der Woche erscheinenden Zeitung jeden Sonntag Jahr aus, Jahr ein in der Redaction arbeiten musste, damit Montags eine Zeitung erscheinen könne. Man kann sich denken, dass gegen diese thörichte Einrichtung, die den Sonntag für die Zeitungsleute zum Arbeitstag machte und sogar zum doppelten Arbeitstag, da ja auch das, was am Sonnabend hatte liegen bleiben müssen, mit aufgearbeitet werden musste, angekämpft worden ist. Diese mit den triftigsten, weil natürlichsten Gründen geführten Befehdungen hatten aber keinen Erfolg und erst die Bewegung des Jahres 1848—1849 hat auch diesen Zopf beseitigt.

Der Preis der Magdeburgischen Zeitung, der bis dahin 27¼ Sgr. gewesen war, wurde mit dem 1. Januar 1829 in der Stadt nur um 2¼ Sgr., also auf einen Thaler, erhöht. Die Post aber setzte für die auswärtigen Abonnenten den Preis auf einen Thaler 20 Sgr. fest, und nahm damit denselben Preis an, zu dem sie auch die berliner Zeitungen erliess. In dem

Preis von einem Thaler in Magdeburg und einen Thaler 20 Sgr. für auswärts war die Zeitungsstempelsteuer im Betrage von 7½, Sgr. für das Vierteljahr mit einbegriffen. Wer nach dem 1. Januar und überhaupt nach dem ersten Quartalstage abonnirte, musste einen Thaler und 5 Sgr., d. h. also 5 Sgr. Strafe zahlen. Wir wollen hier noch bemerken, dass die beiden berliner Zeitungen bereits seit dem 1. Januar 1824 sechsmal in der Woche erschienen, die „Breslauer Zeitung", welche bis zum Jahre 1828 viermal in der Woche erschienen war, hatte vom 1. Januar 1828 ab täglich, Sonntag ausgenommen, eine Nummer herausgegeben. Dass die Post den Preis der Magdeburgischen Zeitung um deswillen, weil sie nun sechsmal wöchentlich erscheinen sollte, mit den berliner Zeitungen gleich normirt hatte, war nicht ganz begründet. Von Berlin aus gingen wohl täglich Posten nach vielen Richtungen hin ab, in Magdeburg war aber nur der berliner Cours mit einer täglich abgehenden Post versehen, die Post hatte demnach durch die Ausgabenveränderung eine kaum nennenswerthe Mehrarbeit. Auch war die Postprovision im Ganzen sehr hoch, denn da die Post nur 27½, Sgr. an die Zeitung zahlte, hatte sie 22½, Sgr. Provision.

Es wird erzählt, dass, als der Beschluss gefasst worden, die Zeitung täglich herauszugeben, viele der alten Angestellten zweifelnd gefragt hätten, wie es denn möglich sein solle, alle Tage einen ganzen Bogen — es waren noch die kleinen Quartbogen — mit Nachrichten zu füllen.

Am 1. October 1841 erfuhr die Zeitung eine weitere Veränderung. Mit Genehmigung und auf Anregung des damaligen Herrn Ober-Präsidenten *von Flottwell* wurde das Format der Zeitung, das, wie man aus der dem Buche angefügten Zusammenstellung der Zeitungsköpfe ersehen kann, von 1626 bis 1841 fast genau dasselbe geblieben war, in ein Folioformat verändert. Dabei war für das gewählte Format entscheidend, dass, sowie der Beschluss der Formatänderung gefasst worden war, der Wunsch bestand, sobald wie irgend thunlich mit der Vergrösserung vorzugehen. Nun war aber noch eine grössere Menge des alten Papiers auf Lager, und um dies nicht unbenutzt liegen lassen zu müssen, kam man dahin, den bisherigen Quartbogen, indem man ihn statt zweimal nur einmal falzte, für das Folioformat zu verwenden. Dieses Format ist — nur ein wenig vergrössert — bis zum 1. Januar 1873 beibehalten worden.

Der Inseratentheil der Zeitung hatte sich mit den Jahren dauernd vermehrt und mehr und mehr den Charakter angenommen, wie wir ihn heute noch vor uns sehen. Namentlich die ersten zehn bis zwanzig Jahrgänge unter *Friedrich Fabers* Geschäftsführung bieten im Inseratentheil viel Interessantes nach allen Richtungen, namentlich wieder in Bezug auf Familien-Namen. Wir müssen uns leider versagen, hier näher darauf einzugehen.

Ueber das Verlags- und Druckgeschäft *Friedrich Fabers* können wir kurz hinweggehen. Der alte Verlag wurde theilweise fortgesetzt, zum Theil aber ging er in der Zeitströmung unter. Hie und da ist ein neues kleines ephemeres Verlagswerk übernommen, im Ganzen aber nahm die Zeitung in ihrem Wachsthum Zeit, Kraft und Raum mehr und mehr allein in Anspruch. Eben so war es in Bezug auf das Druckgeschäft; was kam, wurde angenommen, grosse Mühe um Aufträge aber hat man sich wohl leider nicht gegeben. Leider in sofern, als im ABC Raum genug gewesen wäre, neben der Zeitung auch ein grösseres Druckgeschäft mit zu betreiben. Freilich hätte gebaut werden und im Betriebe manches geändert werden müssen, wer wollte es da dem alten Herrn verdenken, dass er, der seit 1799 im Geschäfte von früh Morgens bis spät Abends thätig gewesen war und

einen männlichen Leibeserben nicht hatte, vor solchen Um-
wälzungen sich scheute? Und doch machte auch die Zeitung
dringende Ansprüche auf neue Einrichtungen. Das sah *Friedrich*
Faber wohl und da es ihn drückte, täglich die Nothwendigkeit
zu sehen, dass etwas geschähe und er in seinem Alter von
67 Jahren die Plackereien mit Censur, Intelligenz-Contoir etc.
viel schwerer empfand, als in jungen Jahren, so entschloss er
sich 1845, vom Geschäft sich zurückzuziehen. Er trat die
Faber'sche Buchdruckerei, unter der Verpflichtung, dass diese
Firma weiter geführt werde, an seinen Neffen *Gustav Carl Friedrich*
Faber ab, der vom 1. Juli 1846 ab das Geschäft unter eigener
Verantwortung und für eigene Rechnung weiter führte. Auf
Einzelheiten der Uebergabe des Geschäfts kommen wir im
nächsten Abschnitt noch zurück.

    Friedrich Heinrich August Faber hat nicht lange der
wohlverdienten Ruhe geniessen können; bereits am 27. October
1847 starb er nach kurzem Krankenlager. Sein Andenken
sei gesegnet!

GUSTAV CARL FRIEDRICH FABER
1846—1872.

Als Sohn des Besitzers der Sonnen-Apotheke wurde in Magdeburg *Gustav Carl Friedrich Faber* am 25. Januar 1811 geboren. Sein Vater, *Wilhelm Friedrich Christian Faber*, geboren den 26. Juni 1775, war der älteste Bruder *Friedrich Heinrich August Fabers*. *Gustav Faber* besuchte zunächst das Gymnasium des Klosters U. L. F. und ging dann auf die damalige Handlungsschule in Magdeburg über. Nach Absolvirung dieser Schule erlernte er den Buchhandel in der Creutz'schen Buchhandlung in Magdeburg, arbeitete als Gehülfe in den Buchhandlungen von Leske in Darmstadt, von Pabst, ebenfalls dort und bei J. P. Bachem in Köln a. Rh. Im Jahre 1839 kaufte er in Mainz die Kunze'sche Buchhandlung, die er unter der Firma *G. Faber* fortführte und die unter dieser Firma, so viel uns bekannt, auch heute noch besteht.

Auf Veranlassung seines Onkels *F. H. A. Faber* kam er 1842 nach Magdeburg zurück und trat im gleichen Jahre zunächst als Gehülfe seines Onkels in die Faber'sche Buchdruckerei ein.

Gustav Fabers Vater war anfänglich nicht dafür, dass sein Sohn sein Geschäft in Mainz verkaufe und nach Magdeburg komme. Die Verhältnisse des Zeitungs-Verlegers erschienen ihm damals sehr bedenklich, die Aussichten seines Sohnes in Magdeburg daher wenig verlockend. Wir geben hier einen Brief wieder, den *Gustav Faber* kurz vor Ausführung seines Entschlusses, nach Magdeburg zu gehen, von seinem Vater erhielt, da dieser Brief einen genauen Einblick in die Verhältnisse jener Zeit gestattet. Der Brief lautet:

Der Onkel hat seit einiger Zeit, mehr als es je der Fall war, unbeschreiblich viel Aerger und Verdruss, der ihm von Seiten der Censur-Behörde zugefügt ward, erdulden müssen. Ganz gleichgültige Nachrichten, die selbst durch andere Preuss. Zeitungen schon bekannt gemacht waren, sind ihm gestrichen, obgl. ausführlichere Bestimmungen und Erläuterungen über das Censur-Edict (siehe die Beylage) den Censoren sowohl als den Redacteurs mehr Freyheiten, als sonst, zu gestatten scheinen. Sogar ist gewissermassen seine persönliche Freyheit durch eine Verfügung der Oberbehörde an sämmtliche Redacteurs, beschränkt, in welcher ihnen zu erkennen gegeben wird, dass, wenn ein Redacteur irgend eine Reise, selbst zur Befestigung seiner Gesundheit, eine Reise in ein Bad zu unternehmen beabsichtige, er dies nicht allein der Behörde anzuzeigen habe, sondern auch einen anderen stellvertretenden Redacteur vorzuschlagen verpflichtet sey, und es dann noch von der Behörde abhängen werde, ob sie den Stellvertreter genehmige oder nicht. Alle diese Unannehmlichkeiten haben den Onkel, und mit Recht, sehr verdriesslich gemacht, so dass er mir in seinem Unmuth sagte, dass er auf der Stelle einem Anderen sein Geschäft überlassen würde, wenn er Dir nicht sein Wort gegeben hätte, was er auch zu halten gesonnen sey. Unter solchen Umständen ist eine nochmalige ernste und reifliche Ueberlegung dieser Sache von Deiner Seite unerlässliche Pflicht.

Besonders ist eine Stelle in diesem Circular-Schreiben für die künftigen Redacteure und Unternehmer der Zeitschriften sehr bedenklich, wo es heisst: dass es erforderlich sey, dass bey Genehmigung neuer Zeitschriften und neuer Redacteure mit grosser Vorsicht verfahren werde, damit die Tagespresse nur völlig unbescholtenen Männern anvertraut werde, deren wissenschaftliche Befähigung, Stellung und Charakter für den Ernst ihrer Bestrebungen und für die Loyalität ihrer Denkungsart Bürgschaft leiste. — Nun ist es eine grosse Frage, ob man Dir diese wissenschaftl. Befähigung (wie man sie nur von einem Gelehrten erwarten kann) einst zugestehen wird. — Wäre dies

148

GUSTAV CARL FRIEDRICH FABER.

auch nicht der Fall, so würde der Verlag der Zeitung Dir schon ein hinlängliches Auskommen gewähren, wenn nur dieses Dir gesichert wäre. So ist aber unter Westphälischer Regierung das unsern Voreltern gegebene und auf deren Collatoral-Verwandte ausgedehnte Privilegium aufgehoben und nicht wieder erneuert; es ist also auch zweifelhaft, ob man Dir doch wenigstens den Druck und Verlag der Zeitung überlassen würde. Hierzu kommt noch die grosse Ungewissheit, ob man bey Ertheilung der Concession als Redacteur oder als Verleger wenigstens, Dir als einen Ausländer (denn das bist Du itzt) den Vorzug vor dem Inländer geben würde? — Und wenn Dir auch, wie wohl zu erwarten steht, das Bürgerrecht hier nicht versagt werden wird, so kann Deine Aufnahme als solcher nur erst dann geschehen, wenn Du aus den Gr. Hz. Hessischen Staaten mit genügenden guten Zeugnissen entlassen bist, worüber noch einige Zeit hingehen kann. Du kommst also auf jeden Fall in eine bedenkliche und ungewisse Lage, die ich im Beysein Deines Herrn Schwiegervaters in Darmstadt, sowie nachmals mehrfach schriftlich, Dir geschildert habe. Was wolltest Du dann anfangen, wenn man Dich zurückwiese? Die blosse Druckerey (deren hier 7 sind) würde Dich nur dürftig nähren. Eine Buchhandlung hier zu etabliren (deren wir schon 8 haben) würde auch wenig einbringen; also auf jeden Fall sind scheinbar schlechte Aussichten zu einem blühenden Erwerbszweige für Dich zu befürchten. — Ueberlege die Sache mit Deinem Herrn Schwiegervater, dem Du diesen Brief mittheilen kannst, nochmals ruhig und reiflich und lass Dich nicht vielleicht durch Zureden Anderer, die die Lage der Sache nicht kennen, verleiten, bey einem Entschluss zu verharren, dessen Ausführung Dir von Nachtheil werden kann. Noch ist nichts geschehen; bey allem, was geschehen ist, als Miethe einer Wohnung, Kauf einiger Mobilien u. s. w. können nur unbedeutende Verluste entstehen, gegen die gerechnet, welche Dir das hartnäckige Beharren auf einem früheren Entschluss zuziehen kann. Wenn Dich Dein dortiges Geschäft nur irgend nährt, und so ist, dass Du bey angestrengtem Fleiss und mässiger und wohleingerichteten Lebensweise jährlich nur etwas zurücklegen kannst, so bleib dort, und gedenke der Fabel des Aesop mit dem Hunde, der ein Stück Fleisch fallen liess, um nach dessen grösseren Schatten zu greifen. — Mir entgeht die grosse Freude, Dich und die Deinigen in der Nähe zu haben; aber ich will sie gern entbehren, wenn ich nur weiss, dass es Dir dort wohl geht, und vielleicht besser, als es hier der Fall seyn kann. Ich habe es für Pflicht gehalten, Dir den Zustand der Sache, wie er itzt sich

149

gestaltet, vorzulegen; es ist möglich, dass meine Befürchtungen zu gross
sind, aber der Gegenstand ist zu wichtig, als dass man ihn nicht noch-
mals einer ernsten und unbefangenen Prüfung unterwerfen sollte ...

Wenn man bedenkt, dass es sich um Geschäftsleute, nicht aber um vom Staate angestellte und besoldete Personen handelt, so erscheinen die im Briefe geschilderten Verhältnisse geradezu unglaublich. Und die Schilderung der Zwangslage, in der die Verleger und Redacteure einer Zeitung durch die in den vierziger Jahren erlassenen neuen Bestimmungen der Regierung sich befanden, ist eher noch zu milde als zu scharf. Wir werden bei den Verhandlungen wegen Uebergabe des Geschäfts an *Gustav Faber* noch darauf zurückkommen.

Gustav Faber liess sich durch den Brief seines Vaters nicht abhalten, er verkaufte sein Geschäft in Mainz und trat, wie wir gesehen, 1842 in die Faber'sche Buchdruckerei im goldenen ABC ein.

Die damalige Faber'sche Buchdruckerei war nach unseren heutigen Begriffen ein kleines Geschäft, während es zu jener Zeit nicht unbedeutend war und, was bei einem Geschäft ja schliesslich immer die Hauptsache bleibt, nicht unbeträchtlichen Gewinn abwarf. Damals hiess es eben noch: „kleiner Umsatz, grosser Verdienst", während man heute schon froh ist, bei grossem Umsatz kleinen Verdienst zu haben, und die Losung lautet: die Masse muss es bringen.

Anno 1842 erschien die Magdeburgische Zeitung, wie wir schon sagten, bereits täglich, Sonntags ausgenommen. Das Format war ca. 33/19 cm Satzgrösse und der Umfang schwankte zwischen sechs und zwölf solcher Seiten. Die Inserate waren nicht unbedeutend, so enthält die Nummer vom 17. December 1842 bei zehn Seiten Umfang sieben Seiten Inserate. Das gewöhnliche Verhältniss scheint zwei bis drei Columnen Inserate

150

bei einem Gesammtumfang von sechs oder acht Columnen für die Nummer gewesen zu sein.

An Arbeiten wurden, als *Gustav Faber* ins Geschäft trat, geliefert: die Gesangbücher eigenen Verlages nebst Zubehör, dann Drucke für die Creutz'sche und die anderen Buchhandlungen der Stadt, weiter was an Accidenzien vorkam; für diese Arbeiten war eigens eine eiserne Presse angeschafft worden. Den Hauptschwerpunkt bildete aber, wie wir wissen, die Herstellung der Magdeburgischen Zeitung.

Nachdem *Gustav Faber* sich eingearbeitet hatte, wurde bei *Fr. H. A. Faber* der Wunsch, sich zur Ruhe zu setzen, immer reger. Befördert wurde das Verlangen nach Ruhe durch die mancherlei Unbequemlichkeiten und Aufregungen, welche, wie wir im vorigen Abschnitt bereits kurz andeuteten, namentlich dadurch hervorgerufen wurden, dass die in Folge der Zunahme der Zeitung sowohl in Auflage als Umfang sich immer steigernden Ansprüche an die Leistungsfähigkeit der Druckerei nicht befriedigt werden konnten, denn die technische Einrichtung hatte nicht mit dem Wachsen aller Verhältnisse Schritt gehalten. Wenn man bedenkt, dass zu jener Zeit noch auf Holzpressen fast derselben Construction gedruckt wurde, welche schon Guttenberg und seine directen Nachfolger verwendeten, dabei aber eine tägliche Zeitung von anderthalb, zwei und drei Bogen in einer vier bis fünf Tausend Exemplare starken Auflage gedruckt werden sollte, so wird dies leicht verständlich. Trotz der angestrengtesten Arbeit der Drucker war es daher fast Regel, dass die Zeitung Morgens um 9 Uhr noch nicht ausgedruckt war und die Zeitungen buchstäblich unter der Presse fortgenommen, zur Ausgabe gebracht wurden. Selbst noch die alte Einrichtung zu beseitigen und Schnellpressen anzuschaffen, die zu jener Zeit schon in mehr als hundert Exemplaren verbreitet waren, dazu konnte sich der alte Herr

151

nicht entschliessen. So wurde denn die Uebergabe des Geschäfts an *Gustav Faber* fest ins Auge gefasst. Zunächst erklärte *Fr. H. A. Faber* aber, dass er im alten Hause wohnen bleiben wolle und dass *Gustav Faber* ein neues Haus, und zwar ein solches in bester Lage und möglichst nahe der Post gelegen, kaufen müsse. Der Vater *Gustav Fabers*, der Apotheker *Faber*, war dagegen der Meinung, ein recht geräumiges und billiges Grundstück, auch wenn es in einem Winkel liege, sei vorzuziehen. Er hatte daher alle Augenblicke einen neuen Vorschlag, z. B. ein Haus auf der Warte, ein Haus hinter der jetzigen katholischen Kirche in der Prälatenstrasse, dann das Kricheldorf'sche Haus an der Ecke der Post- und Regierungsstrasse etc. Endlich machte aber das entschiedene Auftreten *Friedrich Fabers* dem Suchen ein Ende und es wurde das Haus Breiteweg No. 6 angekauft. Dieses Grundstück, ehemals Münchhausen'scher Besitz, war ungefähr 1731 gebaut und befand sich zur Zeit des Ankaufs durch *Gustav Faber* im Besitz des Banquiers *Louis Maquet*. Das Haus kostete 20.000 Thaler Gold, von denen 10,000 Thaler Gold für *Maquet* als erste Hypothek eingetragen wurden.

Sobald *Friedrich Faber* sich fest entschlossen hatte, sich zur Ruhe zu setzen und *Gustav Faber* das Geschäft, aber ohne das alte Geschäftshaus zum goldenen ABC, zu übergeben, wurden auch sofort die Verhandlungen mit den Behörden eröffnet und die nothwendigen Eingaben abgesandt. Onkel und Neffe vertraten den Standpunkt, dass das alte Privileg *Gabriel Gotthilf Fabers* von Friedrich Wilhelm II. nicht nur bestätigt, sondern zugleich auf die Descendenten und Collatoral-Erben, insofern sie von dem ersten Privilegirten abstammen, ausgedehnt und in dieser Ausdehnung auch von König Friedrich Wilhelm III. bestätigt worden sei und dass dieses Privileg auch noch für sie zu Recht bestehe. Die erste Eingabe

Faber'sche Buchdruckerei Breiteweg 6 vor dem im Jahre 1864 erfolgten Umbau.

wurde, trotzdem sie vom Ober-Präsidenten der Provinz Sachsen befürwortet war, vom Ministerium ablehnend beschieden. Durch einen alten Kriegs-Kameraden des Schwiegervaters *Gustav Fabers*, der in jener Zeit als Gesandter eines kleinen Staates in Berlin residirte und als solcher Fühlung mit dem Ministerium hatte, erfuhr man auf Umwegen die Gründe für diese Ablehnung. Da hiess es:

> *„Die Magdeburger Zeitung steht hier nemlich schon seit längerer Zeit in einem nichts weniger als sehr guten Geruch; in politischer und noch mehr in kirchlicher und religiöser Hinsicht wird ihre Tendenz als eine sehr tadelnswerthe bezeichnet. In erster Hinsicht ist es die Aufnahme von Artikeln, welche ganz dazu gemacht sind, die Regierung in ihren Absichten und vorhabenden Massregeln zu verdächtigen und Misstrauen gegen dieselbe zu erregen, welches man hier mit Missvergnügen in einem Blatte sieht, welches in der alten treuen Stadt, wie in der Provinz viel gelesen wird.*
>
> *In religiöser Hinsicht hat sich dieses Blatt zum Organ der sogenannten Lichtfreunde und ihrer Zusammenkünfte hergegeben, und da die ultrarationalistische Richtung dieser Gesellschaft gewiss nicht die ist, welche man gefördert und gehegt zu sehen wünscht, so wird das diesem Blatt und seinem Verleger gewiss mit Recht verübelt. — Dennoch hat man sich entschlossen, es in der jetzigen Hand zu belassen, allein man will sich die möglichen Garantien zu sichern suchen, um die Sache in der Hand zu behalten und zu verhindern, dass die Regierung nicht durch Blätter der Art ihren guten Einfluss paralisirt sehe. Herr Faber wird also nun zu wählen haben; entweder er sieht sich nach guten und sicheren Redacteuren um, die seinem Blatte mit Intelligenz eine freie, aber wohlmeinende und loyale Richtung geben, oder er fährt fort, es in mittelmässigen, aber einer Parthei angehörenden Händen zu lassen. In dem letzten Falle dürfte er dann unter Umständen gewiss seyn können, dass die Concession zurückgezogen wird, und alle Verwendung, wenn sie dann überhaupt noch Statt finden könnte, würde alsdann zu keinem Resultate mehr führen.*

Also: man war in Berlin mit der Haltung der Zeitung nicht zufrieden, trotz der Censur, wie wir sie im letzten Abschnitt geschildert und trotz der Anerkennung hoher Beamten der Provinz, von der wir gesprochen haben. Am meisten staunt man, wenn man liest, dass auch die Haltung in kirchlichen und religiösen Fragen und besonders in der der sogenannten Lichtfreunde in Berlin beanstandet wurde, da diese Haltung, wenn auch nicht anfangs, so doch damals schon seit Jahren in voller Uebereinstimmung mit der Censur und dem Ober-Präsidenten der Provinz sich befand. Wer die Zeitung aus jenen und auch den verhängnissvollen nächsten Jahren heute unbefangen liest, der wird anerkennen müssen, dass sie sich von aller Gehässigkeit, von allen extremen Forderungen durchaus frei gehalten, niemals in Bezug auf die Liebe und Treue zum Königshaus und der Monarchie geschwankt, sondern in warmer und würdiger Weise einen nothwendigen und daher gesunden Fortschritt vertreten hat.

Der ablehnende Bescheid des Ministeriums war für *Friedrich Faber*, noch mehr aber für *Gustav Faber*, dessen ganze Zukunft auf dem Spiel stand, äusserst niederdrückend. Ein zweites von *Gustav Faber* eingereichtes, von dem Ober-Präsidenten Herrn *von Wedell* ebenfalls befürwortetes Gesuch hatte wiederum ein negatives Resultat.

Inzwischen war der oben erwähnte Kriegskamerad und Gesandte in Berlin für *Gustav Faber* thätig gewesen; Herr *von Wedell* hatte nochmals ein von *Friedrich* und *Gustav Faber* gemeinsam unterzeichnetes Gesuch im April 1845 empfehlend nach Berlin weiter gegeben, aber bange Wochen vergingen noch, bis endlich am 22. Juni 1845 der damalige Censor, Regierungsrath *Fleischmann*, zunächst privatim *Gustav Faber* mittheilen konnte, dass die Concession für ihn eingetroffen sei. Das Sprüchwort sagt, „was lange währt, wird gut"; hier war das aber nicht der Fall. Es hiess da, dass *Gustav Faber* unter dem Vorbehalte des jederzeitigen lediglich von dem

154

Ermessen der Verwaltungs-Behörden ohne Provocation auf den Ausspruch des Königlichen Ober-Censur-Gerichts abhängigen, und von jenen Behörden auszusprechenden Widerrufs die Herausgabe der Magdeburgischen Zeitung gestattet werde und dass *Friedrich Faber* hiernach als Inhaber und verantwortlicher Redacteur des Blattes, den Behörden gegenüber, ausscheide. Diese unbedingte Widerruflichkeit der vorläufigen Concession musste *Gustav Faber* ausserdem noch durch Unterschreiben eines Protokolls vor dem Polizei-Director *von Kamptz* anerkennen. Also eine Knebelung in optima forma, die der Behörde, die sie ausgedacht, nicht zum Ruhme gereicht. Was damit beabsichtigt wurde, ist aber nie in Erfüllung gegangen. Eine traurige Zeit, die solche Blüthen treibt, und wenn uns heute dies und jenes nicht gefällt, ist es gut einmal rückwärts zu schauen; man dankt dann Gott, in unserer Zeit zu leben.

Am 1. Juli 1846 übernahm also *Gustav Faber* das Geschäft und eröffnete den Betrieb im neuen Hause, nachdem es vielleicht gerade 200 Jahre an einem Orte betrieben worden war. Gleichzeitig verlegte er auch nach Breiteweg No. 6 seine Wohnung, die er bisher auf dem nach der jetzigen Jacobstrasse hinführenden Theil des alten Marktes, im Seiffert & Lewarkhusen-schen Hause gehabt hatte. Die Lage *Gustav Fabers* war bei Uebernahme des Geschäfts nach manchen Richtungen hin nicht sehr angenehm und leicht. Die Erwerbung und Verlegung des Geschäfts, die Verstärkung des Materials, die Anschaffung der Maschinen hatte für seine Verhältnisse bedeutende Summen gekostet. Dann folgte der Uebernahme des Geschäfts im folgenden Jahre, 1847, die grosse Theuerung und Hungersnoth in Folge von Missernte, und in politischer Beziehung die fortwährend wachsende Gährung der Geister, die dann in der 1848—49er Revolution ihren Abschluss fand. Auch die Geschäfts-

führung selbst wurde durch manche einengende, für die neue
Zeit nicht mehr passende und deshalb drückend empfundene
staatliche Einrichtung erschwert. Wir meinen Intelligenz-Zwang
und Censur, deren wir ja mehrfach schon gedacht haben.

Am drückendsten empfand *Gustav Faber* und das ganze
Geschäft die Censur. Man denke sich, die Zeitung ist fertig,
geschlossen, der erste Abzug davon gemacht und dieser muss
nun sofort zum Censor getragen werden. Da stand dann das
ganze Geschäft still und wartete bis das „Imprimatur" des
Censors kam. Aber schon damals, wie heute, war jede Minute
kostbar und da kann man sich die Ungeduld, die Aufregung,
den Aerger vorstellen, wenn nun Minute auf Minute verrann
und der Bote mit dem ersehnten Vermerk auf der Zeitung
nicht zurückkam. Vielleicht war der Herr Censor noch nicht
vom Spaziergang zurück, vielleicht hatte er gut dinirt und das
Durchlesen der Zeitung wurde ihm schwer. Und wenn dann
endlich der Bote zurückkam, war wohl ein ganzer, mühsam
durchdachter Artikel gestrichen, musste ausgehoben und durch
etwas anderes, dem Censor Genehmes, ersetzt werden. *Gustav
Faber* rühmt jedoch, dass, so lange die Censur durch den
Regierungs-Rath *Fleischmann* ausgeübt wurde, dieser in durchaus
liebenswürdiger und rücksichtsvoller Weise seines Amtes gewaltet
habe. Ein gleiches Lob zollt er dem Polizei-Präsidenten *v. Gerhardt*,
der in späterer Zeit dem Ansinnen auf Confiscation der Zeitung
nur einmal, weil sie absolut nicht zu umgehen gewesen sei, entsprochen habe. Ausser der gerechten und humanen Denkungs-
weise dieser Beamten, war aber auch die Haltung des damaligen
Redacteurs der Zeitung, Dr. *Loempcke,* mit eine Ursache, dass trotz
aller Fährlichkeiten, welche die unruhigen und traurigen Zeiten
mit sich brachten, die Zeitung, so lange er das Ruder führte,
ohne Anklage und Strafe, wenn auch nicht ohne heftige An-

feindung und eine später zu erwähnende schwere Ungerechtigkeit davon gekommen ist. Dr. *Loempcke*, aus Sudenburg-Magdeburg stammend, war ein feiner Kopf, ein edler Charakter, und für *Gustav Faber* in jenen bewegten Zeiten eine grosse Hilfe, ein treuer Freund. Er hatte bereits von Berlin aus für die Zeitung berichtet, war dann auf Anrathen *Friedrich Fabers* schon ein Vierteljahr vor Uebernahme des Geschäftes durch *Gustav Faber* in die Redaction eingetreten, damit er sie im alten Geiste weiter zu führen lerne. In der Revolutionszeit vertrat die Zeitung den Standpunkt einer freiheitlichen Entwickelung auf gesetzlichem Wege, verfocht die staatliche Ordnung gegenüber dem wüsten Geschrei des Pöbels und den Hetzereien und Wühlereien der Agitatoren. Sie wurde deshalb auf das heftigste angefeindet und gehasst von der radicalen Linken, ohne dadurch den Hass der Rechten gegen sich irgend wie zu vermindern, wie dies die Folge zeigte. Aber das war ja auch nicht der Zweck ihrer Haltung. Sie vertrat das Recht, forderte die ruhige, besonnene Fortentwickelung unserer staatlichen und kirchlichen Verhältnisse gegenüber der Linken und die freiheitliche Entwickelung eben dieser Verhältnisse gegenüber der Rechten, und das können beide extremen Parteien ja auch heute noch nicht vertragen.

Wie sehr damals die äusserste Linke gegen *Gustav Faber* und die Zeitung aufgebracht war, dafür legen am besten die verschiedenen Katzenmusiken, welche *Gustav Faber* gebracht wurden, Zeugniss ab, wie auch die nicht ganz so harmlose Absicht, die Maschinen der Zeitung zu zertrümmern. Wenn sich der Schreiber dieser Zeilen in jene Zeit zurückversetzt, so befinde ich mich mit der ganzen Familie in einem der Zimmer nach vorn hinaus. In den Fenstern stehen die neusilbernen Schiebelampen, mein Vater, *G. Faber*, der, wie ich heute deutlich den Eindruck habe, damals noch dunkle Haare hatte, geht im Zimmer auf und ab, und unten

157

von der Strasse her tönt das wüste Gekreisch, Gejohle, Geheul,
Gepfeife und sonstige Misstöne, wie sie ein wilder Pöbelhaufe als
Zeichen seines Unwillens auszustossen pflegt, zu uns herauf.
Dann fingen sie an zu rufen: Faber raus! Faber raus! und wenn
darauf mein Vater ans Fenster trat, um sich ihnen zu zeigen,
dann wurden sie, wie ein unartiges Kind, das seinen Willen bekommen hat, wieder für einige Zeit ruhig. Weiter entsinne ich
mich, dass meine älteste Schwester und ich auf dem Domplatz,
auf „Lebrechts Seite", wie es damals genannt wurde, also auf
der dem Dom gegenüberliegenden Seite spielten, und sehe noch
einen Menschen vorüber gehen und mit der Faust uns drohen
und höre ihn noch rufen: Wartet man, heute Abend kriegt Ihr
wieder eine Katzenmusik. Das mag ja wohl jener Abend gewesen
sein, von dem ich viel habe erzählen hören, an dem unser Haus
gestürmt, unsere Maschinen zerstört werden sollten. Nicht einer
aus der Hefe des Volkes, sondern einer aus dem guten Bürger-
stande hatte schon am Morgen dieses Tages auf die Gartentische
des Versammlungslocals, Grafs Garten vor dem Ulrichsthor, eigen-
händig mit Kreide die Aufforderung geschrieben: Heute Abend
bei Fabers! Eine Warnung war uns hinterbracht worden, und als
der Abend kam, da fand er unser ganzes Personal versammelt
im Hause vor. Das Thor wurde verrammelt, die Fensterladen, es
waren Innenladen, geschlossen, und Alle waren bereit, wie der
Setzer *la Tendresse* meinem Vater sagte, für ihren Brotherrn und
ihre Arbeitsstätte bis zum äussersten einzutreten. *La Tendresse*
der Kürassier gewesen war, schwang dabei einen grossen
Pallasch, den er, Gott weiss woher, sich verschafft hatte.
Es dauerte nicht lange, da fing draussen auf der Strasse
der Lärm an, aber diesmal wollten sie ja nicht beim Lärmen
bleiben, sondern Thaten folgen lassen. In der Nähe war ein
Haus im Bau. Von dort her holten sie nun Mauersteine und

fingen an die unteren Fenster damit zu bombardiren, um die dahinterliegenden Fensterladen zu zertrümmern. In diesem Augenblick aber öffnete sich uns schräg gegenüber das Thor des dem Magistrat gehörigen Hauses und mit Trommelschlag und Kolbenstösse austheilend, rückte die Bürgerwehr, die von der Leiterstrasse aus in das Grundstück geführt war, vor, marschirte bis an das gegenüberliegende Gebäude, dann machte die Hälfte links, die andere rechts um und trieben nun die Menschenmasse nach beiden Seiten hin auseinander.

So beschaffen also war die Gesinnung der äussersten Linken gegen die Magdeburgische Zeitung, und es darf daraus wohl der Schluss gezogen werden, dass von dieser Partei der Einfluss der Magdeburgischen Zeitung als ein wesentliches Hinderniss auf dem Wege zur Pöbelherrschaft erachtet wurde. Aber es liegen auch Beweise vor, dass das Ansehen und der Einfluss der Magdeburgischen Zeitung auch von der rechten Seite als sehr bedeutend angesehen wurde, und wir dürfen, da beide Gegner diesen Einfluss anerkannten, wohl glauben, dass er vorhanden und recht gross war. Es haben denn auch, um dieses Einflusses willen, in jenen Tagen eine ganze Reihe über der grossen Masse stehende hochbegabte und angesehene Männer verschiedener Richtungen in der Zeitung sich hören lassen. Sie leitete dabei sicherlich das bei begabten und patriotisch gesinnten Männern berechtigte Verlangen, in so bewegten Zeiten an ihrem Theil mitzuhelfen, dass die Bewegung der Geister in rechte Bahnen gelenkt werde und dem Ganzen daraus Vortheil erwachse. In dieser Ansicht werde ich bestärkt zum Beispiel durch den Brief, den der jetzige Alt-Reichskanzler Fürst *Bismarck*, damals noch Herr *von Bismarck*, aus Schönhausen an *Gustav Faber* schrieb, und durch den Inhalt der Correspondenz, welche er mit diesem Brief einsandte. Der Brief lautet:

Ew. Wohlgeboren

bitte ich um Aufnahme des beifolgenden Artikels in die Magdeburger
Zeitung mit der ergebensten Anfrage, ob Sie geneigt sind, diesen und
fernere Aufsätze ohne Weiteres oder nur gegen Erstattung der
Insertionsgebühren, aufzunehmen; im ersteren Falle gehe ich natürlich
von der Voraussetzung aus, dass die Artikel in einem Sinne ge-
schrieben sind, der der sonstigen Richtung des Blattes wenigstens nicht
direct zuwider läuft.

  Hochachtungsvoll   *Ew. Wohlgeboren*

          ergebenster

          Bismarck.

Abgestempelt ist der Brief: Jerichow 21. 4. 1848.

Ausser *Bismarck* finde ich noch von bekannten Namen
in jener Reihe von Männern: *von Hinkeldey,* Ober-Regierungs-
Rath, Merseburg, dann Graf *Eulenburg,* Regierungs-Assessor,
Merseburg. Ein sehr gern geschener und eifriger Mitarbeiter
jener und der vorhergehenden Tage war auch Dr. *Detmold* aus
Hannover, der dann in Frankfurt a. M. eine Rolle spielte, das
heisst Reichsminister unter dem Reichsverweser wurde. Auch
Graf *Eulenburg* ist später Minister geworden und zwar ist
er der aus der Conflictszeit bekannte preussische Minister
Graf *Eulenburg.*

In den Schreckenstagen des Jahres 1848 kündigte
plötzlich *Louis Maquet* sein auf dem Hause Breiteweg 6 ein-
getragenes Capital von 10,000 Thlr. Gold. Man kann sich
denken, in welche Sorge *Gustav Faber* hierdurch gestürzt wurde,
und doch hatte er Sorge und Aufregung in jenen Tagen mehr
als genug. Er selbst hatte natürlich das Kapital nicht, und
wo er anklopfte fand er Achselzucken, ausweichende oder
bedauernde Redensarten, aber kein Geld. Ein Bekannter der
Familie, *Käsemacher* — er hatte in der Sonnen-Apotheke

gelernt — war zwar bereit zu helfen, hatte aber nur Staats-
oder sonstige Papiere. Die Kurse waren aber, wie verständlich,
in jenen Tagen so gefallen, dass *Gustav Faber* wohl die dreifache
Summe hätte borgen müssen, wenn er damit hätte zahlen
wollen. So war er also in höchster Noth, als eines Tages
die Thür bei ihm aufgerissen wurde und sein Onkel, der Gutsbesitzer *Faber*, der in der Familie der Sohl'sche Faber genannt
wurde, eilig zu ihm hereintrat. Höre mal, sagte er, *Theodor*
erzählt mir eben, dass *Maquet* Dir die Hypothek gekündigt hat.
Hast Du das Geld? Nein, sagte *Gustav Faber*, leider nicht.
Gut, sagte der Sohl'sche, ich werde es Dir verschaffen. Du
weisst, dass ich mein Gut Sohlen an *Ferdinand Maquet* verkauft
habe, ich habe von ihm darauf noch 10,000 Thaler Courant
zu fordern, und das werde ich jetzt thun. Und er that's.
Nach wenigen Tagen schon kam er wieder zu *Gustav Faber*
und hielt ihm lachend einen Brief hin. Er war von *Ferdinand
Maquet*, der in sehr derben Ausdrücken darüber sich ausliess,
dass man von ihm in dieser Zeit, wo Geld nicht zu haben
sei, eine solche Summe zurückfordere. Als *Gustav Faber* den
Brief gelesen, sagte der Onkel zu ihm, gieb mir mal Deine
Feder, und dann schrieb er an den Rand des Briefes: Mit
dem Inhalt und der derben Ausdrucksweise des Briefes vollkommen einverstanden. Nur bitte ich denselben an Herrn
Louis Maquet, Ihren Bruder, richten zu wollen, der es für angezeigt gehalten hat, in dieser Zeit meinem Neffen *Gustav
Faber* ein Capital von 10,000 Thaler Gold zu kündigen,
und ein Gesuch um Belassung des Capitals mit den Worten
abgewiesen hat: Wenn man solcher Familie nicht einmal
Capital kündigen könne, wem solle man es dann kündigen?
Schrieb's, machte den Brief zu, sandte ihn an *Maquet* und
brachte zur rechten Zeit die 10,000 Thaler, auf die dann

Gustav Faber nur das Agio noch zu legen hatte. Für diesen guten Streich sei der Sohl'sche Faber noch nachträglich von uns Nachkommen gesegnet.

Wenn wir uns die Zeitung aus dem Jahre 1846 bis in den Anfang der 50er Jahre hinein betrachten, so wird uns daraus das Bestreben entgegentreten, mehr aus ihr zu machen, als sie bei der Uebernahme durch *Gustav Faber* war.

An Correspondenten waren damals vorhanden: Dr. *Detmold*, Hannover, Dr. *Wachenhusen*, Dr. *Zabel*, Berlin, Kreisgerichts-Actuar *Eggers*, Braunschweig, Dr. *Bacherer*, München, Dr. *Andrée*, Cöln, vielleicht auch ein und der andere, dessen Namen wir in den Papieren, die wir zu diesem Zwecke durchgesehen, nicht gefunden haben. Von da ab tritt uns fortgesetzt das Bestreben entgegen, den Kreis der Berichterstatter zu erweitern. Dabei ist offenbar Gewicht darauf gelegt worden, nicht Alltagsschreiber zu haben, und so finden sich eine ganze Reihe tüchtiger Leute in jener Zeit um die Magdeburgische Zeitung geschaart. Da ist *Julius Faucher*, der aus Deutschland und dann aus London schrieb, *Boretius* und viele Andere. Auch der Bezug telegraphischer Berichte ist in jener Zeit wohl zuerst, jedenfalls zuerst in etwas ausgedehnterem, wenn auch immer noch bescheidenem Masse eingeführt worden. Freilich war das einzelne Telegramm damals noch wesentlich theurer als heute, denn es kostete ein Telegramm von zwanzig Worten von Berlin 1 Thaler 20 Sgr.

Für Frankfurt a. M. war ein Herr *von Glümer* mit der Berichterstattung über die Sitzungen des Reichsparlaments beauftragt. Seine Berichte sind aber vielfach so verspätet hier eingegangen, dass sie nicht haben benutzt werden können. *Glümer* wollte deswegen beim Fürsten *von Thurn und Taxis*, dessen Postverwaltung er die Verzögerung zuschrieb, auf Schadenersatz

162

antragen; ob es ihm was genutzt hat, können wir nicht ersehen. Ueber die Verhandlungen des Berliner Verfassungs-Parlaments werden in der Zeitung kürzere Referate gebracht, ausserdem aber ausführliche Berichte separat geliefert, auf die aber auch besonders abonnirt werden musste, und zwar kosteten dreissig Bogen Berichte zehn Sgr.

Das Abonnement auf die Zeitung selbst betrug für die Stadt einen Thaler, die Zeitungen konnten Breiteweg No. 6 oder Stephansbrücke No. 21 abgeholt, auch gegen Erstattung von 5 Sgr. ins Haus gesandt werden. Etwas harmloser als heute waren aber selbst in dem tollen Jahr 1848 Publicum und Geschäftsleitung. Denn in der Abonnements-Einladung wird der, der später als den 1. des betreffenden Quartals abonnirt, immer noch mit einer Strafe von 5 Sgr. für seine Säumniss bedroht. Heute wollen die Leute, die später kommen, womöglich noch etwas heraus haben, dafür, dass sie die ersten Nummern nicht rechtzeitig erhalten haben, und höchstens die Post kann mit ihrem Strafporto von 10 Pfg. für unfrankirt aufgegebene Briefe oder zu spät bei der Post bestellte Zeitungen durchkommen. Aber auch bei ihr kommt einem dies Verfahren etwas komisch und veraltet vor.

Das Post-Abonnement betrug anfänglich 1 Thaler 20 Sgr., vom 1. October 1848 ab jedoch nur noch 1 Thaler 2½ Sgr., wobei wir nicht recht erkennen können, worauf sich dieser Preisrückgang gründete, denn der Zeitungsstempel wurde erst Januar 1849 beseitigt, wenigstens hatte die am 6. December 1848 erlassene bezügliche Verordnung erst von da an Bedeutung für das Abonnement. Aber mit dem 1. Januar 1849 wurde das Post-Abonnement wieder erhöht und betrug 1 Thaler 7½ Sgr. Zu gleicher Zeit wurde eine Verbesserung und Vermehrung des durch die Zeitung Gebotenen dadurch herbeigeführt, dass ein Beiblatt zur Zeitung begründet und herausgegeben wurde. Die betreffende Ankündigung lautet:

...... Durch die grosse Ausdehnung, welche die Zeitung in diesem Jahre erreicht hat, waren zugleich die Herstellungskosten so ausser allem Verhältniss zu dem Abonnementspreis, der bei unserer Zeitung geringer, als bei irgend einem preussischen Blatte von gleicher Ausdehnung, gewachsen, dass wir genöthigt gewesen wären, die letzteren zu erhöhen, wenn nicht die inzwischen eingetretene Aufhebung der Stempel-Abgabe es uns möglich gemacht hätte, den alten Preis fortbestehen zu lassen. Um nun den handelsökonomischen etc. Angelegenheiten für die Folge mehr Aufmerksamkeit widmen zu können, werden wir vom 1. Januar an wöchentlich 1 auch 2 Mal der Zeitung ein besonderes Beiblatt in Quarto unter dem Titel:

„Blätter für Handel, Gewerbe und sociales Leben"

als Zugabe beifügen.

Durch alle Königl. Preuss. Postanstalten ist unsere Zeitung für den Preis von 1 Thl. 7 Sgr. 6 Pfg. für das Vierteljahr zu beziehen.

Die erste Nummer dieses neuen Beiblatts erschien am 8. Januar 1849. Es wurde anfangs nach auswärts mit der Dienstag-Zeitung versandt, während es in der Stadt schon Montag Morgen von 7 Uhr ab in Empfang genommen werden konnte. Die Einrichtung, dass es Sonntags keine, dafür aber Montags eine Zeitung gab, war seit dem 2. Juli 1848 aufgehoben, so dass der Montag für dies neue Beiblatt der gewiesene Tag war.

Auch eine, wenn auch nicht sehr in die Augen fallende Veränderung des Formats hat die Zeitung in dieser Zeit erfahren. Während das alte Format, wie es aus dem ABC noch herübergenommen war, ca. 33.19 cm Satzgrösse hatte, erhielt das neue Format bei ungefähr der gleichen Höhe eine Breite des Satzes von 22⅗ cm. Hierdurch wurde die Möglichkeit geschaffen, die Inserate, die bis dahin zweispaltig gewesen waren, dreispaltig zu machen, und den Preis der Zeile von 1 Sgr. 6 Pfg. auf 1 Sgr. herabzusetzen. Dabei ging auf die neue Zeile, wie aus-

drücklich hervorgehoben wurde, durch Einführung der Petit-
schrift als Grundschrift für Inserate, bis auf wenige Buchstaben
ebenso viel wie auf die frühere zweispaltige Zeile. Angekündigt
wird die Veränderung am 31. December 1848; der für diese
Umänderung erforderlichen Arbeiten in der Druckerei wegen,
wie es in der Ankündigung heisst, erschien die erste Nummer
des neuen Formats erst am 3. Januar 1849. Eine weitere
Ermässigung der Insertionspreise erhielten die Inserenten vom
1. Januar 1850 an dadurch, dass das Intelligenz-Contoir aufgehoben, das Königliche Intelligenz-Blatt zu erscheinen aufhörte,
die Inserenten ferner also nur noch das zu zahlen hatten, was
das Inserat in der Magdeburgischen Zeitung selbst kostete.

Damit war also auch das letzte Hemmniss gefallen,
das der Entwicklung der Zeitung staatlicherseits entgegengesetzt
worden, und bevor wir in das Jahr 1850 weiter schreiten, wird
es gut sein, sich zu vergegenwärtigen, welchen Einfluss diese
Befreiung von Lasten und das Streben der Geschäftsleitung die
Zeitung zu heben, auf diese ausgeübt hat.

Censur und Intelligenz-Zwang legten der freien Bewegung,
jene auch dem schnellen Erscheinen der Zeitungen die drückendsten
Fesseln an, die Stempelsteuer vertheuerte die Zeitungen und ver-
hinderte, dass von den Verlegern für den redactionellen Theil
die Mittel zur Verfügung gestellt werden konnten, die absolut
nothwendig sind, wenn die Zeitungen dem öffentlichen Wohl
thatsächlich nützen, den Anforderungen der fortschreitenden
Entwicklung aller Zweige des öffentlichen Lebens einigermassen
entsprechen sollen. Von welchem Einfluss die Preisfrage bei
Zeitungen ist, davon liefert den besten Beweis der Erfolg,
den die für die Post-Abonnenten der Magdeburgischen Zeitung
mit dem 1. October 1848 eintretende Preisermässigung hatte.
Dass an diesem Steigen der Auflage auch die Steigerung

dessen, was in der Zeitung geboten wurde, Theil hat, daran wird Niemand zweifeln, der weiss, dass 1849 gegen 1846 die Redactionskosten um das Dreifache, der Papierverbrauch um das Sechsfache gestiegen war. Freilich darf bei alledem nicht verkannt werden, dass der Hauptfactor für das Steigen der Auflage das wachsende Bedürfniss des Publicums war, in den erregten Zeiten mehr als früher sich über das, was im öffent- \ lichen Leben vorging, aus der Zeitung zu unterrichten.

Doch nun zurück zur Magdeburgischen Zeitung und zum Anfang des Jahres 1850. Die Volkserhebung war überall nieder-geschlagen worden und Junker und Pfaffen, der damals übliche Ausdruck für Reaction und Reactionäre, waren eifrig dabei, die Errungenschaften dieser Erhebung wieder zu vernichten, die Menschheit, wenn möglich, wieder auf den alten Stand der Bevormundung zurückzudrängen. Dass bei diesem Streben die freiheitlich gesinnte Presse zunächst an die Reihe kam, ist ja natürlich. In den Augen der Reaction war die freie Presse der intellectuelle Urheber und Verbreiter aller Fortschrittsgedanken; sie war schuld, dass der Bauer nicht mehr Robott- und Spann-dienste leisten wollte und das Gift der freien Forschung in immer weitere Kreise getragen wurde, also: Tod der freien Presse! Nieder mit ihr! Und was sie hat thun können, das hat sie auch der Magdeburgischen Zeitung gegenüber gethan, ja sie hat sie sogar härter angefasst als sämmtliche anderen gleich grossen Zeitungen; sie hat in einer langen Reihe von Jahren nicht Ungerechtigkeit, Druck, Processe und Vexationen aller Art, sie hat auch nicht den Versuch gescheut, durch Geld zu ihrem Ziele zu gelangen, und wenn die Zeitung ist, was sie ist, wenn kein Makel ihre und unserer Familie Vergangenheit befleckt hat, so verdanken wir dies *Gustav Fabers* Festigkeit, seinem treuen Ausharren bei den von seinen Voreltern ihm vererbten Grundsätzen und Anschauungen in Politik und Glauben, auch in schwerster Zeit und Angesichts der ernstesten Gefahr für seine und seines Geschäftes Existenz. Sobald also die Reaction sich stark genug fühlte, begann sie den Angriff auf die Presse. Und zwar begann sie den Angriff auf die Magdeburgische Zeitung nicht mit Vorpostengefecht und Geplänkel, sondern sofort mit dem Hauptstoss durch Entziehung des Post-Debits. Charakteristisch bei diesem Angriff ist die Art seiner Ausführung. Ohne Verwarnung, ja ohne eine Anzeige wurde dies Schwere über die Zeitung verhängt, wohl um durch die Plötzlichkeit um so sicherer den Untergang des verhassten Gegners zu erzielen. Die Post-Debit-Entziehung ist für eine Zeitung von der Grösse der damaligen Magdeburgischen ungefähr das, was für einen Menschen das Unterbinden der Hauptadern ist, und wenn dieser Eingriff in die Lebensbedingungen der Zeitung doch nicht den erhofften und zu erwartenden Erfolg hatte, so kommt dies nicht auf Rechnung der Regierung. Hatte diese doch beabsichtigt, zur Post-Debit-Entziehung auch noch die Entziehung der Concession als Buchdrucker für *Gustav Faber* hinzuzufügen. Tagelang hat damals die Polizei in der Vergangenheit *Gustav Fabers* nachgraben müssen, um irgend einen Anhalt zu finden, der einen Schein des Rechts für diese Gewaltmassregel abgäbe. Alle Mitgliederlisten der politischen Vereine oder der kirchlich fortgeschritteneren Genossenschaften haben, wie ein Beamter, der selbst dabei angestellt war, *Gustav Faber* im Vertrauen mittheilte, durchgesehen werden müssen, aber auch das war vergebens; *Gustav Faber* so wenig wie *Loempcke* waren irgend einem Vereine beigetreten. So musste es denn bei der einen harten und ungerechten Massregel bleiben, und mit dem 1. Juli 1850 stellte die Post die Beförderung und die Abonnementsannahme für die Magdeburgische Zeitung ein. Das erste, was man aus der Zeitung selbst über diese Massregel erfährt,

167

findet sich an der Spitze der Nummer vom 22. Juni 1850. Es heisst dort:

> *Wir erfahren, dass unserer Zeitung der Postdebit für das Inland entzogen worden ist.*
>
> *Wir ersuchen daher diejenigen Freunde unseres Blattes in der Provinz und den grösseren Städten der Monarchie, die geneigt sind, Abonnements auf unsere Zeitung entgegenzunehmen und die Spedition derselben zu besorgen, uns gefälligst umgehend ihre desfallsigen Meldungen zukommen zu lassen. Unsere ausserpreussischen Leser wollen ihre Bestellung nach wie vor bei den nächsten Postanstalten ihres Landes machen, da die Postdebitsentziehung sich nur auf den Umfang des preussischen Staates bezieht. Weitere Mittheilungen behalten wir uns für die nächsten Tage vor.*

In der Nummer vom 25. Juni 1850 findet sich dann wieder folgende Bekanntmachung:

> *Wir beehren uns, unseren auswärtigen Abonnenten anzuzeigen, dass uns bis heute eine amtliche Mittheilung von einer gegen unser Blatt verfügten Debitsentziehung noch nicht geworden ist. Da der „National-Zeitung" der Debit durch die Königlichen Posten wieder gestattet ist, und derselbe nach zuverlässigen Mittheilungen auch der „Ostsee-Zeitung" nicht entzogen werden dürfte, so glauben wir zu der Erwartung berechtigt zu sein, dass auch unsere Zeitung ferner durch die Königl. Posten wird befördert werden. Wir werden sofort nach Eingang definitiver Bescheidung unsern geehrten Abonnenten nähere Nachrichten geben und theilen denselben für jetzt nur mit, dass sie vorläufig ihre Bestellungen auf unsere Zeitung bei folgenden Herren machen können:*
>
> *(folgt eine Reihe von Buchhandlungen, Buchdruckereien und Kaufleuten.)*
>
> *Wir werden diese Liste im Falle der Debits-Entziehung vervollständigen.*
>
> *Für die so äusserst zahlreich eingegangenen freundlichen Speditions-Anerbietungen der Gönner unserer Zeitung, sagen wir vorläufig auf diesem Wege unsern ergebensten Dank, indem wir uns eine specielle Beantwortung ihrer Antwortschreiben vorbehalten.*

Man sieht aus diesen Bekanntmachungen, auf welche Weise die Geschäftsleitung den erwarteten Schlag von vornherein

168

abzuschwächen bestrebt war, und dass in weiten Kreisen die
Bereitwilligkeit bestand, der Zeitung in diesen schweren Zeiten
beizustehen und ihr den Widerstand gegen die reactionäre
Regierung zu ermöglichen. Aber auch an diese Regierung selber
wandte sich *Gustav Faber* um Abwendung des Schlages, und
dies Schreiben ist so lehrreich, dass wir es hier wörtlich folgen
lassen. Es lautet wie folgt:

Hochgeborener Freiherr,
Hochgebietender Herr Geh. Staatsminister,
Gnädiger Herr!

Der unter meiner Verantwortlichkeit erscheinenden „Magde-
burgischen Zeitung" soll, wie ich, nach einer durch die schon seit einer
Woche im Publicum verbreiteten Gerüchte veranlassten persönlichen
Nachfrage bei dem Herrn Regierungs-Präsidenten Nobbe erfahren
habe, vom 1. Juli an der Postdebit entzogen werden.

Die desfallsigen Gerüchte, Excellenz, hatten mich bis dahin
kaum beunruhigen können, da ich eine solche Massregel gegen ein Blatt,
das sich stets streng in den gesetzlichen Schranken gehalten und nie zu
einer gerichtlichen Anklage und Ahndung Veranlassung gegeben hat,
das nie mit Beschlag belegt worden ist, für unmöglich halten musste.
Ich kann auch noch jetzt nicht glauben, dass Eine hohe Staatsregierung
eine Massregel wirklich in Ausführung bringen wird, von der mir bis
heute, acht Tage vor dem Schlusse des laufenden Quartals, noch nicht
einmal eine amtliche Mittheilung geworden ist; eine Massregel, die
nicht nur mein Eigenthum und das Wohl des durch die Zeitung
beschäftigten zahlreichen Arbeiterpersonals schwer gefährdet, sondern
auch tief in die gewerblichen und Verkehrsverhältnisse der gesammten
Provinz Sachsen eingreift, in der die „Magdeburgische Zeitung", ein
ununterbrochenes Eigenthum in Familien, seit mehr als hundert Jahren
verbreitet ist. Mit mir werden nicht nur meine hiesigen Mitbürger,
sondern auch die Bewohner der Provinz eine so harte Massregel gegen
ein Blatt für unmöglich halten, das selbst bei seinen politischen Gegnern
die Anerkennung findet, stets eine ernste, sittlich würdige Haltung
bewahrt zu haben.

Der „Magdeburgischen Zeitung" wird der Vorwurf einer
regierungsfeindlichen Tendenz gemacht. Dieser Vorwurf, Excellenz, ist
ungerecht, wenn damit eine gehässige, verdächtigende, unwürdige, mit

einem Wort eine unloyale Opposition als der Charakter des Blattes bezeichnet werden soll. Die „Magdeburgische Zeitung" hat sich stets auf dem Standpunkte der historischen Betrachtung gehalten und von ihm aus eine nach allen Seiten unbefangene Kritik und Darstellung der Thatsachen gegeben, bei der sie auch dem politischen Gegner Gerechtigkeit widerfahren lässt. Sie hat wie zu wiederholten Malen, so namentlich in ihrem Leitartikel von 18. April d. J. (No. 90) ihren Standpunkt ausdrücklich selbst dahin angegeben: „wir stellen uns, indem wir die Lage der Dinge würdigen, auf keinen Parteistandpunkt, sondern auf die kalte, klare Höhe allgemeiner geschichtlicher Anschauungen, welche einen sicheren, ruhigen Standpunkt und eine weite Uebersicht gewährt. Wir wollen hiermit nichts Anmassendes aussprechen, sondern nur unsere bewusst und stetig verfolgte Absicht angedeutet haben. Wir wissen sehr wohl, dass wir nur mit unseren Augen sehen können; und diese Augen sind allerdings weder aristokratische, noch bureaukratische, weder legitimistische, noch contrerevolutionäre, weder Russische, noch Oesterreichische, noch irgend dynastische, weder Grossdeutsche noch Kleindeutsche, aber es sind auch weder Bourgeois-Augen, noch solche, vor denen die Dogmen eines socialistischen Systems flirrten: sondern es sind nur die Augen des ernsten Beobachters, welcher die Bedingungen der Entwicklung und des Fortschrittes zu besseren Zuständen in der Wirklichkeit zu erforschen bemüht ist. Dass unsere Betrachtungen Ergebnisse treuer und redlich verfolgter Forschungen sind, das ist das Zeugniss, welches wir zu verdienen wünschen."

Ein solcher Standpunkt, Excellenz, schliesst bei Jedem, der redlich nach der Wahrheit strebt, von selbst jede unwürdige, kleinliche Behandlung der öffentlichen Angelegenheiten aus und es hat daher der „Magdeburgischen Zeitung" auch nie der Vorwurf gemacht werden können, dass sie eine Polemik übe wie die Blätter, die ihre Opposition vorzugsweise eine gouvernementale nennen und bei verschiedenen Gelegenheiten von den Regierungsorganen ihre Angriffsweise mit den härtesten Bezeichnungen belegt sehen mussten.

Die „Magdeburgische Zeitung" ist kein Blatt, das auf den Beifall des grossen Haufens speculirt oder hirngespinnstige Theorien predigt: sie wendet sich in ruhiger gewählter Sprache und so gewissenhaft gründlicher Erörterung, wie sie der Umfang eines Tageblattes erlaubt, an den prüfenden Verstand der denkenden Leser; sie hat nichts gemein mit Aufreizung zu Ungesetzlichkeiten, mit wissenschaftlicher Entstellung von Thatsachen oder persönlichen Anzapfungen und Verdächtigungen, noch überhaupt mit der Weise scandalsüchtiger Blätter; sie

170

*thut wissentlich Niemandem Unrecht und auch der Gegner ruft ihre
Gerechtigkeit niemals vergeblich an. Die Zeitung hat, wie ich mir
bereits oben gehorsamst zu bemerken erlaubte, nie einen Process gehabt
und nie eine Beschlagnahme erfahren und wird dergleichen auch nie
veranlassen: nicht etwa, weil sie mit einer verdächtlichen Pfiffigkeit dergleichen zu vermeiden beflissen wäre, sondern weil es ihrem innersten
Wesen gemäss ist, den Weg des Gesetzes und nur diesen zu gehen
und Alles von sich fern zu halten, was dem Rechte, der Sitte und dem
öffentlichen Anstande zuwider ist. Dass dem so ist, Excellenz, darauf
darf ich mich dreist selbst auf das Zeugniss der hohen Provinzial-
behörden berufen.*

*Ein solches Blatt, Excellenz, das täglich die ernsteste und
strengste Selbstprüfung übt, das einer ungesetzlichen und unloyalen
Haltung unfähig ist, ein Blatt, das in schweren Zeiten der öffentlichen
Ruhe und Ordnung mit Aufopferung und eigener Gefährdung gedient
hat, das von seiner Uneigennützigkeit in Sachen des öffentlichen Wohls
Beweise giebt, das so beträchtliche Mittel zu seinem Bestehen erfordert,
an dessen Existenz das Wohl und Wehe so vieler Familien hängt,
das mit dem ganzen gewerblichen Verkehr der Provinz so eng
verwachsen ist, das dem Postfiscus so reiche Beträge durch seine weite
Verbreitung zuwendet, ein solches Blatt darf wohl hoffen, dass eine so
harte Massregel, wie die Postdebits-Entziehung, gegen dasselbe nicht
ausgeführt werde.*

*Darin, dass auch anderen bedrohten Blättern der Postdebit,
diese Lebensbedingung für ein grösseres Blatt, fernerhin gewährt wird,
finde ich eine weitere Ermuthigung zu der ganz unterthänigsten Bitte
an Ew. Excellenz,*

*der „Magdeburgischen Zeitung" den Postdebit hochgeneigtest
nach wie vor gestatten zu wollen.*

*Dieser Bitte füge ich die Versicherung hinzu, dass die
„Magdeburgische Zeitung" die Zwecke des öffentlichen Wohles und der
gedeihlichen Entwicklung Preussens nach innen und aussen mit allen
ihren Kräften zu fördern bestrebt sein wird.*

ges. Gustav Faber.

So das Anschreiben. Aber es verging Tag auf Tag,
ohne dass irgend eine Aeusserung der Regierung darauf erfolgte.
Noch am letzten Tage des zweiten Quartals muss
den auswärtigen, in Preussen wohnenden Abonnenten

171

mitgetheilt werden, dass bis zur Stunde der Zeitung weder eine officielle Nachricht von der Postdebits-Entziehung geworden, noch auch eine Rücknahme dieser Massregel verfügt ist. So werden denn die Abonnenten, in deren Nähe noch keine Agentur der Zeitung sein sollte, gebeten, ihre Bestellungen noch einige Tage an sich halten zu wollen. Endlich in der Nummer vom 7. Juli findet sich folgende Bekanntmachung der Expedition:

An die Zeitungsleser.

Unserer, wie wir glaubten vollkommen gerechtfertigten Erwartung zuwider ist der Magdeburgischen Zeitung der Postdebit nicht wieder gestattet worden. Wir haben zwar, um während der Zwischenzeit bis zu dieser Bescheidung unseren verehrten auswärtigen Lesern unser Blatt möglichst regelmässig zukommen zu lassen, bereits in einem grossen Theil der Provinz Sachsen Speditionen errichtet; vielfache Anfragen aus anderen Orten, an denen zum Theil die Post selbst noch bis zu diesen letzten Tagen Abonnements auf unsere Zeitung angenommen hat, beweisen jedoch, dass noch eine grosse Zahl von Abonnenten in Ungewissheit darüber ist, wie dieselben unser Blatt beziehen sollen. Wir ersuchen daher dieselben entweder 1) von dem zunächst gelegenen Speditionsorte ihre Exemplare in der Weise zu beziehen, dass sie bei unseren Herren Spediteuren die Bestellungen gegen das Abonnement von 1 Thlr. 7½ Sgr. machen und mit den übrigen, an demselben Orte wohnenden Lesern sich über die Beförderung und das Porto von den Speditionen nach dem Wohnorte der Besteller verständigen und das Porto auf die einzelnen Besteller vertheilen; oder 2) an entfernteren Orten, wo eine genügende Zahl von Abonnenten sich befindet, selbst direct an uns ihre Bestellungen einzusenden und uns zu autorisiren, ihre Zeitungs-Exemplare per Packet unfrankirt durch die Post täglich oder wöchentlich mehrmals, nach Bestimmung, unter einer uns anzugebenden Gesammt-Adresse abzuschicken. Das Abonnement beträgt in diesem Falle pro Exemplar wie hier am Orte einen Thaler; der Portobetrag für die Herren Abonnenten würde sich je nach der Zahl der zusammengehenden Exemplare und der Entfernung berechnen. Auch einzelne Exemplare sind wir täglich wie mehrmals wöchentlich, nach Bestimmung, unter

Kreuscouvert an die Herren Besteller zu senden erbötig, gegen Ent-
schädigung der von uns zu erlegenden Francatur-Kosten. Bei den
grossen Opfern, die wir bereits bringen und dem schon so ausser-
ordentlich billigen Preise für ein Blatt wie das unsrige, glauben wir
zu der Erwartung berechtigt zu sein, dass unsere geehrten auswärtigen
Abonnenten diese Bedingungen annehmbar finden werden. Nach-
lieferung vollständiger Exemplare werden wir jederzeit auszuführen
im Stande sein.

Wir haben diese Bekanntmachung hier wörtlich aufgenommen, weil aus ihr die ganze Organisation des Zeitungs-
versandts nach auswärts klar hervorgeht, wie diese bis zur
Aufhebung der Postdebits-Entziehung bestanden hat. Aber auch
diese Organisation ist nicht unangefochten geblieben. Wir finden
darüber ein Circular vom 19. October 1850, welches von der
Magdeburgischen Zeitung an ihre Spediteure versandt ist. Es
heisst darin, dass von verschiedenen Seiten gemeldet worden
sei, dass Beamte der Staatsbehörde bestrebt wären,
dem seit dem 1. Juli geregelten Privatbetrieb der
Zeitung hindernd entgegen zu treten. Dies sei theils
durch mündliche Androhungen oder vertrauliche
Ermahnungen nicht officieller Natur geschehen, theils aber
in einer Weise, die deutlich erkennen lasse, dass es darauf abgesehen sei, die Spedition unserer Zeitung als eine Gewerbe-
Contravention anzugreifen. Es wird dann unter Anführung
eines bestimmten Falles weiter mitgetheilt, dass vom Ober-
Präsidenten der Provinz Sachsen entschieden sei, es bedürfe
der Ertheilung besonderer ortspolizeilicher Erlaubniss zum Ver-
triebe der Magdeburgischen Zeitung, so lange er unentgeltlich
erfolge, nicht. Da aber sämmtliche Spediteure der
Zeitung ihre Dienste nur aus Gefälligkeit und ohne
jede Entschädigung zur Verfügung gestellt hatten, so
war der Zeitung auch auf diese Weise nicht beizukommen.

Die Verpackung der Zeitung hat, nach uns zugegangenen Mittheilungen, viele Schwierigkeiten gemacht. Sie erfolgte theils in Kisten, die verschlossen zur Bahn geliefert wurden, theils in Packeten und unter Kreuzband. Trotz allen Entgegenkommens konnten aber einzelne Schädigungen der Zeitung nicht verhindert werden. Daher wurde, wie die beiden folgenden Briefe zeigen, immer aufs Neue versucht, den Postdebit wieder zu erlangen.

Hochgeborener Freiherr,
Hochgebietender Herr Geheimer Staatminister,
Gnädiger Herr!

Auf meine gehorsamste Vorstellung vom 22. Juni d. J. an Ew. Excellenz um hochgeneigte Rücknahme der gegen die unter meiner Verantwortlichkeit erscheinende „Magdeburgische Zeitung" verfügten Postdebits-Entziehung war mir durch das hiesige königliche Regierungs-Präsidium unter dem 4. Juli eröffnet worden:

dass Ew. Excellenz die Anordnung, durch welche der „Magdeburgischen Zeitung" der Postdebit entzogen worden, für gerechtfertigt und die von mir für die Aufhebung der gedachten Massregel gemachten Gründe nicht für durchgreifend erachtet hätten.

Denn es könne weder anerkannt werden, dass die Zeitung, wie ich versichert hätte, sich stets entfernt gehalten habe von Aufreizung, Entstellung von Thatsachen und persönlichen Verdächtigungen, noch könne in meiner Vorstellung hinsichtlich der künftig zu befolgenden Tendenz eine befriedigende Versicherung gefunden werden. Vielmehr habe die Zeitung, weit über die Grenzen der Opposition hinaus, sich zur Trägerin „demoralisirender Lehren" gemacht, zu deren Verbreitung der Staat seine Gestattung nicht hergeben dürfe.

Es müsse daher unter diesen Umständen und zur Zeit bei der angeordneten Debits-Entziehung sein Bewenden behalten.

Dieser Bescheid, Excellenz, der nach der in Betreff einiger anderer Blätter damals bereits erfolgten Zurücknahme der Debits-Entziehung, nicht blos mir oder den Lesern der „Magdeburgischen Zeitung" in der Stadt und der Provinz, sondern auch in weiteren

Kreisen, wie die damaligen übereinstimmenden Urtheile der Blätter aller Farben beweisen, vollkommen unerwartet kam, scheint mir für alle weiteren Vorstellungen jede Aussicht auf einen günstigeren Erfolg um so mehr abzuschneiden, als er durch ein Urtheil über die Zeitung motivirt wurde, welches ich für so unverdient halten musste, dass ich es nur als durch unvollständige Kenntniss des Blattes hervorgerufen anzusehen und zu erklären wusste.

Ich glaubte, das Blatt selber durch seine Haltung auf so schwere Beschuldigungen antworten lassen zu müssen und hoffe, Excellenz, dass es durch dieselbe bewiesen hat, es verdiene jenes Urtheil nicht.

Die Zeitung hat weder in den beträchtlichen materiellen Nachtheilen, welche die Massregel der Postdebits-Entziehung derselben verursacht hat, noch in allen den übrigen Beeinträchtigungen, denen ihr Vertrieb auch sonst in gar mannichfacher Weise unterworfen wird, eine Aufforderung gesehen, die bisherige, ruhige, gemessene Haltung zu verlassen. Sie hat sich der Massregel, die einmal getroffen war, ruhig gefügt und derselben kaum weiter erwähnt, wie nahe die Veranlassung zu einer fortgesetzten Bekämpfung derselben auch lag; sie hat hierorts allgemein bekannte Thatsachen, die mit den gegen sie getroffenen Massregeln in Verbindung standen — ich will hier nur beiläufig die bei verschiedenen Gelegenheiten, Auctionen pp. zum Nachtheil des Fiscus ausgeschlagenen Folgen der Entziehung amtlicher Inserate anführen — ihrerseits gänzlich mit Stillschweigen übergangen; sie hat, mit Einem Worte, zu einer kleinlichen Polemik keinerlei Versuchung gefühlt.

Ich würde nicht wagen, dergleichen überhaupt gegen Ew. Excellenz zu berühren, wenn ich es nicht gegen das in dem erwähnten Bescheide enthaltene Urtheil über die „Magdeburgische Zeitung" zur Vertheidigung derselben geltend machen zu müssen glaubte.

Was die weiteren Anschuldigungen betrifft, so glaube ich ebenfalls, dass eine genauere Prüfung des Blattes und seiner Haltung — und um eine solche Prüfung, Excellenz, bitte ich dringend — verbunden mit einem Vergleich derjenigen eines grossen Theiles anderer Blätter, denen der Postdebit ungehindert gestattet ist, eine fortgesetzte Debitsentziehung als eine ungerechtfertigte Härte gegen die „Magdeburgische Zeitung" erscheinen lassen dürfte, die, weit entfernt, „demoralisirende Lehren" zu verbreiten, nur ein unbefangenes Urtheil über die Fragen und Gegensätze der Zeit zu gewinnen und historisch kritisch zu begründen sich angelegen sein lässt.

Dass sie über die Grenzen der Opposition hinausginge, ein solcher Vorwurf wird schwerlich Bestand haben können vor einem

175

vergleichenden Blicke auf die Haltung anderer, von der Post debitirter Blätter, in deren Ton und Weise die „Magdeburgische Zeitung" niemals verfallen ist und nie verfallen wird.

Nochmals also wage ich es, gegen Ew. Excellenz unter Berufung auf meine Vorstellung vom 22. Juni c. und eine genaue Prüfung des Blattes die ganz gehorsamste Bitte auszusprechen,

die Aufhebung der gegen die „Magdeburgische Zeitung" verhängten Massregel der Postdebits-Entziehung hochgeneigtest verfügen zu wollen.

Die Nähe des Quartalschlusses lässt mich dieser gehorsamen Bitte die fernere hinzufügen:

dass es Ew. Excellenz gefallen möge, die Entscheidung über dieselbe hochgeneigtest beschleunigen zu lassen.

Ew. Excellenz können unmöglich in so grosser und ernster Zeit, in der das Vaterland alles redlichen Wollens und aller Kräfte der Presse bedürftig, eine Massregel aufrecht erhalten wollen, die eine fast allgemeine Missbilligung gefunden hat, die ein davon betroffenes unabhängiges Blatt gewaltsam in eine Ausnahmestellung drängt, und von der, wenn den Mittheilungen öffentlicher Blätter zu glauben ist, bei der weiteren Regelung der Pressgesetzgebung überhaupt abzusehen im Schoosse der hohen Staatsregierung selbst bereits beabsichtigt werden soll.

Indem ich meine ganz gehorsamste Bitte dem Gerechtigkeitssinn Ew. Excellenz vertrauensvoll empfehle,

verharre ich

als . . . .

Die ablehnende Antwort auf dieses Schreiben erfolgte unterm 19. October, worauf das weitere Schreiben *Gustav Fabers* wie nachstehend entgegnete:

Ew. Excellenz

Bescheid vom 19. October hat meine gehorsamste Vorstellung um hochgeneigte Zurücknahme der gegen die „Magdeburgische Zeitung" verfügten Postdebits-Entziehung aus dem Grunde zurückgewiesen, weil seit meiner ersten Eingabe an Ew. Excellenz in der Haltung des Blattes keine Aenderung eingetreten sei, welche eine Aufhebung der erwähnten Massregel rechtfertigen würde.

176

In der That, Excellenz, wenn ich den Ton und die Weise der Polemik, welche andere, ungehindert von der Post debitirte Blätter fort und fort innehalten, mit der gemessenen und anstandsvollen Haltung vergleiche, welche die „Magdeburgische Zeitung" trotz aller gegen sie verhängten Massregeln stets bewahrte, so wird es mir schwer, den Massstab zu finden, der bei Gewährung und Entziehung des Postdebits entscheidend ist.

Es scheint mir unmöglich, dass Ew. Excellenz es mit Ihrem Gerechtigkeitssinn vereinbar achten könnten, eine so harte Massregel, wie die Postdebits-Entziehung ist, gegen ein Blatt fortdauern zu lassen, das sich von Verbreitung und Ausbeutung hastig aufgeraffter Gerüchte und erhorchter und erschlichener Nachrichten stets fern gehalten, nie eine keifende, verdächtigende, durch phrasenhafte Declamationen agitirende Opposition gemacht hat, das vielmehr ruhig und gemessen die wirklichen Thatsachen discutirt und die historischen Gesetze in dem Gange ihrer Entwicklung zu erkennen und nach bestem Wissen und Gewissen darzulegen sucht.

Von dieser, alle Leidenschaftlichkeit, alles Kleinliche und Gehässige ausschliessenden Weise der Betrachtung und Behandlung der politischen Dinge hat sich die „Magdeburgische Zeitung" durch keine materielle Beeinträchtigung — und sie hat deren sehr schwere durch die gegen sie ergriffenen Massregeln erfahren — abbringen lassen; und in dieser von ihr unablässig bewahrten anstandsvollen Haltung, auf die ich gewiss ohne Ueberhebung verweisen darf, wird, glaube ich, die beste Gewähr auch für ihr ferneres ruhiges und würdiges Verhalten liegen.

Ich glaube daher keine Fehlbitte zu thun, wenn ich im vollen Vertrauen auf Ew. Excellenz gerechte Würdigung der von mir geltend gemachten Gründe an Hochdieselben nochmals das ganz gehorsamste Ansuchen richte,

hochgeneigtest die seit einem halben Jahre gegen die „Magdeburgische Zeitung" verhängte Massregel der Postdebits-Entziehung nunmehr wieder aufheben zu wollen und die demgemässe Entscheidung in Berücksichtigung des nahen Quartalsschlusses möglichst beschleunigen zu lassen.

Ew. Excellenz

ganz gehorsamster

G. Faber.

Auch auf dieses Schreiben erfolgte fürs erste noch keine Entscheidung. Endlich kam von einem gut unterrichteten Correspondenten der Zeitung ein vom 7. Januar 1851 datirter Brief, aus dem zunächst hervorging, dass *Gustav Faber* sich für Berlin nach einem Spediteur für seine Zeitung umgesehen hatte. Dann lautet es weiter:

Heute Nachmittag habe ich den Stand der Debits-Angelegenheit erfahren. Die Verzögerung liegt an dem Ober-Präsidenten, welcher das Gesuch und die Verfügung v. M.'s (von Manteuffels) zur Berichterstattung vom 6. December bis zum 5. d. M liegen gelassen und erst durch zwei Excitatorien zur Einsendung genöthigt werden musste. Die Regierung hat sich dahin ausgesprochen, „die Magdeburgische Zeitung sei ein demokratisches, aber ein anständiges Blatt". Der Bericht war an v. Manteuffel gegangen und er schickte gestern denselben durch einen Secretair mit dem Auftrage an den Minister des Innern, „derselbe möge der Zeitung den Postdebit wiedergeben und die Sache beschleunigen". So berichtet man mir und ich habe nicht Ursache, an der Wahrheit dieser Mittheilung zu zweifeln, da die bisherigen in der Sache leider immer wahr waren. So sehr ich nun bedauere, dass ich Veranlassung werde, eine Hoffnung hervorzurufen, die sich in der wünschenswerthesten Zeit nicht verwirklichte, so glaube ich doch, dass Sie mit dem endlichen Resultate um so mehr zufrieden sein dürften, als der neue Pressgesetz-Entwurf (cfr. Correspondenz) darüber schweigt, ob den Zeitungen, denen der Postdebit entzogen, derselbe wieder zurückgegeben wird Das Pressgesetz ist überhaupt von einer Art, welche mir die Wahl zwischen der Censur und ihm nicht schwer machen würde.

Es vergingen nun noch Tage der Spannung und Erwartung, endlich aber am 20. Januar kam die ersehnte officielle Bescheidung, und an der Spitze der Nummer vom 21. Januar 1851 findet sich an das Publicum die Mittheilung, dass nach einem der Zeitung zugegangenen Rescripte der hiesigen Königlichen Regierung vom 17. huj., der Herr Minister des Innern unterm 11. d. M. der Magdeburgischen Zeitung den Postdebit wieder gestattet habe. — Wenn nun auch diese Aufhebung für das begonnene Quartal zu spät erfolgte, so war doch endlich ein auf der Zeitung schwer lastender Druck von ihr genommen. Freilich hatte die Regierung deshalb noch lange nicht ihr Ziel, die Magdeburgische Zeitung in ihre Hände zu bekommen, aufgegeben; nur die eine Art war nicht geglückt, jetzt wurde es auf andere Art versucht. Diese Versuche erstrecken sich zwar über einen längeren Zeitraum, doch wollen wir sie hier zusammen abhandeln, denn wie sie ein Ziel verfolgten und alle einen Gedanken und Willen zum Vater hatten, so scheint uns auch ihre Darstellung zusammen zu gehören. Der leitende Gedanke war, *Gustav Faber* zu ermüden, ihn mürbe zu machen. Daher begannen nun die gerichtlichen Verfolgungen, bei denen es durchaus nicht einmal immer darauf abgesehen war, eine Verurtheilung zu erzielen, sondern die mit all den grossen und kleinen Unannehmlichkeiten, die mit Pressprocessen immer verbunden sind, nur dem oben angeführten Zwecke dienen, also *Gustav Faber* das Geschäft verleiden und ihn so für die folgenden Versuche vorbereiten sollten. Bevor das Pressgesetz erlassen war, wurde *Gustav Faber* so auch vor die Assisen gebracht. Es handelte sich um eine Anzeige von Vorträgen oder dergleichen eines Predigers *Dulon* von der Deutsch-reformirten Gemeinde. Diese Anzeige war von dem Prediger *Dulon* unterschrieben, trotzdem aber wurde *Gustav Faber* von den Geschworenen, deren Zusammensetzung für die Zwecke der Regierung sehr geschickt besorgt worden war, verurtheilt. Diese Zeit der Pressprocesse würde übrigens für *Gustav Faber* noch weit schlimmer ausgefallen sein, wenn nicht die Ehrenhaftigkeit des grössten Theils der damaligen Richter ihm einen gewissen Schutz gegen die Gelüste der Regierung gewährt hätte. Von einem Gerichtsbeamten selbst hat übrigens *Gustav Faber* damals vertraulich die Nachricht bekommen, dass Befehl ergangen sei, die Zeitung durch alle Instanzen zu

179

verfolgen, auch wenn keine Aussicht auf Verurtheilung vorhanden sei. Ebenso hatte der Polizei-Präsident Auftrag, die Zeitung zu confisciren, und ich habe ja weiter vorn schon erwähnt, dass auch dieser Beamte, gerechter als die Regierung denkend, nur einmal diesem Ansinnen Folge gegeben hat.

Als nun die Verfolgung auf diese Art eine Zeit lang geführt worden war, und die Herren an der Spitze wohl annehmen mochten, ihr Mittel hätte bereits genügend vorgearbeitet, kamen die Versuche an die Reihe, die Zeitung zu kaufen. Ein guter Freund der Zeitung, der Domherr Freiherr *Spiegel zum Desenberge* aus Halberstadt, kam in jenen Tagen, noch bevor irgend ein Kaufantrag gestellt war, zu *Gustav Faber,* um ihn zu warnen und ihn zu veranlassen, der Zeitung eine andere Richtung zu geben. Es sei, sprach er aus, im anderen Falle auf *Gustav Fabers* und seines Geschäfts Verderben abgesehen. „Denken Sie", so schloss er seine Warnung, „an Ihre Kinder, an Ihre Familie, an Ihr altes Geschäft." Und *Gustav Faber* antwortete: „Gerade weil ich an meine Kinder, an meine Familie denke, kann ich nicht thun was Sie verlangen. Haben Sie Ihren berechtigten Stolz auf Ihre Familie, so habe auch ich einen Stolz auf meine Familie; ihr und ihren Ueberlieferungen will ich treu bleiben, um das alte Geschäft meinen Kindern einst so übergeben zu können, wie ich es empfangen habe, unabhängig und ohne Makel des Verraths an dem Stande, dem wir angehören."

Als erster Kaufliebhaber erschien dann ein Herr *von Levetzow,* ein reicher Gutsbesitzer, Junggesell und von kolossalen Körperverhältnissen. Er wollte absolut kaufen und war sehr erstaunt, dass solch' bürgerliche Canaille so hartköpfig war und nicht verkaufen wollte. „Ich verkaufe das Hemd vom Leibe, wenn ich den ordentlichen Preis dafür bekomme", rief er, „also Mann, fordern Sie, fordern Sie, auf Geld kommt es gar

180

nicht an." Und dabei liessen seine dicken Hände das Geld in
der Tasche auf und nieder laufen, dass es nur so klimperte.
Nach *Levetzow* kam dann der Oberstabsarzt *Reiche,* seiner Zeit ein
sehr bekannter Mann in Magdeburg. Er kam direct im Auftrage
der Regierung. Es sei ja bekannt, sagte er, dass *Gustav Faber*
sich nicht von dem alten Besitz seiner Familie trennen könnte,
darauf käme es aber auch gar nicht an. *Gustav Faber* solle
Geschäft und Druck der Magdeburgischen Zeitung behalten und
nur gegen Zahlung einer Summe von 100,000 Thaler das Recht,
Einfluss auf den redactionellen Theil der Zeitung zu haben, aufgeben. Dies war gewiss ein verlockender Vorschlag, und es
gehörte in jenen Tagen eine grosse Festigkeit dazu, diesen sicheren
Gewinn gegen das Ungewisse der Zukunft zurückzuweisen.
Dann kam später noch als Käufer der Buchhändler *Schäfer,*
der später den „Bazar" in Berlin gründete.

Wir haben die ersten Jahre der Geschäftsführung *Gustav*
Fabers ausführlich behandelt und glauben hierzu berechtigt zu
sein, denn jene interessante Zeit gehört bereits der Geschichte
an, und von den Personen, die damals activ eingegriffen haben,
ist wohl kaum noch einer am Leben. Von nun an aber
werden wir nur ganz kurz noch die Entwickelung des Geschäfts
schildern dürfen.

Leider hat *Gustav Faber* nicht das Glück gehabt, seinen
Kampfgenossen aus der vorgeschilderten schweren Zeit, den
Dr. *Loempcke,* noch lange Jahre neben sich zu behalten. Ein
früher Tod nahm diesen hochbegabten Mann und treuen Freund
Gustav Fabers und der Magdeburgischen Zeitung schon am
20. Juni 1853 von dieser Erde.

In den ersten Jahren musste *Gustav Faber*, den Bestimmungen der Regierung nach, die sich allein an ihn zu
halten wünschte, als „Verantwortlicher" die Magdeburgische

Zeitung zeichnen. Mit Erlass des neuen Pressgesetzes fiel diese Verpflichtung fort und vom 1. Juli 1852 ab wurde sein Name durch den *Julius Hoppes* ersetzt.

Julius Hoppe, der nach dem Tode Dr. *Loempckes* dessen Stelle als Chef-Redacteur einnahm, hatte schon seit 1. Juli 1851 in der Redaction der Zeitung unter Dr. *Loempcke* gearbeitet. *Hoppe*, ein Ostpreusse von Geburt, war ein tüchtiger Journalist; leider verrannte er sich mit den Jahren mehr und mehr in rein negirende radicale Anschauungen, so dass ein Bruch mit ihm unvermeidlich war. Dieser trat denn auch äusserlich hervor, als *Hoppe* in der Confliktszeit sich zum Abgeordneten für Magdeburg wählen liess. Nach seinem Ausscheiden aus der Magdeburgischen Zeitung gründete er ein eigenes Blatt, die „Magdeburger Presse", das jedoch nur wenige Jahre bestanden hat. Leider hat er nicht unterlassen können, in diesem Blatte *Gustav Faber* persönlich anzugreifen. Für einen friedfertigen und anständig denkenden Mann stets eine höchst peinliche Sache.

Hoppes Austritt aus der Redaction der Magdeburgischen Zeitung erfolgte am 21. November 1864; am 1. Januar erschien die erste Nummer seiner „Presse" und am gleichen Tage zeichnete in der Magdeburgischen Zeitung zum ersten Male ihr neuer Chefredacteur, Professor Dr. *Retslag*. Mit dem Eintritt dieses Mannes in die Redaction der Magdeburgischen Zeitung wurde ihr neues Programm schärfer betont und klarer zum Ausdruck gebracht. Das neue Programm, das aber eigentlich das uralte der Zeitung und ihrer Besitzer war: über der Partei das Vaterland, das durch *Hoppe* nur vorübergehend hatte in den Hintergrund gedrängt werden können. Professor *Retslags* Artikel und die ganze Haltung der Zeitung unter seiner Führung, namentlich im Gegensatz zu der Haltung der *Hoppe*schen „Presse", gefielen sehr. Einen wesentlichen Antheil an diesen Erfolgen hatte *Wilhelm Splittgerber*, der schon in Berlin mit *Retslag* bekannt geworden, von diesem kurze Zeit nach Uebernahme der Redaction nach Magdeburg gezogen war.

Professor Dr. *Retslag* erkrankte leider sehr bald nach seinem Eintritt in die Magdeburgische Zeitung, so dass eigentlich nur die beiden ersten Jahre die Zeitung als unter seiner Redaction stehend angesehen werden kann. Am 28. Mai 1868 starb er. Mit ihm ging ein vielseitig gebildeter, als Journalist hervorragender Mann zu Grabe. Nach seinem Tode wurde die Chefredacteurstelle *Gustav Wandel*, einem Schlesier, übertragen, der schon seit Jahren in der Redaction thätig gewesen war. *Wandel* war ein namentlich in der Geschichte ausserordentlich beschlagener, aber auch sonst mit grossem Wissen ausgestatteter Mann, der leider aber nur wenig vom Journalisten hatte, so dass man, ohne irgend wem ein Unrecht zuzufügen, sagen darf, die Zeitung hat unter seiner Leitung wenig an sich gearbeitet, die grosse Zeit, in die die Redaction *Wandels* fiel, nicht voll ausgenutzt. *Gustav Wandel* starb in Rom, wohin er Heilung suchend gegangen war, wo er aber schon besinnungslos ankam, wenige Tage nach seiner Hinkunft im Jahre 1872. Er liegt auf dem Kirchhof der Deutschen zu Rom, nicht weit von der Cestiuspyramide. Ein herzensguter, durch und durch feiner und sehr gelehrter Mann.

Nach *Wandels* Tode übernahm *Wilhelm Splittgerber* definitiv die Chefredaction.

An äusseren Veränderungen war unter *Gustav Faber*, wie schon erwähnt, das Montagsblatt 1849 eingeführt, dazu trat am 19. Juni 1855 die Abend-Ausgabe, so dass von da ab die Magdeburgische Zeitung dreizehn Mal in der Woche erschien. Die Zeitung hat unter *Gustav Faber* schwere Zeiten durchzumachen gehabt, aber auch glückliche und grosse Zeiten erlebt, in denen das, was früher ihr als Verbrechen angerechnet worden war, vom Ersten bis zum Letzten im Staat erstrebt und errungen ward. Die Zeitung hatte schon 1863—1864 einen Umbau des Hauses Breiteweg No. 6 erforderlich gemacht, aber auch im neuen Hause liess das Wachsen der Ansprüche, welche die Zeitung machte, das Druckerei- und Verlagsgeschäft mehr und mehr verkümmern, so dass in beiden Richtungen bei Abgabe des Geschäfts durch *Gustav Faber* fast nur noch Spuren von der einstigen Grösse vorhanden waren.

Diese Uebergabe des Geschäfts fand Ende 1871 statt, so dass mit dem 1. Januar 1872 die beiden Söhne *Gustav Fabers* die Führung übernahmen.

Unter *Gustav Faber* trat in Bezug auf das Verhältniss des Geschäfts zu den Lehrlingen eine Aenderung ein, von der wir hier noch Notiz nehmen wollen. Von Anfang des Geschäfts an und auch noch in den ersten zehn Jahren unter *Gustav Faber*, hatten die Lehrlinge im Hause des Prinzipals gewohnt und gegessen. Wir geben hier aus dem Jahre 1772 die von *C. F. Faber* niedergeschriebenen Grundsätze bei Aufnahme von Lehrlingen wieder, nach denen wohl auch lange vor und lange nach jener Zeit verfahren worden ist.

Wenn jemand zur Erlernung der Buchdruckerkunst angenommen wird, so werden folgende Punkte erfordert:

1) Geben die Eltern oder Freunde des Lehrlings ein Bette, oder in Ermangelung dessen 25 Thaler und 2 Thaler Einschreibe- und eben so viel Lossprechegeld, und unterhalten denselben in Kleider, Schuh, Strümpfe und Wäsche, bezahlen auch die Wäscherin, welches sich, nachdem der junge Mensch viel oder wenig schwarz macht, regulirt.

2) Wenn der Lernende seine Jahre überstanden hat, so schreitet derselbe zu einem Postulat, d. i. er macht sich als ein Mitglied in der Gesellschaft der Buchdrucker Kunstverwandten vollständig, welches 35 bis 40 Thaler kostet.

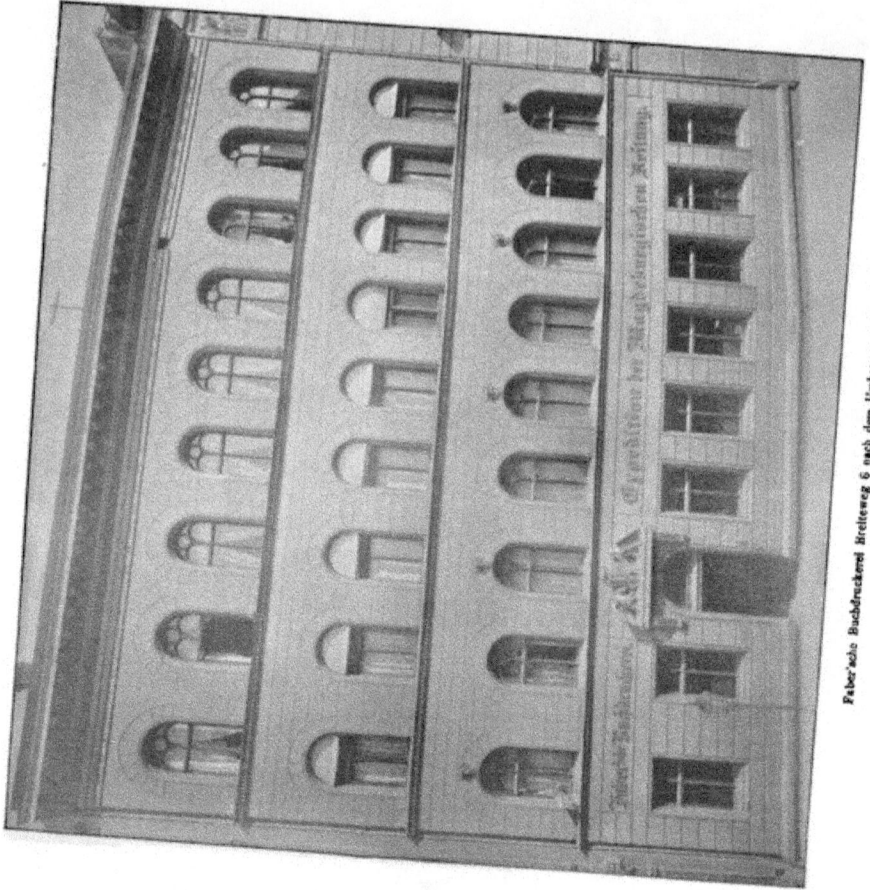

Faber'sche Buchdruckerei Breiteweg 6 nach dem Umbau vom Jahre 1864.

3) Einer, der nur vier Jahre lernt, muss für die beyden letzten Jahre, nemlich fürs fünfte und sechste 100 Thaler bezahlen, und wenn er

4) Keine Lehrburschendienste thun, auch mit an des Herrn Tisch, und nicht bey dem anderen Gesinde, speisen will, und andere Vorzüge, die einem Lernenden sonst nicht verstattet werden können, geniessen will: so muss für die beyden Ersten Jahre 100 Thaler, und die beyden letzten Jahre mit 60 Thaler bezahlt und vergütet werden.

5) Auf Seiten des Lernenden wird erfordert: dass er treu und ehrlich, bescheiden und dienstfertig sey, auf alles, was ihm gezeigt wird, genau merke, und sich nicht widerspenstig oder unvernünftig bezeige; auch dass er, wenn er sich zum Setzer appliciret, einige Schulwissenschaft habe.

Magdeburg, den 25 Januar 1772.

Mit der Zeit hatte sich dann einzelnes geändert, die Lehrzeit war verkürzt, das Lehrgeld abgeschafft und dergleichen, und als mit dem Wachsen des Geschäfts die Zahl der Lehrlinge stieg, stellte es sich unter *Gustav Faber* als nothwendig heraus, diese nicht mehr im Hause wohnen zu lassen. Es war das immerhin eine Aenderung von Bedeutung, namentlich für das Verhältniss des Lehrherrn und des Lehrlings zu einander.

Von einem, der noch in jener ersten Zeit unter *Gustav Faber* gelernt hat, wird uns die väterliche Weise gerühmt, mit der jener sich der Lehrlinge angenommen habe: „Wenn es diesen an Kleidung fehlte, so verschaffte er solche, an den Festtagen erhielten sie Stollen und wurden mit den Kindern an den Weihnachtstisch gerufen, wo sie ihre Geschenke aufgebaut fanden, die mit echter Herzensgüte von Frau *Faber* angewiesen wurden."

Gustav Faber hat noch 24 Jahre lang der wohlverdienten Ruhe geniessen können. Er starb am 5. October 1896, fünfundachtzig Jahre alt. Bis zum letzten Tage hatte ein gütiges Geschick ihm die Klarheit des Geistes, die Liebe zu allem

Guten und Schönen und das warme Herz für Alle, die ihm im Leben nahe getreten, erhalten. Gross geworden in einer rationalistischen Zeit, war doch sein Glaube eben so weit von dem der Rationalisten entfernt, wie von dem der sogenannten Rechtgläubigen. Sein Gott war vor allem ein Gott der Liebe, und aus diesem erwärmenden Glauben heraus erwuchs in ihm alles das, was erwärmend auf andere wirkte und ihn für so viele Menschen in seinem langen, gesegneten Leben so anziehend und liebenswerth machte. Liebe und Treue sind die charakteristischen Eigenschaften *Gustav Fabers*, und wie er niemals aufgehört hat, den zu lieben, den er der Liebe einmal für werth erachtet hatte, so ist er auch niemals fähig gewesen, die Treue oder das zu brechen, was er, sei es in grossen, sei es in kleinen Dingen, versprochen oder zugesagt hatte. Er hat ein grosses, schönes Leben gelebt und unsere Liebe folgt ihm nach, so lange wir athmen.

Faber'sches Insigne.

ALEXANDER und ROBERT FABER

1872—1897.

Die beiden Söhne *Gustav Fabers* sind in Magdeburg geboren, *Friedrich Alexander Faber* am 9. Mai 1844, *Wilhelm Robert Faber* am 13. Juli 1845. *Alexander Faber* trat im Juli 1868 ins Geschäft Faber'sche Buchdruckerei zur Unterstützung seines Vaters ein, *Robert Faber* 1871, nachdem beide Brüder aus Frankreich zurückgekehrt waren. Noch in demselben Jahre entschloss sich *Gustav Faber*, die Faber'sche Buchdruckerei seinen Söhnen zu übergeben, mit derselben Verpflichtung, die alte Firma weiter zu führen, wie er sie von seinem Vorgänger übernommen hatte. So finden wir denn, durch eine hochherzige Handlung ihres Vaters, am 1. Januar 1872 *Alexander* und *Robert Faber* im freien Besitze des Geschäfts.

Vom ersten Tage des Eintritts im Juli 1868 an hatte *Alexander Faber* begonnen, einmal den Versuch zu machen, das im Laufe der Zeit durch die Zeitung fast ganz verdrängte Accidenz-Geschäft der Buchdruckerei wieder zu heben und dann, als wichtigere Aufgabe, die Magdeburgische Zeitung mit neuen

Einrichtungen zu versehen, die auch ein frischeres Leben wieder
in diese selbst bringen sollten. Vom ersten Tag an hat er in
dieser letzteren Angelegenheit Anregung, Rath und vor Allem
bei der Ausführung die weitestgehende Unterstützung durch Herrn
Wilhelm Splittgerber erfahren, der dann auch später, als *Alexander*
und *Robert Faber* das Geschäft übernommen hatten, diesen beiden
zu allen Zeiten und in allen Lagen der treueste, selbstloseste
Freund gewesen und bis zum heutigen Tage geblieben ist. Die
beiden heutigen Besitzer der Faber'schen Buchdruckerei haben bei
den mancherlei Umänderungen, welche das Vorwärtsschreiten des
Geschäfts nothwendig machte, viel Unterstützung erfahren, für
die sie dankbar sind; sie haben das Glück, eine Reihe dem
Geschäft und seinen Interessen treu ergebener Beamten und ein
Personal zu haben, das in seiner Gesammtheit dem Geschäft
seine Treue bezeigt hat. Allen einzeln zu danken ist nicht
möglich, aber jeder im Geschäft wird einverstanden sein, dass
wir hier öffentlich Herrn *Wilhelm Splittgerber* unseren und des
Geschäftes herzlichen Dank sagen für alle Dienste, die er
diesem geleistet hat.

Als beide Brüder aus ihres Vaters Händen das alte
Geschäft übernahmen, da haben sie es gethan in der festen
Absicht, es so zu führen, wie die Erinnerung an die lange
Reihe ehrenhafter, fleissiger und vaterlandsliebender Männer, die
vor ihnen an ihrer Stelle gestanden, es erforderte. Sie haben
aber die gemeinsame Arbeit auch begonnen mit dem Vorsatze,
einer dem andern eine feste Stütze und in allen Lagen des
Lebens nicht nur Bruder und Compagnon, sondern auch treuer
Freund zu sein. So haben sie denn in Eintracht, jeder an seinem
Theil und jeder nach Massgabe seiner Kräfte gearbeitet, und wenn
sie auch nicht alles erreicht haben, was sie gewollt, so hoffen
sie doch, dass, wenn einst das Facit ihrer Arbeit gezogen wird,

anerkannt werde, dass, wenn auch ihr Können schwach, doch ihr Wille gut war. — Die Leitung haben die Brüder von vornherein so unter sich getheilt, dass *Robert Faber* den kaufmännischen Theil, *Alexander Faber* Buchdruckerei und Verlag übernahm.

Wenn wir nun zunächst kurz den Zeitungsverlag betrachten, so finden wir am 1. Januar 1872 die Magdeburgische Zeitung noch unter der vertretungsweisen Führung *Wilhelm Splittgerbers*. Erst am 12. Januar desselben Jahres, nach dem Tode *Wandels* übernahm er definitiv die Leitung der Zeitung, die von ihm zu deren Segen und in den Grundzügen in vollster Uebereinstimmung mit den Verlegern bis heute weiter geführt worden ist. Wir können uns auf Einzelheiten, auf ein Betrachten dieser und jener von Redaction und Verlag getroffenen Massnahmen nicht einlassen. Ueber diese Dinge zu sprechen steht uns nicht an, wir können nur kurz die Daten festlegen, die gewissermassen die Marksteine der Fortentwicklung der Zeitung sind.

Im ersten Jahre schon hatte die von 1871 ab beginnende Verjüngung der Magdeburgischen Zeitung solche Erfolge für diese gehabt, dass die technischen Einrichtungen nicht mehr genügten, die die Brüder übernommen hatten. Es erfolgten bauliche Veränderungen, Aufstellung von vierfachen Maschinen etc. Aber je mehr die Zeitung that, desto mehr wuchsen auch die Anforderungen. Ende 1872 beanspruchte der Handelstheil bereits den dreifachen Umfang des Raumes, den er früher eingenommen hatte. Mit dem 1. Januar 1873 erfuhr die Zeitung eine Vergrösserung des Formats. Zugleich aber waren auch redactionelle Aenderungen von Bedeutung eingeführt, von denen wir hier nur die Einrichtung des Feuilletons „unter dem Strich" erwähnen, das der Zeitung bis dahin gefehlt hatte. Diese Massnahme, gleichzeitig

die grosse Vermehrung der Correspondenten und der Depeschen-
bezüge, fanden eine so freundliche Aufnahme beim Publicum,
dass bereits Ende 1873 die eben neu aufgestellten Maschinen
und der ganze für den technischen Betrieb vorhandene Raum
sich den Ansprüchen gegenüber als unzureichend erwiesen. Es
wurde im neuen Stadttheil Grund und Boden angekauft, gebaut,
neue Maschinen aufgestellt und, worauf wir weiter hinten noch
näher eingehen werden, der ganze Betrieb so gestaltet, dass er
nun allen Forderungen der neuen, mit Sturmesflügeln eilenden
Zeit genügen konnte. Am 28. Juni 1875 wurde das neue Haus
bezogen. Vorher aber waren weitere Verbesserungen und
Neuerungen im redactionellen Theile der Zeitung eingeführt
worden. Das wachsende Interesse für die Verhandlungen der
parlamentarischen Körperschaften, das in jener grossen Zeit
des ersten Aufbauens des Deutschen Reiches in allen Kreisen
Platz griff, hatte dahin geführt, ein eigenes parlamentarisches
Bureau für die Berichterstattung für die Magdeburgische Zeitung
zu errichten. Am 1. April 1874 übernahm Dr. *Paul Töpelmann*,
der bis dahin von Rom aus an der Zeitung mitgearbeitet hatte,
dessen Leitung und die Vertretung der Zeitung in Berlin.
Durch diese neue Einrichtung und entsprechende Benutzung des
Telegraphen konnten die Berichte, auch der Abendsitzungen der
Parlamente, schon in der Morgen-Nummer der Zeitung gebracht
werden. Um eine weitere Ausdehnung der telegraphischen Bezüge
und dadurch eine grössere Schnelligkeit der Berichterstattung zu
erzielen, wurde 1875 durch einen Vertrag mit der Reichs-Post-
verwaltung für die Zeitung ein Draht von Berlin hierher gepachtet.
Gleichzeitig hiermit erfolgte eine weitere Bereicherung des Handels-
theils, der von jetzt an, zum Theil durch ein Abkommen mit dem
Wolff'schen Telegraphen-Bureau, aber auch andererseits durch
eigene Berichterstatter, die Markt- und Börsenberichte aller

bedeutenderen Handelsplätze der Welt in grösster Ausführlichkeit durch den Draht übermittelt bekam. So sehr wir uns hier auch in Bezug auf das, was während der letzten 25 Jahre in und an der Zeitung geschehen ist, Zurückhaltung auferlegt haben, so dürfen wir das doch als eine Thatsache anführen, dass die Magdeburgische Zeitung mit den Reformen, welche sie in den siebziger Jahren dieses Jahrhunderts eingeführt hat, fast der gesammten deutschen Presse vorausschritt. Es war das alles bei einem deutschen Blatt etwas so Neues, dass uns damals der Besitzer des New-York Herald, Mr. *Gordon Benett*, den Antrag machte, mit seinem Blatte ein Cartell zum Austausch der Telegramme einzugehen.

In welchem Geiste die Magdeburgische Zeitung auch zu der Zeit, als der Tanz um das goldene Kalb weitesten Kreisen die ruhige Besinnung geraubt hatte, ihre Aufgabe erfasste, das mögen die nachstehenden, einem Artikel jener Tage entnommenen Sätze darthun:

> *Je mehr Bedeutung die Presse gewinnt, um so ernstere Verantwortung trägt sie für das, was sie unternimmt, und um so grössere Verpflichtung liegt ihr ob, sich streng zu prüfen, ob ihre Haltung auch angemessen ist, ihre Gedanken immer lauter und edel sind. Und indem wir an dem neuen Abschnitt, in den unser Blatt heute getreten ist, uns in solcher Weise sinnend selbst beschauen, dürfen wir, wie gering wir auch sonst unsere Leistungen beurtheilen, uns sagen, dass uns wenigstens das ehrliche Streben immer beseelt hat, der Wahrheit zu dienen und das Gute zu thun. Diese Zeitung kennt keine anderen Interessen als die des öffentlichen Wohles und wird sich auch die Zukunft rein halten, wie es ihre Vergangenheit ist, auf welche sie sich in aller Bescheidenheit berufen darf.*

Eine weitere Veränderung des Formats fand am 1. December 1878 statt. Es wurde damals, der grösseren Uebersichtlichkeit wegen, das Format der „Times" angenommen, das bis heute ja beibehalten ist. Zu gleicher Zeit führte die Magde-

burgische Zeitung einen landwirthschaftlichen Theil in ihren
Spalten ein, den vom ersten Tage an bis zum 1. October 1896 Geh.
Rath Prof. Dr. *Märcker* zu Halle a. S. geleitet hat. Dieser Theil,
der weiten Kreisen höchst willkommen war, erschien nur einmal
in der Woche, wodurch hie und da Verzögerungen in den Veröffentlichungen wichtiger Artikel unvermeidlich wurden. Seitdem
bringen wir in umfangreicherer Weise, ohne uns an den Tag
zu binden, je nach Bedarf die Artikel landwirthschaftlichen
Charakters.

Die Wetterbeobachtung, die schon seit alter Zeit in
der Magdeburgischen Zeitung Beachtung gefunden hatte, nahm
einen weiteren Raum in Anspruch, als mit dem 12. December
1878 Professor *Klinkerfues* seine damals viel besprochenen Wetter-
prognosen bei uns zu veröffentlichen begann. Die Zeitung blieb
aber hierbei nicht stehen, sondern erbaute eine eigene, die Stadt
überragende Wetterwarte, die mit den besten selbstregistrirenden
Apparaten versehen, von drei Beamten bedient, seit 1. November
1880 ihre Prognosen, seit 1. December desselben Jahres ihre
Wetterkarten in der Magdeburgischen Zeitung veröffentlicht.
Ihre Beobachtungen werden jährlich, wissenschaftlich bearbeitet,
in einem Buche veröffentlicht, das in Austausch an alle be-
deutenden meteorologischen Stationen der Welt versandt wird.

Vom 19. April 1879 an bringt die Zeitung die Ver-
loosungslisten aller börsenmässigen Papiere.

Am 31. August 1879 hat eine Abzweigung des localen
Theiles der Zeitung durch Gründung eines kleinen Blattes rein
localen und geschäftlichen Charakters, unter dem Namen „Stadt-
Anzeiger" stattgefunden. Das fortwährende Wachsen der Zeitung
und die damit verbundene Steigerung des Preises liessen es
aber auch als zeitgemäss erscheinen, neben der grossen Zeitung
noch ein kleineres politisches Blatt für Alle die herauszugeben,

die, sei es der Zeit oder des Geldes wegen, die Magdeburgische Zeitung nicht mehr halten konnten. Aus diesen Erwägungen heraus entstand die Deutsche Pfennig-Zeitung, deren erste Nummer am 1. Dezember 1879 erschien, und die am 1. September 1894 mit dem Stadt-Anzeiger vereinigt unter dem gemeinsamen Titel „Central-Anzeiger" noch heute besteht und in weiten Kreisen Magdeburgs und der Umgebung Anklang gefunden hat.

Am 19. September 1887 endlich erschien auch am Montag Morgen eine vollständige Ausgabe der Magdeburgischen Zeitung neben dem sogenannten Montagsblatt, den „Blättern für Handel, Gewerbe und sociales Leben".

Wir haben hier nur die äusseren Markzeichen der Entwickelung der Magdeburgischen Zeitung geben können. Wir hoffen, dass, wenn einst auch ihr innerer Werth und das gemessen wird, was sie in den letzten 25 Jahren für das allgemeine Beste geleistet hat, anerkannt werden wird, dass die Männer, die an ihr gearbeitet haben, vom besten Willen beseelt und von warmer Liebe zu unserm Vaterlande durchdrungen gewesen sind. Wir wollen die Namen derer hier noch nennen, die jetzt in der Redaction an der Zeitung arbeiten. Es sind in Magdeburg: *Splittgerber*, *Nielsen*, *Kawerau*, *Spiekermann*, *Hasse* und *Harder*. In Berlin: Dr. *B. Langheld*, Dr. *Reimann* und *Haendler*.

Im Jahre 1894 hatten beide Brüder die Freude, ein Glied der kommenden Generation in der Person des Dr. jur. *Robert Faber*, ältesten Sohnes *Alexander Fabers*, in die Faber'sche Buchdruckerei eintreten zu sehen. Am 1. October 1896 wurde diesem auf Anregung *Robert Fabers* Procura für die Firma ertheilt, trotzdem dies gegen die bisherige Tradition verstiess. Aber andere Zeiten verlangen auch andere Massnahmen, und Traditionen sollen nicht verknöchernd wirken.

Wenn wir in vorstehenden Zeilen die Entwicklung der Magdeburgischen Zeitung während der letzten 25 Jahre aus naheliegenden Gründen in knappster Form zur Darstellung gebracht haben, so erscheint es doch angängig, ein wenig ausführlicher die zum Theil durch die wachsende Bedeutung der Zeitung nothwendig gewordene und geförderte Entwicklung der Druckerei während des behandelten Zeitraums zu besprechen.

Wenn 1846 der Vater der jetzigen Besitzer der Faber'schen Buchdruckerei für den Druck der Magdeburgischen Zeitung als eine grosse Neuerung einfache Schnellpressen einführte, nachdem die Zeitung bis dahin auf Handpressen gedruckt worden war, die in Construction und Handhabung kaum von denen sich wesentlich unterschieden, auf denen Guttenberg und seine Schüler die weltbewegende Erfindung der Druckerkunst ins Leben führten, so begannen die neuen Besitzer der Druckerei 1872 den Druck der Zeitung auf grossen vierfachen Schnellpressen. Auf diesen wurden von einer Form immer gleich vier Exemplare gedruckt und ungefalzt ausgelegt; die Leistung betrug etwa 6000 Bogen in der Stunde und pro Maschine. Trotz der gewaltigen Steigerung der Leistungsfähigkeit durch Benutzung der vierfachen Schnellpressen, trotz Vergrösserung der Setzerei und Vermehrung des Setzer-Personals, zeigte doch bereits das Jahr 1873 und noch mehr das Frühjahr 1874, dass die technischen Einrichtungen der Druckerei dem Aufschwung der Zeitung und den gesteigerten Ansprüchen, welche dadurch an diese in Bezug auf frühere und schnellere Beförderung gestellt wurden, nicht mehr zu genügen vermochten. In wenig über zwei Jahren hatten die 1872 in Gebrauch genommenen neuesten und kostspieligen Einrichtungen der Druckerei sich überlebt, nun hiess es für die nothwendige Erweiterung der Druckerei nicht nur vom Neuen das Neueste, sondern vor

194

Allem auch vom Besten das Allerbeste zu wählen. Nach eingehendsten Berathungen entschloss man sich zunächst, wenn auch schweren Herzens, die seit 1846 inne gehabte Druckstätte aufzugeben, das Haus Breiteweg No. 6 nur noch für die Annoncen-Annahme und den Verkehr mit dem Publicum überhaupt beizubehalten, die Druckerei und Redaction aber in den neuen Stadttheil zu verlegen. Da man sich zugleich entschlossen hatte, der schnelleren Beförderung der Zeitung wegen die nach auswärts bestimmten Zeitungen nach Fertigstellung der neuen Einrichtungen selbst postmässig zu verpacken und direct an die Postwagen der Eisenbahnzüge zu liefern, so kauften die Besitzer der Druckerei in der Nähe des neuen Bahnhofs ein für ihre Zwecke wohl gelegenes Stück Land von der Stadt und begannen 1874 hier den Neubau. Inzwischen war von dem Besitzer der „Times" in London, Sir *Walther*, ein neues System der Druckmaschinen erfunden und in der Druckerei der „Times" eingeführt worden, die Rotationsmaschine, die bestimmt war, das ganze Zeitungswesen wesentlich zu beeinflussen.

Bei dieser Wichtigkeit der Rotationsmaschine für das Zeitungswesen ist es vielleicht angezeigt, eine wenn auch nur kurze Beschreibung von ihr zu geben.

Die bis dahin für den Druck auch der Zeitungen benutzten Maschinen druckten entweder von der Schriftform selbst oder von Stereotypplatten, die, wie die Schriftform, wagerecht in der Maschine auf einem Karren liegen. Dieser Karren läuft in der ganzen Länge der Maschine hin und her, wobei die auf dem Karren liegende Form, so oft sie unter dem Farbewerk hingeht, eingeschwärzt wird. Um einen Bogen auf e i n e r Seite zu bedrucken, muss der Karren mit der Form zweimal die ganze Länge der Maschine durchmessen. Es ist klar, dass dieser lange Weg, der durchlaufen werden musste, um einen Bogen und zwar

195

auch nur auf einer Seite zu bedrucken, die Leistungsfähigkeit der
Schnellpresse — wenn sie auch gegenüber der Handpresse einen
grossen Forschritt bedeutet — doch noch recht enge Grenzen
zieht. Man hatte, um den langen Hin- und Herweg des Karrens
besser auszunutzen, zweifache, vierfache, ja zehnfache Maschinen
gebaut. Das waren complicirte, mit einem ungeheuren Bänderwerk zur Leitung der Bogen versehene und von fünf bis zwölf
Mann zu bedienende Maschinen, kostspielig und des Bänderwerks
wegen unsicher im Betriebe. Daran aber war nichts zu ändern,
so lange man mit einer wagerecht liegenden Form arbeiten
musste. Da kam die Erfindung der Papierstereotypie. Das
heisst, man hatte gelernt aus Papier und Kleister eine Masse
zu fertigen, in die hinein man mit Leichtigkeit und in
kürzester Zeit das Bild der Schriftform einprägen konnte,
eine Masse zugleich, die das eingeprägte Bild, auch nachdem die
Masse getrocknet war, scharf und klar bewahrte, so dass man,
wenn man in diese Form flüssiges Blei laufen liess, eine Bleiplatte
erhielt, die das genaue Abbild der Satzform darstellte. Zunächst
benutzte man diese Erfindung auch nur zur Herstellung gerader
Stereotypplatten, bis dann Sir *Walther*, einer der Besitzer der
Zeitung „The Times" in London, darauf kam, die Biegsamkeit
der Papiermater zur Herstellung gebogener Stereotypformen zu
verwenden. Als dies glückte, baute er eine Maschine, bei der
die Schriftform nicht mehr wagerechte, sondern cylindrische Form
hatte. Es wurden nun zwei solcher Druckcylinder in der
Maschine angeordnet, auf denen je zwei oder vier Stereotypplatten befestigt werden. Gegen diese Platten- oder Formen-
cylinder läuft je ein Druckcylinder, durch den das über ihn
hingeführte Papier gegen die eingeschwärzten Stereotypplatten
gedrückt und so bedruckt wird. Dadurch, dass man zwei
Schrift- und zwei Druckcylinder anwandte, erreichte man,

196

indem man das Papier — das nun nicht mehr in Bogen geschnitten und durch Menschenhand angelegt zu werden braucht,
sondern von einer grossen Papierrolle
selbstthätig abläuft — indem man also
das Papier in der Maschine nach dem
ersten Druck sich wenden und so, mit
der noch unbedruckten Seite gegen
den zweiten Schriftcylinder gerichtet,
zwischen diesen und dem zweiten Druckcylinder hindurchführt, dass die Maschine
gleich auf beiden Seiten bedruckte, fertige
Exemplare lieferte. Vorstehendes Schema
stellt die Anordnung der Cylinder und den Lauf des Papiers
der Walther-Presse dar und wird das Gesagte erläutern.

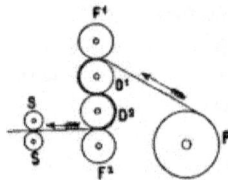

F¹F² Plattencylinder.
D¹D² Druckcylinder.
P Papierrolle.
SS Schneidecylinder.

Da alle Theile der Maschine während des Ganges fortgesetzt nach einer Richtung rotirend sich bewegen, bleibt keine
Bewegung der Maschine für den Druck unbenutzt. Daher haben
die Rotationsmaschinen theoretisch eine nur durch die Haltbarkeit
des Materials begrenzte Schnelligkeit der Bewegung und Leistungsfähigkeit aufzuweisen. Das sogenannte endlose Papier wird erst
nach dem Druck von der Maschine selbst auf das nöthige Format
geschnitten, so dass das für die Leitung der Bogen nothwendige
Bänderwerk auf das geringste Mass beschränkt ist.

Auf dem Continent druckte 1874 nur erst ein Wiener
Blatt mit diesen Maschinen, in Deutschland aber stellte die
Faber'sche Buchdruckerei für die Magdeburgische Zeitung die
erste grosse, für Zeitungsdruck bestimmte, von der „Times"
selbst gebaute Rotationsmaschine auf. Trotzdem zur Einübung
des Personals englische Maschinenmeister und Stereotypeure
engagirt waren, hat die Einführung der neuen Druckweise
anfänglich doch viele Mühe und Sorge gemacht, von denen

197

sich heute, wo Rotationsmaschinen etwas alltägliches sind, kaum Jemand eine Vorstellung machen kann.

Der neue Bau für die Druckerei wurde 1875 bezogen. Die weiten Räume, von allen Seiten von Licht und Luft umfluthet, erschienen anfänglich viel zu gross. Der Zeitungs-Setzersaal, ein Raum, in dem für rund 100 Setzer Platz ist, nahm anfänglich nur 40 Setzer auf. Der Maschinensaal, in dem heute zwei Rotationsmaschinen gewöhnlicher Grösse und zwei Rotationsmaschinen doppelten Formats, also vier Rotationsmaschinen neben zwölf Druckmaschinen für Accidenz- und Werkdruck stehen, zeigte in der ersten Zeit nur die grosse „Walther Printing Press", die Times-Maschine, die einen Kostenaufwand von rund 80,000 Mark erfordert hatte, zwei Doppelmaschinen als Reserve und eine einfache Schnellpresse für Accidenzdruck. Bald kam dann eine zweite grosse Rotationsmaschine hinzu, die erste derartige Maschine, welche die alte berühmte Fabrik von König & Bauer in Oberzell bei Würzburg gebaut hatte. Im Jahre 1880 wurde darauf die dritte und 1895 die vierte Rotationsmaschine, entsprechend dem steigenden Bedarf der Magdeburgischen Zeitung, aufgestellt. Auch die ersten Rotationsmaschinen waren im Laufe der Jahre mehrfach verändert und durch Anbringung von Falzapparaten, die wiederum mehrfach umgebaut wurden, leistungsfähiger gemacht worden, alles unter dem Zwange der Nothwendigkeit, immer mehr zu liefern und in immer kürzerer Zeit den Druck der Magdeburgischen Zeitung fertig zu stellen. Im alten Geschäftshause und mit den alten Einrichtungen war der erste Zug, der für die Versendung der Magdeburgischen Zeitung zu benutzen war, der, der um 2 Uhr 40 Minuten Morgens, in der Richtung auf Holzminden von Magdeburg auslief. Bei starken Nummern war es nicht immer geglückt, diesen Zug für die Versendung zu benutzen. Jetzt aber sollten und mussten bereits alle Züge für die Versendung der Zeitung benutzt werden, die von 11 Uhr Abends ab Magdeburg verliessen. Jeder, der im Zeitungswesen nur einigermassen bewandert ist, weiss, was es heissen will, eine Zeitung fast vier Stunden früher fertig stellen zu müssen. Ausser der Verwendung so wesentlich leistungsfähigerer Maschinen, war auch eine ganz neue Organisation der sonstigen, namentlich der Setzarbeit erforderlich und wenn es auch Manchem anfangs schwer wurde, von der alten Gewohnheit abzulassen, um in ganz anderem Tempo zu arbeiten, so wurden die Schwierigkeiten doch, dank dem guten Willen und der Anhänglichkeit des Personals an das Geschäft, leichter als zu erwarten stand, überwunden.

Als im Jahre 1880 die Wetterwarte der Magdeburgischen Zeitung erbaut und deren Dienst organisirt wurde, trat an die Druckerei die Nothwendigkeit heran, für die Herstellung der täglich zu veröffentlichenden Wetterkarten die nöthigen technischen Einrichtungen in möglichster Vollkommenheit zu schaffen. Nach eingehender Erwägung aller für diesen Zweck etwa zu verwendenden, damals bekannten graphischen Verfahren, wurde in Uebereinstimmung mit dem derzeitigen Leiter der Wetterwarte der Magdeburgischen Zeitung, dem Prof. Dr. *Assmann*, jetzt in Berlin, ein in England erfundenes Verfahren adoptirt und es ging einer der Besitzer der Faber'schen Buchdruckerei zur Besichtigung und Erwerbung des Verfahrens und der dazu nothwendigen, ziemlich kostspieligen Einrichtungen nach London. Nach Aufstellung der Maschinen und Einübung des Personals erschien dann am 12. December 1880 in der Magdeburgischen Zeitung die erste Wetterkarte, die zugleich die erste derartige Karte war, die überhaupt in deutschen Zeitungen veröffentlicht wurde. Das Verfahren zur Herstellung der Karten, wie wir es nachstehend kurz skizziren, ist zwar etwas theuer, vielleicht auch etwas umständlicher, als andere für diese Zwecke jetzt verwendete Verfahren, dafür liefert es aber auch durchaus klare Bilder; die Wetterkarten der Magdeburgischen Zeitung werden auch heute noch von berufenen Personen als die besten, und da sie Land und Meer in der gewohnten Weise darstellen, auch vom Publicum als die übersichtlichsten angesprochen. Die Wetterkarte wird zunächst von der meteorologischen Abtheilung der Magdeburgischen Zeitung nach den eingehenden Telegrammen und eigenen Beobachtungen zusammengestellt und dann in vorliegende Kartenschemas, die etwa vier Mal so gross sind als die in der Zeitung veröffentlichten Karten, eingezeichnet. Sodann werden diese auf die Gravirmaschine gebracht und durch einen sinnreichen, ausserordentlich exact arbeitenden Mechanismus in eine besonders präparirte Gipsplatte von der Grösse der zu veröffentlichenden Karte, eingravirt. Damit dies schneller geht, sind Gypsplatten vorräthig, welche die Umrisse der Länder und Meere des Beobachtungsgebiets bereits enthalten, so dass nur die Isobaren und die Barometer- und Thermometerstände, wie auch die sonst etwa nöthigen Zeichen für Windrichtung und Windstärke, Regen und Schneefall etc. täglich eingeschnitten zu werden brauchen. Ist die Gypsplatte fertig geschnitten, so kommt sie in einen kleinen Giessapparat, in den hinein nun die für diesen Zweck besonders erfundene Metallcomposition, die entsprechend erhitzt ist, hineingegossen wird. Nachdem die Masse erkaltet, ist die Platte druckfertig. Wir wollen noch bemerken, dass diese Gravirmaschine auch zu allen anderen, für den Druck auf Buchdruckmaschinen zu verwendenden Gravuren benutzt werden kann und vor Einführung der Photochemigraphie auch vielfach benuzt worden ist.

Ausser der Gravirmaschine wurde es nothwendig, für die Magdeburgische Zeitung auch eine Graveur - Abtheilung der

Faber'schen Buchdruckerei anzuschliessen. Der gewaltige Aufschwung, den auch das gewerbliche Leben nach dem grossen Kriege und dem Hineinströmen des Goldes der fünf Milliarden Kriegsentschädigung in den geschäftlichen Verkehr genommen, hatte auch eine Steigerung der Inanspruchnahme der Annonce und hierbei die häufigere Anwendung der bildlichen Darstellung zur Folge. Nun stellte sich — namentlich anfangs — heraus, dass die von den Inserenten der Zeitung gelieferten Gravuren, Holzschnitte und Galvanos wohl für den Druck auf den alten Druckmaschinen, nicht so aber für den Druck auf Rotationsmaschinen geeignet waren. Da es unmöglich war, schnell und allgemein, sowohl bei den Inserenten, als auch namentlich bei den Holzschneidern und Graveuren, das Verständniss für die Anforderungen zu verbreiten, welche der Rotationsdruck an bildliche Darstellung stellt, so entschlossen sich die Besitzer der Faber'schen Buchdruckerei, von den ihnen gelieferten und für den Rotationsdruck nicht geeigneten Holzschnitten, Galvanos etc. Clichées in Blei anfertigen und diese durch eigene Graveure so durcharbeiten zu lassen, dass sie auf der Rotationsmaschine gedruckt, ein klares Bild des darzustellenden Gegenstandes lieferten. Auch hier wollen wir nebenbei bemerken, dass diese, zunächst nur für die Magdeburgische Zeitung begründete Graviranstalt, in kurzer Zeit auch lebhaft für andere Arbeiten vom Publikum in Anspruch genommen wurde, so dass sechs Graveure in ihr ausreichende Beschäftigung fanden.

Eine weitere wichtige technische Neuerung war die im Jahre 1881 nach mühsamen Vorarbeiten und Versuchen in der Faber'schen Buchdruckerei zur endgültigen Einführung gelangende sogenannte Kaltstereotypie.

Der freundliche Leser, der diese Zeilen mit Aufmerksamkeit verfolgt hat, wird sich aus der Schilderung der Rotationsmaschine und der für den Druck auf ihr nothwendigen Einrichtungen des Stereotypieverfahrens noch erinnern. Anfänglich nun wurde die auf der Form geprägte (bei Anderen mit Bürsten eingeschlagene) Matrize mit der Schriftform unter eine Presse gebracht, in der die Schriftform durch in die Presse strömenden Dampf erhitzt und so die auf ihr liegende Matrize getrocknet wurde. Dies Trocknen der Mater muss bei den Zeitungen sehr schnell gehen, es war deshalb nöthig, die Form sehr stark zu erhitzen. Nun dehnt sich aber Blei in der Hitze schneller und weit stärker aus als Eisen, es musste daher die in der Hauptsache aus Blei bestehende Schriftform, die in einem starken eisernen Rahmen fest eingeschlossen ist, bei der schnelleren Ausdehnung der Bleibuchstaben durch den langsamer sich dehnenden Eisenrahmen an der seitlichen Ausdehnung verhindert werden und so die ganze Ausdehnung nur nach einer Richtung, nämlich nach oben hin stattfinden. Hierdurch verlor die Schrift, namentlich da nicht alle Lettern gleich oft und gleich stark erhitzt werden konnten, die Uebereinstimmung in Höhe und Stärke und es wurde dadurch, da ein genaues System für Satz und Druck unbedingt erforderlich ist, in verhältnissmässig kurzer Zeit die ganze Schriftmenge unbrauchbar.

Diesem Uebelstande wurde nun durch ein, dem Buchdruckerei-Besitzer *Alexander Faber* in allen in Betracht kommenden Culturstaaten seiner Zeit patentirtes, Verfahren abgeholfen. Es wird jetzt die geprägte Mater sofort nach der Prägung von der Schriftform abgenommen und allein getrocknet. In Folge dessen bleibt die Schrift vollkommen unberührt und hat, bei guter Behandlung, eine fast unbegrenzte Verwendungsdauer. Mit einigen Aenderungen in der Zusammensetzung des für das Verfahren nöthigen Kleisters etc. ist das Kaltstereotypie-Verfahren jetzt vielfach eingeführt.

Ausser der Ausdehnung, welche die Faber'sche Buchdruckerei durch das Wachsthum der Magdeburgischen Zeitung
erfahren, nahm sie an Umfang und Bedeutung auch durch das
Wiederaufleben des Werk- und Accidenz-Druckgeschäfts in den
letzten 25 Jahren wesentlich zu.

Im Anfange hat es uns viel Mühe bereitet, die im
Publicum verbreitete Ansicht, die Faber'sche Buchdruckerei
drucke nur die Magdeburgische Zeitung, zu beseitigen. Als
dies aber endlich gelungen war, nahm die Accidenz-Abtheilung
des Geschäfts in kurzer Zeit in der erfreulichsten Weise zu.
Die Druckerei hat sich stets bemüht, gute Arbeit zu liefern,
dass diese nicht immer für den billigsten Preis herzustellen ist,
leuchtet ein. Für eine grosse Anzahl von Städten und Gesellschaften haben wir die Werthpapiere herzustellen gehabt, so
dass es nothwendig wurde, für diese und andere, eine besondere
Sorgfalt erfordernden Arbeiten einen eigenen Druckraum herzu-
richten. Ausser allen Druckarbeiten, welche das gewerbliche
und gesellschaftliche Leben erfordern, hat die Faber'sche Buchdruckerei während der letzten 25 Jahre besonders auch der
Herstellung von Zeitschriften ihre Aufmerksamkeit zugewandt,
so dass zu Zeiten siebzehn verschiedene Zeitungen und Zeitschriften aus unserem Hause hervorgingen.

An Verlagswerken, die während dieser Zeit und nachdem
sie seit 1. März 1875 zum Deutschen Buchhandel in directe Verbindung getreten, von der Faber'schen Buchdruckerei ausgegangen
sind, nennen wir hier nur die bedeutendsten:

Aufrecht, Patholog. Mitteilungen I.—IV. Polytechn. Bibliothek
I.—III. Blum, Aus unsern Tagen. Roman, 2 Bde. Faucher, Ein
Winter in Italien, Griechenland und Konstantinopel, 2 Bde., Gesang-
buch, sogen. altes, Korpus-Ausgabe von 1888, Heimburg, Aus dem
Leben meiner alten Freundin (ging nach 2 Auflagen in den Verlag
von Ernst Keil, Leipzig, über), Horwicz, Psychologische Analysen

auf physiologischer Grundlage II. 2 (I. und II. 1 erschien früher bei
C. E. M. Pfeffer, Halle, jetzt Leipzig) und desselben Verfassers
„Moralische Briefe". Jahrbuch der meteorologischen Beobachtungen
der Wetterwarte der Magdeburgischen Zeitung. Von Professor
Dr. Assmann, jetzt in Berlin, begründet und seit 1881 in jährlicher
Folge erscheinend. Opel, Der Niedersächsisch-Dänische Krieg II. III.
(Band I. erschien s. Z. im Verlag der Buchhandlung des Waisenhauses,
Halle). Pallas, Zeitschrift des Kunst-Gewerbevereins zu Magdeburg
1880/92. Die Selbstverwaltung, volkstümliche Wochenschrift für
Verwaltungs-Rechtspflege, seit 1874 erscheinend. Tollin, Geschichte
der französischen Kolonie von Magdeburg, 3 Bde. (die ersten 3 Bände
erschienen s. Z. bei M. Niemeyer, Halle). Tageblatt der 57. Ver-
sammlung deutscher Naturforscher und Aerzte in Magdeburg nebst
vielen anderen zu diesem Zweck erschienenen Festschriften, Verhandlungen des Vereins für öffentliche Gesundheitspflege, seit 1872
in jährlicher Folge erscheinend, Wolter, Geschichte der Stadt
Magdeburg.

Wenn heute von der Entwicklung und Einrichtung eines
gewerblichen Unternehmens gesprochen wird, so ist kaum zu
umgehen, auch das Verhältniss des in diesem Unternehmen beschäftigten Personals zu ihm und die für das Personal etwa
getroffenen Einrichtungen zu erwähnen.

Von Alters her hat in der Faber'schen Buchdruckerei
zwischen Gehülfenschaft und Geschäftsinhabern ein auf gegenseitige Achtung begründetes und durch gegenseitiges Vertrauen
getragenes gutes Verhältniss bestanden. Als 1873 der erste
grosse Lohnkampf im Deutschen Buchdrucker-Gewerbe Platz griff,
schien es für kurze Zeit, dass dieser auch in der Faber'schen
Buchdruckerei zu einer Aenderung jenes Verhältnisses führen
sollte. Bald aber zeigte das Personal sich bereit, auf eine
Regelung der Arbeitsbedingungen einzig und allein auf Grund
der im Geschäfte herrschenden Verhältnisse einzugehen im Vertrauen darauf, dass die gerechte und wohlwollende Gesinnung
seines bisherigen Prinzipals, des Herrn *Gustav Faber*, auch bei

dessen Söhnen, die das Geschäft erst seit Jahresfrist übernommen hatten, vorhanden sein werde. Dass dies in einer Zeit geschehen konnte, in der nur gar zu leicht alle ruhigen Erwägungen durch die agitatorische Mache zurückgedrängt wurden, ist ein ehrendes Zeugniss für die Gesinnung und Charakterfestigkeit des damaligen Personals, aber auch für den Vorgänger der heutigen Besitzer. Auf Grund der Ergebnisse eingehender Verhandlungen zwischen Geschäft und Personal wurde ein am 1. Januar 1873 in Kraft getretener und heute noch geltender Tarif vereinbart.

Von den Geschäftsinhabern wurden ausserdem im Laufe der Jahre eine Reihe von Kassen eingerichtet, so dass heute folgende Kassen für das Personal der Faber'schen Buchdruckerei vorhanden sind:

Eine Haus-Wittwenkasse, die noch von Herrn *Gustav Faber* bei seinem Scheiden aus dem Geschäft begründet wurde und die heute über ein, neben den ausgezahlten Wittwengeldern, — die Wittwen erhielten bis 1896 jährlich 400 Mk. — angesammeltes Capital von 17,000 Mk. verfügt.

Die Haus-Invalidenkasse, die neben den gezahlten Invalidengeldern — bis 1896 wöchentlich an jeden Invaliden 12 Mk. — ein Capital von 35,000 Mk. angesammelt hat.

Eine Zuschusskasse für das technisch gebildete Personal, aus welcher sich dieses einen Zuschuss zum gesetzlichen Krankengelde gesichert hat.

Eine Zuschusskasse für das Arbeiterpersonal, aus welcher in Krankheitsfällen die Differenzsumme zwischen Krankengeld und gewöhnlichem Verdienst des Kranken an diesen gezahlt wird.

Eine Vorschusskasse. Die aus dieser leihweise entnommenen Gelder müssen ratenweise wieder der Kasse zurückgezahlt werden.

Die Hilfskasse, aus welcher in dringenden Fällen
nicht zurückzuzahlende Beiträge geleistet und mit deren Hülfe
Reconvalescenten oder solche Personen in Bäder oder Sommer-
frischen gesandt werden, bei denen durch Gewährung einer
längeren oder kürzeren Ruhe in guter Luft oder in Bädern,
dem Ausbruch von Krankheiten, oder eintretender Erwerbs-
unfähigkeit vorgebeugt werden kann. Namentlich in letzterer Beziehung hat diese Kasse segensreiche und erfreuliche Erfolge zu
verzeichnen.

Die Haus-Oekonomie, in der, in einem passenden
Locale, Bier und Speisen zu mässigen Preisen verabreicht
werden, steht unter Controlle einer aus dem Personal erwählten
Commission. Die Ueberschüsse, die erzielt werden, kommen den
einzelnen Kassen zu Gute.

Der Bibliothek, die seit Alters her besteht, soll von
jetzt ab in erhöhtem Masse Aufmerksamkeit geschenkt werden.
Es sind etwa 1000 Bände vorhanden.

Wenn nun noch darauf hingewiesen wird, dass im
Laufe der behandelten fünfundzwanzig Jahre das Personal der
Faber'schen Buchdruckerei von 90 Personen auf 250 angewachsen
ist, so dürfte Alles gesagt sein, was in Kürze über die Entwicklung der Buchdruckerei speciell der Magdeburgischen Zeitung
gesagt werden kann. —

Wir sind am Ende unserer Arbeit angelangt. Wir haben
begonnen in Zeiten, in denen die Buchdruckerkunst noch in den
Kinderschuhen steckte, wir waren dabei als die neue Grossmacht,
die Presse, entstand, wir haben ihre Kinderjahre beobachtet, sie
zum Jüngling reifen und zum Manne erstarken sehen. Wir
haben zeigen können, welcher Art die Kämpfe waren, die der
junge Riese hat führen müssen, um sich aus den Umschlingungen
zu befreien, in die man ihn zu verstricken versuchte.

Wir sind zur Gegenwart gekommen. Wir sahen Buchdruckerkunst und Presse, nach langem Ruhen, in ganz ungeahnter Weise sich entwickeln.

Vor uns liegt nun die Zukunft, dunkel, märchenhaft, verheissend und doch mit leisem Schauder erfüllend. Was wird sie bringen? Möge es Gutes sein für die Menschheit, für unser Vaterland, für die Unsrigen! Die Vögel des Unheils, sie fliegen ins Weite, möge Glück und Segen dem kommenden Geschlechte beschieden sein!

Euch aber, die Ihr, will's Gott, nach uns arbeiten werdet am Werke der Väter, bringe auch Euch Segen der alte Spruch:

Gott grüss die Kunst!

FRIEDRICH ALEXANDER FABER.

WILHELM ROBERT FABER.

FRIEDRICH GUSTAV ROBERT FABER
Dr. juris.
Procurist der Faber'schen Buchdruckerei.

1846—1853. Dr. Ferdinand Loempcke.

1853—1865. Julius Hoppe.

Die Chef-Redacteure
der
Magdeburgischen Zeitung
von 1846
bis zur Gegenwart.

Prof. Dr. Carl Retslag.
1865—1868.

Gustav Wandel.
1868—1871.

Wilhelm Splittgerber.
Seit 12. Januar 1872.

Verwaltung, Redaction, Wetterwarte und Druckerei der Magdeburgischen Zeitung,
Bahnhofstrasse 17.

Theil des Accidenz-Maschinensalon der Faber'schen Buchdruckerei.

Blick in die Accidenz-Setzerei.

Die Stereotypie der Magdeburgischen Zeitung.

FABER'SCHE BUCHDRUCKEREI.

Geheim-Abtheilung für Werthpapier-Druck und dergleichen Arbeiten.

REGISTER.

Ein den Seitenzahlen hinzugefügter * weist auf Text-Illustrationen oder auf ein der betr. Seite folgendes Bild, ein B⁰⁻¹⁰⁾ auf das betr. Blatt der Beilagen hin.

210

212

213

218

219

www.ingramcontent.com/pod-product-compliance
Lightning Source LLC
Chambersburg PA
CBHW020508270326
41926CB00008B/790